U0923080

非常道

余世存——著

北京时代华文书局

图书在版编目（CIP）数据

非常道 / 余世存著 . —北京：北京时代华文书局，2019.5
ISBN 978-7-5699-3014-6

Ⅰ . ①非… Ⅱ . ①余… Ⅲ . ①散文集－中国－当代 Ⅳ . ① I267

中国版本图书馆 CIP 数据核字（2019）第 069492 号

非常道
FEICHANG DAO

著　　者 | 余世存

出 版 人 | 王训海
责任编辑 | 徐敏峰

出版发行 | 北京时代华文书局 http://www.bjsdsj.com.cn
北京市东城区安定门外大街 136 号皇城国际大厦 A 座 8 楼
邮编：100011　电话：010－64267955　64267677　57735442
印　　刷 | 天津旭丰源印刷有限公司
（如发现印装质量问题，请与印刷厂联系调换：010-82069336）
开　　本 | 880mm×1230mm　1/32　印　　张 | 13.25　字　　数 | 296 千字
版　　次 | 2019 年 10 月第 1 版　印　　次 | 2019 年 10 月第 1 次印刷
书　　号 | ISBN 978-7-5699-3014-6
定　　价 | 68.00 元

目录

《非常道》与时代变迁

一

时间过得真快，《非常道》问世已经十年了。十年之前，汉语世界还没有微博体，少有段子手，更没有app、微信、朋友圈、微信公众号。十年之前，中国经济体仅仅度过短缺阶段不久，经济总量刚刚超过意大利，随后这些年先后超过法国、英国、德国、日本等，今天成为世界第二大单一经济体。十年之前，汉语世界还只是传统的四民社会结构，或上下二元结构，今天的汉语世界已经有一个规模巨大的小康或社会中间阶层。

十年之前，我编写《非常道》时根本没有想到开了某种先河，更没想到文明社会的介质很快就转移到移动互联网上来。尽管即时的、周围的世界仍有不如意处，但从长时间、“大时间”来看，世界仍在呈现它的善意、它的美和真实不虚。

《非常道》问世时遭受过一些人的质疑，那时的汉语世界还相当确定，官学、主流知识或学院知识等还有相当的影响，《非常道》的野气、粗放等个性不免冒犯传统的读者。幸而它在社会大众那里得到了承认。而网络一旦引入中国，它演进催生的“历史推手”——网友们，就会在网际争战或对话中强化自己的社会责任和公民人格，其组成者如白领、小资、文青、成功人士等社会中间阶层就会日渐获得本阶层的意识，并对通识读物、公共知识产品有日新又新的要求。这也是包括《非常道》在内的众多历史作品为大众青睐的时代社会原因。

二

十年之前，曾国藩、慈禧、李鸿章、康有为、梁启超、袁世凯、孙中山、蒋介石等近现代中国的巨头们在人们眼里还是脸谱化的，或需要仰视，或必须俯视，今天他们已经任由人们结识、平视。十年之前，现代中国革命、西方文明资源、现代性资源在官民之间，在庙堂江湖中还有着绝对的价值；今天，中国传统文化、轴心时代以来各大文明等，都在加持我们中国人的生活，都成为包括中国人在内的现代人宝贵的财富和遗产。十年之前，传统图书阅读还占据着霸权地位，客厅、桌面、图书馆等还是阅读的重要平台，今天掌上阅读、穿戴式阅读则成了潮流。

更为重要的是，“一切坚固的东西都烟消云散了，一切神圣的东西都被亵渎了”。网络等新文明元素把我们的生活带入到“不确定性”中。人们从未有如此新鲜不断的日常经验，古人所说的“苟日新，又日新，日日新”从未像今天这样真切。人们信仰的底线、防线，想象力的高标等，一再被超越；没有最坏，只有更坏；没有最优，只有更优。

在新元素来临之前，知识的演进其实已经接近了“不确定性”的边缘。物理学（相对论和量子力学）、数学（哥德尔定理）、社会学（韦伯悖论）、经济学（阿罗不可能定理）、艺术（后现代派）、政治学（孔多塞投票悖论）等，都证实了绝对真理的脆弱。

三

移动互联时代的来临，迅速将文明个体推送到一个极度不确定的世界中去。这是一个万花筒般的“人工世界”，用波普尔等人的语言表述，是人类经历的物理世界和心理世界之后的“第三世界”。这个新世界里的一切，全部人类知识总量、天文数字般的文字、海量的信息、图像和音像，乃至人类生活的软件和硬件，智能机器人，3D和多维时空，都是建立在0和1两个简单的数字之上，建立在二进位制的数学法则之上。一如德国哲人莱布尼茨当年预言的：“只有0和1的二进位制不但具有简洁的形式，更可以表示宇宙间所有的量。所有的数通过1和0的方式表达，是何等美妙！”这个世界如此简单，每个人都能够参与、发挥自身的潜能。

网络时代使每个人都开启了通天彻地的历史，使人回到先天自然状态，恢复了自身的直觉和灵性。人人都可以独立地探索、参赞天地自然，可以自成世界，可以链接文明世界并回报文明巨量的思想资源和物质资源。我们在这个时代，不仅看到了独裁者、金融寡头、政客、学霸、垄断者，以及制服者们的颟顸、愚蠢，也看到了他们跟网友的人生社会演化背道而驰的保守、落后和反动。我们在这个时代，也看到了一切圈子生存、一切故步自封者，以及画地自狱者们的狭隘、自私。

在这样的时代，“互联网思维”成为热词。究其实，互联网思维跟传统文明中的终极关怀并无二致。如我中华文明曾经以易道阴阳来理解世界，这跟网络思维同根同源，网络的0和1二进位制，跟《易经》的阴阳二进位制异曲同工。网络世界的确定性、不确定性和二进位简易，跟《易经》的阴阳简易、变易和不易，可谓相映生辉。文明个体在《易经》中安顿自身，跟今天人们在网络上安顿自身殊途同归。我们由此可知，人类知识在今天面临的机遇：没有人能够垄断网络承载的世界知识，也没有人能够垄断对世界的解释。人人可以从0起步，探索天地自然里的一切知识，并抵达1，成为不可替代的1。

四

在这样的时代，包括中国知识在内的人类知识演进正经受挑战，中国知识共同体在管制和异化中无能自觉，对中国历史的整理总结、对文明世界的解释，仍缺少可观的成果。以《非常道》关涉的历史阶段而言，汉语世界的这一历史叙事仍在意识形态本位、革命本位、故事本位、段子本位等泥潭里挣扎，尚未回归或致意由孔子、司马迁等开创的个人写史传统，更少有立足现代文明珍视的个体本位。

尽管民国有过“黄金十年”的奇迹，大清王朝有过洋务运动、变法图存等“改革开放”令世界瞩目的历史成果，尽管历史学家也称道过汉唐、羲皇上人时代、罗马帝国、雅典等历史时段的繁荣和富庶，但中国历史和人类文明从未有过今天这样的福祉。文明个体从未有过如今天这样的福报，人身难得，人生难得，今天的人身、人生也许最为难得，每个人都与闻天地或历史之奥，都可以登堂入室。农耕时代的辛劳、渔猎时代的饥饿、天灾、人祸、战争和动乱等，在今天都日渐成为个案，成为特殊，成为偶然。文明累积的财富，使得今天个体的享用，远胜过传统文化中的皇帝、君主、王公大人、巨富、圣贤……

但在今天，“佛法难闻”“福音难闻”，更难的是社会演进的不确定性和个体之惑使人难以见素抱朴，难以闻思修行。当代知识，尚无足够的力量罗致并教化、加持这些身在福中的文明个体。大自然的平衡之道因此以悲喜剧形式呈现奇观，这些享用远胜于先人的今人，也得到了空前的报应，水土流失、雾霾、心理变异，个体身心、生存的物理与心理世界等双重的污染，我们可以理解大家进入“人工世界”的轻浮、往而不返、玩物丧志。

跟文明福祉前夕的冷战、两次世界大战相当，现代中国也经历了一言难尽的灾难，今天的人类似乎永远告别了那种生存的短缺、世界的敌意、战乱……但今人尚未把自己和先人的生活进行有效的“链接”，尚未理解历史目的或人的目的。尽管碎片化是网络时代的本质，但当代知识乃至文明个体有责任建设一个万物互联的世界，既有责任建设无处不可链接的“人工世界”，也有责任以此回向文明生存栖息的物理世界和心理世界。我们相信，这个碎片化的当代生存，是简洁的，也是全息的。

五

在我们人类的经验和研究中，时间是不均匀的，也是有累积之效应的。中国的先民经过千百年的意识演化，到西周后期，才有人悟出，“成天地之大功者，其子孙未尝不章”。类似的精神成果在《易经》里的表述是“积善之家，必有余庆，积不善之家，必有余殃”。这种时间之累积效应，在民谚中也有体现，“十年树木，百年树人；春种一粒粟，秋收万颗子”。

时空意识的浮现和调整是文明社会的大事。它意味着文明个体日渐摆脱生存的偶然、侥幸，进入到人生社会演进的必然进程中去，并在这一生命规范中功行圆满，获大自在。这就是今人的福报，可以凭借前人和全部的人类经验，超越命运的偶然或必然，超越命运的侥幸或宿命，进入创造的自由世界。人们说，长线是金。的确，小小的悲欢检验了我们，但大尺度时空铸造的黄金之善、之美、之真更等待我们去发现、挖掘。

以时空尺度测度，我们今人之所以有此福祉，乃是文明的精神和物质演进，进入到秋天阶段，进入到中年阶段，故文明积累足够今人享用。短缺时代的“青黄不接”“春荒夏荒”“饥歉断炊”，在丰饶的秋冬季节获得了解决。但我们今人切莫以为自己生来撞上了好时代，须知生于权贵之门、长在秋冬养膘，并非只是一种福祉，也是一种义务或使命。何况，这种侥幸或好命尚只是时空的一个维度，只是世界的一种边界，尚未能领受全部时空。一个人、一个社会应该在春夏秋冬等全部时空的经验中去职尽天命。

对我们中国人来说，《非常道》涉及的历史正是一个可观的世界或时空系统。这个系统里有冬天，清国的衰败既有自身的堕落，更与中国传统文化的冬天相关联；这个系统里更有春天，洋务运动、戊戌变法、辛亥革命都是报春的先声，1919年的春天更是唤醒了现代中国和国民的生机。我们今天对革命的认知，对传统的认知，对西方的理解，多半来自这个春天的栽培。

尽管民国范儿、民国人物在很多方面都是今人无法相比的，有论者认为我们在智力和道德上都难以望民国人物项背，但我们仍有民国人物难以想象的福利。站在大时间的维度上，我们知道自己的文明多半来自民国先辈，我们更要知道，先人在我们的生命之中，自己所能做的是完善自身、慎终追远。外人所谓，现代国民有责任教育好自己，进而影响周围。或谓，在个人追寻幸福的过程，当顾及意义或人类的价值，如学习、安全、信任、公益。这是我们现代人超越前人之处，也是我们可报答前人之处。

六

民国何在？民国何如之？

今天我们可以看到，民国是一个文明凤凰涅槃的时期，是一个民族回归人类文明主流的历史。我们今天要做的，不仅是认识前人，理解人性、中国国民性在民国的光荣和罪苦，而且是把集体意识或民族精神推进到世界文明层面，把个体精神推进到网络时代。

一如前述，人类经历了第一世界、第二世界，目前正经历着第三世界的悲喜剧。农耕文明开发了第一世界即物理世界的地表资源；工业文明发明了蒸汽机、电动机，开发了地下资源、天空资源和太空资源；文艺复兴、启蒙运动、现代性大潮等开发了第二世界即心理世界……今天，移动互联网、基因工程等，正在开发第三世界，即人工世界，这是一个崭新的智能世界。

尽管科学尚未在智能的本质面前达成共识，但智能本身是利用已知解决未知，利用精神意识抵达多维或高维时空。传统人类社会解决未知之道只是等待时间的展开，等待圣王、英雄、仁人志士和群众互动的历史，今天的文明则是以智能抵达完整的时空，任何个体的生命智能都可完成蝴蝶效应。而智能的特征即在于依靠又不依托知识，它借助想象、精神，借助虚一，借助最简单的0和1。它对未来的预测是以自己制造出未来为前提的，智能即是把美好的未来还给自己和周围世界，智能即是正义。为学日益，为道日损。我们由此乐观地预言文明，将从血缘的不对称、知识信息的不对称跃进到智力的不对称时代；文明所努力的，是示范并消除智力的不对称，以实现全体人的自由和功能圆满。

民国是我们中国人从第一世界走向第二世界的历史阶段，是我中国国民从“活着”“饮食男女，人之大欲存焉”的物理存在，到明心见性的心理存在的惨烈而光荣的时刻。我们看到的是，民国人的优秀处和高尚处，使得他们中的一些人既是第一世界即行动的主体；又是心理世界即认知的主体，他们是知行合一的一代人。但囿于时间、空间的限制，他们尚不能称得上是真正的主宰。他们跟传统文化中的仁者、圣者一样，知其不可为而为之。即使学贯中西，学究天人，但他们在有限的、局部的世界生存。而今人，借助于后来人之心眼，更借助于当代的福祉，既能告慰他们人生的正当美好，又能够照亮他们的某种无明式生存。

前人的努力使我们更多人分享到智能生存的真谛和美善。尽管今天仍有不少人生活在生存的飘忽不安、生存的罪苦和泥泞中，但我中国国民的财富足以支撑政治、经济、文化等领域的权利分享和表达，足以支撑国民获得平易的物理和健康的心理；我中国国民经济的产能足以使多数人、使年青一代人进入智能生存阶段，超越并实现物理世界、心理世界和人工世界的和谐。

对一切生命个体来说，生命和智能是其最美好的两类追求，就是说，不仅要活着，而且要克服人身、人心的“瓶颈”，克服“吾之大患在吾有身”的悲慨。当代中国人有可能跟外人一道实现这两大追求。这对还在身心的水深火热中深受饥饿、匮乏、肥胖、三高、变异等折磨的人来说也许难以想象，对在政治权力、经济权利和文化权益还处在绝对贫困或相对贫困中的人来说难以想象，因为困于第一世界的人只是以食色、权力、财富为人生、人身存在的标准，困于第二世界的人以认知、安顿、开悟、愉悦为标准，而进入第三世界的人则以身心的正义、圆满、完善为标准。今天的人类正在超越生存的有限时空，进入到智能性的多维或高维时空中。在这方面，当代中国社会的先行者们，有责任在自度、自觉中实现生命的智能，回向周围，把自己的生命展开跟同胞的福祉做链接。

七

民国初年至今，已经过了十个十年。

人类对时间的观察细致入微。我们中国人曾说，五年一小变，十年一大变，三十年一世，等等。我们对那些时间中的弄潮儿或独裁者如是认知：固一世之雄也，而今安在哉？他们顶多有三十年的风光。我们曾说，即使那些伟大的智者、才人、圣者，其影响也是有限的，因为江山、时空中的演进，代有才人，各领风骚。无论是各领风骚三五年，还是六十年甲子轮流转，中国人对时空的把握、对人生社会的认知是变易的。

从民国以来，中国人信奉过三民主义、无政府主义、市场主义、全能主义、人道主义、自由主义、保守主义、互联网主义等，几乎每十年都会有一个思想、集体精神的变化。每一次的相信，都以为自己和民族开启了新生的契机，是以我们一直在这种生生之德行或易变中。每一次“新生”，人们以为自己或民族穿上了新衣，忙于抚摩、赞美、感恩。

按照历史学家唐德刚等人的论述，这是中国历史的转型阶段，中国人不得不承受这些变易，才能获得归宿和认同。这个大转型的落脚点，今天借助智能时代，我们更能够理解，它将是回归主流文明，回归健全的人性和人类精神。借助中国文化的语言，大转型是对变异生存和身心病理的救赎，其救赎之道在于正其义，把握时机：“食其时，百骸理；动其机，万化安。”

八

十年前，有论者认为《非常道》开创了一个民间价值系统，今天看其价值，远不如网络本身对价值的夯建。十年前，《非常道》采花酿蜜，重构了历史，但今天它的一些叙事已经被新出版、新发现的史料校正。历史只有走过非常道路，才能回归其常态或常道。而历史，一如时间的演进，每一段都是非常的，只有在大尺度中，才能理解它的常与非常，变易不易。《非常道》的意义在于，它是特殊时期的个人写作，是当时一个青年人的历史正义行为，是对史料、先辈言行的编码组装或三复斯言，故在今天的网络时代仍是一个可观的参考读物。

我们今天的阅读学习，因介质发生变化而遇到了挑战。按脑科学的研究，人类的阅读能力是六七千年前才获得的一种能力，此前大脑中的神经回路的功能在于采集和狩猎，流动的文明后来为农耕文明代替，大脑中的采集和狩猎功能区进化为阅读功能，成为“专门而精致的阅读神经回路”。同时，人类数千年来的文明介质：甲骨、羊皮书、竹帛、纸张等建立在实物之上的恒定性图像文字，被虚拟数码之上的即时性图像文字取代，两千年左右的图书（纸书）霸权地位坍塌了，传统的文献或文本式的知识载体及其传承方式遇到了挑战。沉思、身心的深度对话式阅读为网络解构，移动互联正将人的阅读带入新的“采集和狩猎”时代。

今天的阅读，已经实现了数字化、动态化、即时化和链接化。这是“自由人的自由联合”，是“万物相互链接”。在阅读中，人们能够直取无上正法，明心见性，当下开悟。今天，绝大多数的人类知识都在互联网上能够查阅，只有少量的知识才需要专家。这在某种程度上意味着，专家不再是权威，自高身价的权威专家跟骗子无异，大行其道的专家跟走江湖者并无两样。如果他们以为自己与时俱进，穿上了新衣，空前绝后，那么他们的状态可能更类同于穿上新衣的那个皇帝。而我们从纸书里、从学校里学得的知识都将成为常识，生命智能应使自己随时知道或获得这些有史以来的全部“常识”，传统的图书或学问必须实现某种便捷，以适应当代阅读的智能化需要和消费、开放、即用即读、即读即悟的需要。

《非常道》可算是移动互联阅读史前夕的“采集和狩猎”，我很高兴它在今天仍能入读者的法眼。当下人们的生存仍处在不确定的境地，一如历史的非常道路。在不确定中寻找到确定，既是人的本能，也是自觉。多维、高维世界需要明点、奇点，需要确定真实不虚的瞬间。现代史的人物言行，就是这一可供开悟的瞬间，如诗人所说，“因为它是岩石，在我们的不肯定中肯定的岛屿”，人们在这里可以憩息，可以歌哭，可以起舞。

在《非常道》十周年版出版前夕，跟读者做如上分享。

是为序。

2015 年 5 月 14 日

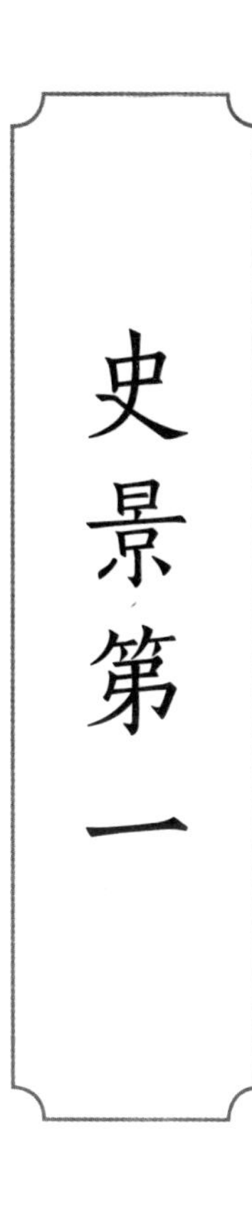

史景第一

1900年6月21日，农历五月二十五，清帝国发布《宣战诏书》，向侵华列强开战，慈禧在《诏书》中说："与其苟且图存，贻羞万古；孰若大张挞伐，一决雌雄。"李鸿章时任两广总督，他在给盛宣怀的电报里说："廿五矫诏，粤断不奉，所谓乱命也。"并要盛告诉张之洞和刘坤一。在盛宣怀、张謇、余联沅等人串联下，张之洞、刘坤一、李鸿章等封疆大员不听朝廷而实行"东南互保"。

武昌起义成功，革命党和袁世凯达成妥协后，孙中山、黄兴等人出于制约袁世凯的目的，坚持袁应在革命党势力范围内的南京宣誓就职。袁世凯深悉"虎不可离山，鱼不可脱渊"的奥妙，不愿离开北京这个北洋军阀的大本营。南京临时政府参议院曾就此问题进行表决，"经过激烈辩论，竟以多数票通过临时政府设于北京"。孙中山、黄兴等人听说后大为震怒，黄兴尤"怒不可遏"，他两手插在军服口袋中，踱来踱去，最后说："政府决不为此委屈之手续，议院自动翻案，尽于今日；否则吾将派宪兵入院，缚所有同盟会员去！"

“二次革命”后，孙中山重组中华革命党，规定入党都要按指印立誓约，绝对服从孙中山。廖仲恺与孙长期交往，友谊甚深，履行了这一手续，其《誓约书》说：立誓约人廖仲恺，为救中国危亡，拯生民困苦，愿牺牲一己之生命、自由、权利，附从孙先生再举革命。务达民权、民生两主义，并创制五权宪法，使政治修明，民生乐利。措国基于巩固，维世界之和平。特诚谨矢誓死如左：一、实行宗旨；二、服从命令；三、尽忠职务；四、严守秘密；五、誓共生死。从此永守此约，至死不渝，如有二心，甘受极刑，中华民国广东惠阳县廖仲恺，民国三年五月二日立。

民国初年，陈宝琛做了大清小朝廷皇帝的师父。一天，陈看见再无别人，就从怀里拿出一字条，秘密地对溥仪说：“这是臣昨天卜得的易卦，皇上看看。”卦词为：“我仇有疾，不我能疾，吉！”陈解释说，这是说皇上的仇人袁世凯前途凶险，不能危害于皇上，是个吉卦。陈师父还烧了龟背，弄过蓍草，结果一切都是吉利的，说他可以大大放心。陈宝琛摇头摆脑地说：“天作孽，犹可违；自作孽，不可活。元凶大憝的袁世凯作孽如此，必不得善终；不我能疾，不我能疾，优待条件载在盟府，为各国所公认，袁世凯焉能为疾于我乎？”

1915 年 5 月 9 日，陆徵祥、曹汝霖、施履本三人将“二十一条”亲自送往日本公使馆。曹回忆这次经过：“余心感凄凉，若有亲递降表之感。”陆徵祥跟他说起以前“随节俄馆”时，俄财长维德为租借旅、大问题跟杨儒谈判，磋商不洽，竟将条约摆在公案上令杨签字。杨答以未奉我皇命令，不能签字。维德拍案咆哮，出言不逊，骄横无礼。杨气愤填膺，年事又高，出门时在石阶上滑跌，遂至不起。曹由是感慨："弱国外交，言之可叹。"

1917年1月9日，北京大学举行开学典礼，蔡元培发表就职演说，这就是著名的《就任北京大学校长之演说》。蔡与北京大学学生约法三章：一是抱定宗旨，"大学者，研究高深学问者也"；二是砥砺德行，"诸君为大学学生，地位甚高，肩此重任，责无旁贷，故诸君不惟思所以感己，更必有以励人"；三是敬爱师友，"自应以诚相待，敬礼有加。至于同学共处一堂，尤应互相亲爱，庶可收切磋之效"。

1918年5月，广州非常国会在西南军阀的收买操纵之下，改组护法军政府，取消大元帅制，改为七总裁制。孙中山的实际权力被剥夺，他在广州无法主事，便向非常国会提出辞去大元帅职，并发通电说："……顾吾国之大患，莫大于武人之争雄，南与北如一丘之貉。"

民初，北京的教授们经常领不到薪水。有一次，几百位教员去要求政府发放欠薪，遭到武装宪警的镇压。法政大学校长王家驹"像死人一样躺在地上"。北京大学政治学教授李大钊挺身与士兵理论，责备他们毫无同情心，不该欺负饿肚皮的穷教员。北京大学国文系教授马叙伦额头被打肿一大块，鼻孔流血，对着宪兵大喊："你们只会打自己中国人，你们为什么不去打日本人？"

1923年，"少年共产党"在巴黎召开大会，选出新的执行委员。周恩来为此次大会写给国内青年团中央的报告说：“选举新执行委员会五人：捉掀、伍豪、石人、裸体、觉奴。”裸体即汪泽楷，伍豪是周恩来。

陈独秀在上海指挥过多次罢工运动，每有重大决议，如应否罢工、什么条件、如何谈判、可否签字等，都是工运干部和他一起开会决定的。他们经常夜里到某同志家去开会。向警予回忆说，有一天晚上，夜很深了，他们才开完会出来。在弄堂里，陈独秀一面走，一面说：“他那个三番没有和成，真可惜，已经听张了，七条一定有，但总不出来……”直到看弄堂的人开了铁门放大家出去之后，陈独秀才不再谈牌经。

孙中山辞世，北京中央公园社稷坛公祭时，豫军总司令樊钟秀特致送巨型素花横额（阔丈余，高四五尺），当中大书“国父”二字，他的唁电挽幛，均称“国父”，这是孙中山在公开场合被尊称为“国父”之始；当时台湾同胞感念孙中山，纷纷举行追悼会，《台湾民报》亦尊称中山先生为“国民之父”。民国二十九年（1940），国民政府表彰其“倡导国民革命，手创中华民国，更新政体，永奠邦基，谋世界之大同，求国际之平等，光被四表，功高万世”之伟大事迹，通令全国，尊称孙中山为中华民国国父。

三一八惨案后，鲁迅、周作人、朱自清等都作文纪念。3月23日，北京各界人士、各社会团体、各学校齐聚北京大学大操场，为三一八惨案的亡灵们举行万人公祭大会。北京大学代校长蒋梦麟在会上沉痛地说："我任校长，使人家子弟，社会国家之人材，同学之朋友，如此牺牲，而又无法避免与挽救，此心诚不知如何悲痛。"他说到这里潸然涕下，引得"全场学生相向而泣，门外皆闻哭声"。

1927 年 12 月 1 日，蒋宋联姻，结婚典礼分别按基督教和中国传统仪式举行。前者在宋宅进行，证婚人是中华基督教青年会全国协会总干事余日章，随后又在上海大华饭店举行传统婚礼，证婚人是南京政府大学院院长蔡元培。美、英、法、日本、挪威等十几个国家的领事出席婚礼。蒋介石当日在报上发表《我们的今日》："我今天和最敬爱的宋女士结婚，是有生以来最光荣、最愉快的事。我们结婚以后，革命事业必定更有进步，从今可以安心担当革命的大任。我们结婚，可以给中国旧社会以影响，同时又给新社会以贡献。"

1928 年 5 月 17 日，日本公使芳泽谦吉访张作霖，威逼利诱张与日本合作，遭张拒绝。张作霖说："我这个臭皮囊不要了，也不能做这件叫我子子孙孙抬不起头来的事情。"

汪精卫到南京做了行政院长，见到从前一同反蒋的人，总是表示他好比是消防队队员，被主人叫来"打短工"的。覃振劝汪何必那样替蒋介石"背黑锅"，汪精卫说："我既已跳下茅坑，就臭到底吧。"

1932 年，中原西北灾荒。记者报道说："鹿邑本境经股匪扰五月之久，庐舍为墟，粮米尽罄，鬻妻子以延生。二区朱恺店，三区老鸦店，五区宁平镇，六区泽民镇，八区桑园集，均立人市，年幼妇女每人不值十文，十一二岁幼童仅易千文，孩提婴儿抛弃遍地……某妇买一馒头，留小姑为质，卖馒头者索钱不得，小姑谓我宁不值一馒头，一卖烧饼者代偿馒头账而换得此幼女。”

李大钊灵柩停放六年，无法安葬。1933 年 4 月初，已病得奄奄一息的赵纫兰带着女儿来到北平，请北京大学代办。蒋梦麟校长答应了。当其时，国民党正在江西“剿共”，北平城里也到处捕共产党人。蒋梦麟、胡适、沈尹默、周作人、傅斯年、刘半农、钱玄同、马裕藻、马衡、沈兼士、何基鸿、王烈、樊际昌 13 名北京大学教授自愿发起公葬，每人捐 20 元，外地有鲁迅捐 50 元，李四光等人捐 10 元，马寅初等人捐 20 元，梁漱溟等人捐 50 元。公葬时有两副挽联广为流传，其一：为革命而奋斗，为革命而牺牲，死固无恨；在压迫下生活，在压迫下呻吟，生者何堪。其二：南陈已囚，空教前贤笑后死；北李如在，哪用吾辈哭先生。

王树声是知识分子出身，在红军队伍里打了很多游击，经验仍感不足。符定一教过他很多这方面的知识。有一次，王树声和另一个队员被派去“打浮财”，两个知识分子想了半天，觉得无处下手。最后王想起在他自己的家乡，有一个地主家庭，主人是他的远房叔父，他小时常去，一切路径都很熟悉。两人等到天黑，蒙面从后面溜进去，掏出手枪，不料这家的老太婆认出王树声来，竟叫出他的小名，这使他羞惭得无地自容。老太太跟儿子商量，拿出五十元袁大头和一包金银首饰，要侄孙子拿走。王不忍，只拿了现洋，说一声：“谢谢您家！”就赶紧跑了。

许世友早年一直在四方面军。张国焘来鄂豫皖之后，曾中生（曾希圣之兄）、许继慎等人（曾、许二人后来被张国焘杀害）对张的许多做法都很不满，他们召集过包括许世友在内的一些人开会，议论张国焘。许世友不发言，后来一定让他说，他就说：“张是中央的代表，反对他不是反对中央吗？中央不比我们高明？”

瞿秋白得知临死的消息时，正在伏案书写绝笔诗，他的手一边不停地挥着，一边说：“人生有小休息，有大休息，今后我要大休息了。”他上身着黑色中式对襟衫，下身穿白布抵膝短裤，脚穿黑线袜、黑布鞋，到中山公园凉亭前拍照。一位临场记者报道说，瞿来到公园，“全园为之寂静，鸟雀停息呻吟。信步至亭前，已见小菜四碟，美酒一瓮，彼独坐其上，自斟自饮，谈笑自若，神色无异”。餐毕，出中山公园，步行二华里多，至刑场，系长汀西门外罗汉岭下蛇王宫养济院右侧的一片草坪。瞿一路手持香烟，顾盼自如，缓缓而行，沿途唱歌。《国际歌》是用俄语唱的。到达刑场后，瞿盘膝坐在草坪上，对刽子手微笑点头说：“此地甚好！”饮弹洒血，从容就义，年仅三十六岁。

1935 年，在国民党蓝衣社的一次集会上，蒋介石宣称：“法西斯主义是衰退社会中的一服兴奋剂！”“法西斯主义能救中国吗？我们回答：能。法西斯主义就是现在中国最需要的东西。”

1936年，鲁迅去世的时候，从10月20日至21日，有一万余人自发地前往万国殡仪馆瞻仰鲁迅的遗容。在葬礼上，在哀乐声中，一面由上海民众献上的白底黑字的长方形旗——“民族魂”，由宋庆龄、沈钧儒等人轻轻地覆盖在楠木灵柩上。

西安事变中，宋美龄不顾凶险，去西安营救丈夫。她走进蒋介石被软禁的房间，蒋见其如幽灵，惊讶得张开嘴，露出满口雪白的假牙，半天才冒出一句话：“你为什么要来？”宋美龄说：“我来看你。”蒋介石把早上读到的《圣经》中的一段翻给宋看：“耶和华将会有新作为，将令女子护卫男子。”

冯友兰晚年口授《中国哲学史新编》，涉及“意境”问题，特意写下一个附记，说日军进北平城后，他觉得清华完全不同了。一天夜里，吴有训和他一起巡查清华园，皓月当空，十分寂静，吴说：“静得怕人，我们在这里守着没有意义了。”冯友兰顿觉幻灭，他们守清华为的是替中国守一个学术上、教育上完整的园地，北平已沦陷，他们还在守着，岂不是为日本服务？过了几天，他就和吴有训同往长沙去找清华了。他读清人黄仲则诗：“似此星辰非昨夜，为谁风露立中宵。”以为所写正是一种幻灭感，反复吟咏，倍觉沉痛。到长沙，冯住朋友家中一小楼上，经常凭栏远眺，见栏下一株蜡梅花，顿觉李后主“独自莫凭栏，无限江山，别时容易见时难”之亡国痛油然而生，深刻极了，沉痛极了。

1937年7月，蒋介石在庐山谈话会上发表演讲：“我们已快要临到这人世悲惨之境地，在这世界上，稍有人格的民族，都无法忍受的。我们不能不应战，至于战争既开之后，则因为我们是弱国，再没有妥协机会，如果放弃尺寸土地与主权，便是中华民族的千古罪人。”蒋说：“如果战端一开，那就是地无分南北，人无分老幼，无论何人，皆有守土抗战之责任，皆应抱定牺牲一切之决心。”

1939 年 12 月，日军出动飞机轰炸浙江奉化县偏僻的小镇溪口，蒋介石的前妻毛福梅被炸死。蒋经国闻母遇难，星夜兼程赶回溪口，一见母尸，立即昏迷过去，醒后号啕大哭，几天寝食不安。在其母遇难处竖碑一座，蒋经国亲笔写下“以血洗血”四字，刻石留念。此后，蒋经国还写过“永远不要挂起日旗来”的文章，以示复仇之志。

为了抓住杨靖宇，围追杨的日军晚上点起了篝火，以守代围，白天继续一步一步地缩小包围圈，还反复查看雪地里的脚印，终于找到了杨靖宇的踪影。面对满山遍野的敌人，杨终于打完了所有的子弹。短暂的寂静过后，突然有个穿黄大衣的鬼子大声喊话说，杨靖宇你还是降了吧。熟悉的中国话让杨靖宇吃惊不小，他马上发现原来又是个汉奸，他说：“这些天遇上的怎么都是这号中国人？！”

汪精卫貌美，徐志摩跟胡适曾一起去见汪，胡适感慨：“我见犹怜。”汪伪政权上台后，浙江报纸刊出一幅有关汪精卫的漫画，题“可怜你多愁多病身，可恨你倾国倾城貌”，立刻引起读者的指责。有的说汪有糖尿病，活该！为什么要可怜？有的说所谓“可恨”，实际上是赞美，是吹捧汉奸，破坏抗战。

1942年10月19日，延安召开二千多人参加的鲁迅逝世六周年纪念大会，萧军在会上宣读了他对王实味问题意见的《备忘录》。周扬、丁玲、刘白羽等当场与萧军展开论辩。萧军舌战众人，越辩越激烈，无人退席。辩论从傍晚至深夜，大会主席吴玉章找到机会发言说：“萧军同志是我们共产党的好朋友，我们一定有什么方式方法不对头的地方，使得萧军同志发这么大的火！”萧军说：“吴老的话使我心平气和，这样吧，我先检讨，百分之九十九都是我错，行不行？那百分之一呢？”丁玲紧接表态说：“这百分之一很重要！我们一点儿也没错，百分之百全是你的错，共产党的朋友遍天下，你这个朋友等于‘九牛一毛’，有没有都没有关系！”萧军火了：“既然如此，你尽管朋友遍天下，我这‘一毛’也不愿附在‘牛’身上，从今后咱们就拉、蛋、倒！”

抗战期间，宋美龄在美国参、众两院演说，引用中国谚语“看人挑担不吃力”。宋美龄说：“我们不要忘记在全面侵略最初的四年半中，中国孤立无援，抵抗日本军阀的淫虐狂暴……中国国民渴望并准备与你们及其他民族合作，不仅为我们本身，且为全人类建设一合理进步之世界社会，这就必须对日本之武力予以彻底摧毁，使其不能再作战，解除日本对于文明的威胁。”

1945年6月，斯大林问蒋经国：“你们对外蒙古，为什么坚持不让它独立？”蒋回答说：“您应当谅解，我们中国八年抗战，就是为了把失土收回来，今天日本还没有赶走，东北、台湾还没有收回来，一切土地都在敌人手中，反而把这样大的一块土地割让出去，岂不失却了抗战的本意？我们的国民一定不会原谅我们，会说我们‘出卖了国土’，在这种情形下，国民一定会起来反对政府，那我们就无法支持抗战，所以我们不同意将外蒙古归并给苏联。”斯大林说：“倘使你的国家有力量，自己可以打倒日本，我自然不会提出要求。今天，你没有这个力量，还要讲这些话，就等于废话。”

1945 年 10 月 25 日，陈仪代表中国战区最高统帅在台北中山堂受降。签字后，陈仪向全世界广播：“从今天起，台湾澎湖列岛正式重入中国版图，所有一切土地、人民、政事，皆已置于中国政府主权之下。此极为有意义之事实，本人特向中国同胞及全世界报告周知。”此日便成为“台湾光复日”。

近代以来调停或干预中国内政的外国人中，马歇尔是地位和声望最显赫的一位。他在 1945 年 12 月 22 日飞抵重庆的时候，宋子文、王宠惠、吴鼎昌，以及中共方面的周恩来、王若飞、叶剑英等到机场迎接。马寅初说：“举国人民的目光都注视到他，寄以无穷的希望，好像中国之命运已经握在他的手中。最高领袖的地位，好像已转移给他。”《大公报》的一篇社论说：“劳动马歇尔将军来华，促成中国之民主团结，其事本身，实足令知耻的中国国民汗颜无地。”徐永昌则说：“此次马歇尔来华，我人之上书控诉政府失败者三千余件，此辈皆属各党各派人物。既可上书政府，亦可申之舆论，极其所至，亦可起而革命，乃厚颜以为假此可取媚于外人。一国之民多无人格，其国亦必无国格。”

陈独秀寂寞地死去，王森然说，跟他一起致力于新文化运动的人，或居党国显要，或受社会崇拜。“以先生之学历，若求高名厚利，与世人争一日长短，将何往而不自得耶？”“先生不因个人荣利，而一变为世之所谓新官僚，就此而言，实值吾人矜惜也。”“呜呼先生！满腔热血，洒向空林，一生有毅力，无用武之地，吾不反为先生惜，吾惊为民族哭矣。”

1946年10月10日，梁漱溟由南京到上海去见周恩来，促其回南京继续和谈。11日夜车，梁由上海回南京，次日清晨到南京，下车一见报，看到国民政府军已攻下张家口的消息，不禁惊叹地对记者说：“一觉醒来，和平已经死了！”

1948年7月，陈铭德、邓季惺夫妇创办的《新民报》被勒令永久停刊：“查南京《新民报》屡次刊载为匪宣传、诋毁政府、散布谣言、煽惑人心、动摇士气暨挑拨离间军民地方团队情感之新闻、通讯及言论……”身为立法委员的邓季惺当场抗议说：“这个命令所援引的所谓《出版法》，是立法院所没有承认的北洋政府时代遗留下来的单行法，是无效的。”她的抗议自然无效。

1948年秋，辽沈战役时，蒋介石赴沈阳路经北平，德王去行辕见蒋，再次提出，希望蒋能允许“蒙古高度自治”。蒋介石颓丧地回答说：“如果共产党不消灭，民族也没有了，国家也没有了。”德王见蒋情绪不好，便说：“是的，现在是戡乱要紧。”

1949 年，李宗仁代总统宣布释放政治犯，特别下令立即释放张学良、杨虎城两人。当重庆《中央日报》刊出消息后，负责看押杨虎城的龚因彦因事前未得通知，拒绝执行。李宗仁见命令没有兑现，便催问重庆市市长杨森，要他释放杨虎城。杨推说毛人凤不在重庆，不知杨虎城关在什么地方。当时重庆报纸便刊出大字标题新闻：“毛人凤在哪里？”最终杨虎城全家与其秘书宋绮云全家被特务杀害。杨的小女儿和宋的小儿子仅八岁，在凶手们用刀杀宋氏夫妇时，他们哭了起来。“不准哭！”特务们杀死宋氏夫妇，就走向孩子，两个孩子不约而同地跪了下去，合着小手，连连向凶手作揖，而终不免惨死。

20 世纪 40 年代末，国共和谈时，张治中说：“我们中国这个大家庭原来是哥哥当家，可是没有当好，把家管得很糟；弟弟能干，能把家管好，当然哥哥就该把钥匙交给弟弟。但不管怎样，兄弟总是一家人嘛！不能把哥哥当成罪犯……”周恩来责问张治中：“你们难道像兄弟一样对待我们了吗？！你们国民党从 1927 年算起，杀了成千上万的共产党人，这笔账人民是要清算的！你们一小撮反动派挑起了全面内战，这些难道仅仅是没有管好家吗？！”

1949 年年初，“重庆号”军舰宣布起义。桂永清召集其他各舰舰长参加会议，得知各舰均不愿去平叛。海军待遇之差，国民党政府人事倾轧已让他们心冷。桂永清说：“共产党是没有海军的！‘重庆号’一定会给我们炸沉！”话犹未了，一位舰长激动地说：“炸了又怎么样？邓兆祥以下的全体官兵，难道不也是中国人吗？”说罢大哭。桂无言，踉踉跄跄地走到他面前沉痛地说：“算了算了，这是领袖的意思，我们海军同人当然不希望这样做的。”

金岳霖说，他们这些知识分子在阶级立场上跟罗素完全一样。中华人民共和国成立后，他们曾质问艾思奇：“毛主席到莫斯科，斯大林为什么不去迎接？”艾说他不知道，他可以打听打听。第二天上课时，艾回答说：“斯大林去了，可是没有接上。”

1953 年 12 月 1 日上午，在陈寅恪的家里，汪篯和自己的老师陈寅恪做了一次长谈。按照老师的要求，汪篯记录下陈的口述长文。在这一“对科学院的答复”中，陈寅恪说：“我的思想、我的主张完全见于我所写的《王观堂先生纪念碑铭》中……我决不反对现政权，在宣统三年时就在瑞士读过《资本论》原文。但我认为不能先存马列主义的见解，再研究学术。我要请的人，要带的徒弟，都要有自由思想、独立精神。不是这样，即不是我的学生。所以周一良也好，王永兴也好，从我之说即是我的学生，否则就不是。”

1958 年春，“除四害”在中国大地如火如荼地展开，取得惊人的成效。一位英国记者写道：中国没有苍蝇。一位加拿大人记述他在中国的一条铁路线看到了一幅令人震惊的场面：一个十多岁的小姑娘正在铁路边上忽东忽西地狂奔，显然在用一块布摔打着地面。“原来她正在追赶着一只苍蝇，以便打死它。”他说，“我在中国近一个月期间，没有看见一只麻雀；我坚持数苍蝇，看见一两只苍蝇只有 15 次。想想看，那只不幸的苍蝇正被飞奔着的一个中国人追赶着。”

1961 年，田家英在浙江进行农村调查后，到杭州向毛泽东汇报工作，与毛崇横等人同住刘庄。田善谈，往往饭前讲故事以广见闻。此次却看着饭菜，神情严肃，无心摆龙门阵，他说：“农民兄弟太困难了，有一户农民因搞公社化搬了七次家。办食堂占了他的房屋，搬到庙里，庙被征用办工业，住到亲邻家，整个村子又叫搬迁，只剩下一条扁担可以担走的全部家当，下一步迁到哪里还不知道，真叫人看不下去。”田写诗说：“一饭膏粱颇不薄，惭愧万家百姓心。”

1962 年，杨伟名写就《当前形势感怀》，他把稿子念给村支委的几个人听。一向支持杨伟名的支部书记贾生财，还没等杨念完，就激动地站了起来：“老杨，这篇东西说出了大家的心里话，简直好极了，要不要我签名？”大队长赵振离，是个不到三十岁的小伙子，立即表了态：“好，我也签上名。”副书记樊益山说：“说得不错，可你看中央这架势，恐怕永远也办不到、行不通，我不签这个名！”这个陕西户县城关镇七一大队的农民，在超经济强制的时代，要求尊重价值规律，被后人称为“平民思想家”。

在罗仪凤的安排下，由章诒和和章立凡联络，章伯钧和章乃器在康同壁家的客厅得以见面。这是他们“文革”中的唯一一次见面，也是他们一生的最后会晤。章伯钧一身老旧的中式丝绵衣裤。李健生说："去见康老和乃器，还不换件衣服。"章伯钧说："越旧越好，走在街头好让别人认不出我来。"章乃器穿的是洁白的西式衬衫、灰色毛衣和西装裤，外罩藏蓝呢子大衣。章诒和说："章伯伯，你怎么还是一副首长的样子？"章乃器举着烟斗说："小愚呀，这不是首长的样子，这是人的样子。"

1966 年 8 月，章乃器被一群红卫兵拉到王府井，参加"集体打人"大会。由于他拒不认罪，态度恶劣，被打得皮开肉绽、鲜血淋淋，浑身上下见不到一块好肉。红卫兵把他的家抄个精光，还当着他的面，把新夫人王者香活活打死。一个蹬三轮的车夫，见他还有一口气，便把他拖上车，拉回了家。谁见了，谁都说他活不过三日。可章乃器不愧是条硬汉，靠着意志，居然活了下来。民建中央和全国工商联的那些干部，没有一个人理他、同情他。倒是原来粮食部的一个司机，隔几日便悄悄在他家门口放上一屉热馒头。他就这样挺了过来。

1968 年 12 月 4 日，"刘少奇专案组"副组长巫中带人到北京大学找翦伯赞，要翦证明开始于 1935 年的国共南京谈判是刘少奇叛卖共产党的活动。翦讲述事实真相，巫中予以否认，并说："这个罪行党中央已经查明，判定刘为叛徒、内奸、工贼。不久将在'九大'公布。你只要就这件事写一份材料，加以证明，再签上字，就没你的事了。"翦伯赞不承认那次谈判刘少奇有阴谋活动。12 月 18 日下午，巫中带着一群人又来，审了近两个小时，翦伯赞拒绝做违反事实的交代。巫中猛地从腰中拔出手枪，往桌上一拍，说：“今天你要不老实交代，老子就枪毙了你！”

20世纪70年代，中国进入联合国的时候，派出了以邓小平、乔冠华带队的赴美代表团。当时什么都安排好了，突然发现去联合国不能用人民币，得用美元。于是中央紧急下令全中国的所有银行将美元收罗起来，共找出38000美元，成了当时赴联合国唯一的现金经费，“以至于代表团住进了美国的豪华酒店，工作人员给不起小费”。

1976年，有人把毛泽东去世的消息告诉了张国焘，张长叹：“我们都年华消逝！我像毛泽东一样，是个总归要死的人，而死只不过是个时间问题罢了。”张国焘晚年特别爱听中文广播，他说：“在中国舞台上，我以往是个演员，现在仅是个观众，总希望能少看到些悲剧才好。”

1978年12月，在小岗村严立华家，严宏昌、严付昌、严家其、严国品等20个农民以按手印等方式写下包产到户的保证书。保证书说：“我们分田到户、每户户主签字盖章，如以后能干，每户保证完成每户的全年上交和公粮，不在（再）向国家伸手要钱要粮，如不成，我们干部作（坐）牢割头也干（甘）心，大家社员也保证把我们的小孩养活到十八岁。”

1978年，林同济的右派帽子被摘掉。新华社记者访问他说：“我很荣幸有机会见到您这样著名的莎士比亚专家。”林异常激动，他站起身来，脸涨得通红。“让我问你一个问题，同志，”他一边摆手一边说，“你听说过有哪位莎士比亚专家是连一篇关于莎士比亚的文章都没发表过的吗？”林同济直截了当。“让我问你一个问题，”他对记者说，“你们党内有没有关于最高统治权力交接的规定？没有民主和对权力交接的规定，国家注定迟早要碰到麻烦。”

1986年9月28日，135名反对派人物在台北圆山饭店集会，其中有人突然提议即日起成立新党，取名为民主进步党，与会代表兴奋地一致通过。消息传到蒋经国那里，他沉思半小时后，才交代人召集开会。他坐在轮椅上，对匆匆赶来的要员们说：“时代在变，环境在变，潮流也在变。”

政事第二

鸦片战争后，大清国运日弱。有人说："咸丰季年，天下糜烂，几于不可收拾，故文宗以醇酒妇人自戕。"

道光皇帝晚年，以文宗（咸丰奕詝）长且贤，恭亲王奕訢明而敏。一次会猎南苑，诸皇子皆从，恭亲王奕訢获禽最多，奕詝未发一矢，道光问之，奕詝以师父教的话对曰："时方春，鸟兽孳育，不忍伤生以干天和。"道光皇帝听了，以为"此真帝者之言"，遂密定储于奕詝。论者以为可惜，因奕訢在清末有"贤王"之称，才具开展，思想明敏，勤于国事。咸丰清极，不能振拔，短命而死，导致政事终归慈禧独揽。

顺天科场案发，柏葰以宰辅主试，而容应试举人"递条子"舞弊。按例当斩，又按例皇帝有临时恩典权。当时咸丰皇帝持朱笔颇迟疑，说是："罪无可逭，情有可原。"肃顺在旁对答说："虽属情有可原，究竟罪无可逭。"上意犹未决，肃顺即夺朱笔代书之。柏葰于是被处斩。

李鸿章按兵不动，曾国荃得以顺利攻占金陵，曾氏兄弟因此获得剿灭太平军“首功”。金陵城攻下不久，李鸿章前来拜会，曾国藩亲自出城到下关迎接。李滚鞍下马，要行参见大礼，曾国藩急忙跑上前去，用手挽起说：“我们兄弟的薄面，都是靠你保全的，真正应该感谢的是我们。”

安德海依仗慈禧的宠信，在宫内宫外作威作福，甚至欺负到同治的头上。小同治在宫里用泥巴塑了一个小人，早晚用剑砍泥人的脑袋，一边砍一边喊：“杀小安子。”朝野正直人士对安德海都极为反感，议政王奕䜣对他恨之入骨。有一次，安德海在朝房里夸耀自己的翎子精美，一些大臣不敢得罪他，只好连声附和。奕䜣看了，实在忍不住自己的厌恶，便冷笑着哼了一声说：“你的翎子再好，怕也护不住后脖子。”从此对他动了杀机。

戊戌变法期间，谭嗣同、杨锐等人很为光绪权力受制约不平，光绪手诏答之，大略谓：“顽固守旧大臣，朕固无如之何。然卿曹宜调处其间，使国可富强，大臣不掣肘，而朕又不上失慈母之意。否则朕位且不保，何有于国？”流言传至慈禧太后耳中。八月初四黎明，光绪给太后请安，太后已由间道入西直门，光绪仓皇返回。慈禧到光绪寝宫，把奏章都卷走，召光绪骂他：“我抚养汝二十余年，乃听小人之言谋我乎？”光绪战栗不发一言，良久，嗫嚅道：“我无此语。”慈禧唾骂：“痴儿，今日无我，明日安有汝乎？”于是传太后懿旨说，皇上病得不能理事，太后临朝训政。凡皇上变法兴革，尽反之。

清末殿试，有贡士名叫王国钧，名字含义不错，国钧者，国家和重任也。王国钧在殿试中也名列前茅，而慈禧念了王的姓名说：“好难听。”因为这三个字与“亡国君”相谐，实在太不吉利，王国钧因此被抑置三甲，蹉跎以终。

光绪二十六年（1900）十二月，《辛丑条约》签订后，清国下罪己诏，自责之后，提出：“近十年来，每有一次衅端，必申一番训诫。卧薪尝胆，徒托空言；理财自强，几成习套。事过之后，徇情面如故，用私人如故，敷衍公事如故，欺瞒朝廷如故……”慈禧在诏书中对列强的“宽大”处理表示感激：“今兹议约，不侵我主权，不割我土地，念列邦之见谅，疾愚暴之无知，事后追思，惭愤交集。”又说：“量中华之物力，结与国之欢心。”

张之洞任两江总督时，想建炼铁厂为制钢轨之用，委托驻英公使薛福成在英订购机器。英方说要先将煤焦及铁砂的样品寄英化验，才可视其品质决定设计炼铁用的机器。张之洞说：“中国之大，何处无佳煤佳铁？但照英国所有者购办一份可也。”于是英国梯赛特厂遂依其所用酸法炼铁，设计贝氏炉两座运到中国。其时张之洞已改任湖广总督，大冶发现铁矿，有人建议在大冶设厂，张之洞说：“大冶路远，照料不便，若建于汉阳，吾还能看得见铁厂的烟囱也。”于是在龟山建厂，地址狭小而一带水田，斥巨资经营，又于各处征询煤矿，最后得马鞍山煤，灰矿并重，实不适于炼焦，所炼生铁，实不合用，而钢轨更无论矣。

1904年，清政府不得不适应潮流，允诺在国内实行改革。这一年又是慈禧七十大寿，前一年的科举考试主持官员，十分留意“吉庆之兆”。朝廷经考核，派出各省乡试的主考、副主考。头两批放的是云贵两广，八人的名字是：李哲明、刘彭年、张星吉、吴庆坻、达寿、景方昶、钱能训、骆成骧，将其名字连缀起来，就成了“明年吉庆，寿景能成”，大吉大利。慈禧也以七旬万寿的名义，下诏赦免戊戌获罪人员，诏曰：“从前获罪人员，除谋逆立会之康有为、梁启超、孙文三犯，实属罪大恶极，无可赦免外，其余戊戌案内各员，均着免其既往，予以自新。曾经革职者俱着开复原衔，其通饬缉拿，并现在监禁，及交地方管束者，着即一体开释。”

1904年，孙中山在《中国问题的真解决》一文中说：“中国正处在一场伟大的民族运动的前夕，清王朝的统治正在迅速地走向死亡……只要星星之火，就能在政治上造成燎原之势。”

清政府派出的考察团刚出京城，在天津站就被积极排满的吴樾扔了炸弹，当场炸死三人。载泽、徐世昌略受轻伤，绍英伤势较重。吴樾当场身亡。当时报刊舆论纷纷谴责这种暗杀恐怖活动，认为五大臣出洋考察是为立宪做预备，关系到中国的前途，凡稍具爱国心者应郑重其事祝其行，希望政府不畏艰难，奋勇前行。但清廷主张缓行。载泽又接到日本来电，说日本国内将有暴动，也请他缓行。在考察大臣中，绍英受伤较重，仍在养伤。有人讥讽绍英，说他借口养伤，其实是不准备去了。绍英听到这些话，愤然说：“如果我死了，而宪法确立，则死而荣生；死我何惜，各国立宪，莫不流血，然后才有和平。”

1912年1月14日，孙中山答复袁世凯说："如清帝实行退位，宣布共和，则临时政府决不食言，文即可正式宣布离职，以功以能，首推袁氏。"袁由此向清廷孤儿寡母逼宫。

1912年2月12日，大清国皇室发布逊位诏书：前因民军起事，各省响应，九夏沸腾，生灵涂炭，特命袁世凯遣员与民军代表讨论大局，议开国会，公决政体。两月以来，尚无确当办法，南北暌隔，彼此相持，商辍于涂，士露于野。徒以国体一日不决，故民生一日不安。今全国人民心理，多倾向共和，南中各省，既倡议于前，北方诸将，亦主张于后，人心所向，天命可知。予亦何忍因一姓之尊荣，拂兆民之好恶。是用外观大势，内审舆情，特率皇帝将统治权公诸全国，定为共和立宪国体，近慰海内厌乱望治之心，远协古圣天下为公之义。袁世凯前经资政院选举为总理大臣，当兹新旧代谢之际，宜有南北统一之方，即由袁世凯以全权组织临时共和政府，与民军协商统一办法。总期人民安堵，海宇乂安，仍合满汉蒙回藏五族完全领土为一大中华民国，予与皇帝得以退处宽闲，优游岁月，长受国民之优礼，亲见郅治之告成，岂不懿欤。

徐树铮做了国务院秘书长，处处秉承段祺瑞的旨意，不把黎元洪总统放在眼里。一次，因公布福建三个厅长的任命书，徐树铮到总统面前盖印，当黎元洪问及三人情况时，徐不耐烦地瞪起眼睛："总统不必多问，请快点儿盖章，我的事情很忙。"黎备感难堪，连连叹息："昔受项城侮辱，今又见侮于段。"

段祺瑞在北京召开“善后会议”，对张绍曾不能不买账，故派遣亲信张超赴津敦聘张绍曾为“善后会议”代表。张超谒见张绍曾，正值张绍曾与友人对弈，张超略陈来意，呈上段祺瑞的聘书，张绍曾没拆看就放在一边，只顾下棋，没有说话。张超木坐一旁，感觉很窘，见张绍曾始终没加理会，忍不住说：“请总理给我一封回信，我好交代执政。”张绍曾弈完一局，写下四句偈语：“跳下莲台上舞台，舞台是否及莲台？法轮常转原无我，一念念嗔浩劫开。”

吴佩孚公开提出以武力统一中国后，各地方军阀为自保，乃大倡省自治和联省自治。1920 年 7 月，湘军总司令谭延闿号召“湘人治湘”，后又通电主张“联省自治”。1921 年，四川宣告“四川完全自治”，并赶走在川滇军；同年 4 月，贵州卢涛亦主张“由省自治进而为联省自治”；同年 6 月，浙江卢永祥则通电主张“省制宪”，以行自治，再组织联省自治政府。陕西更成立“筹制省宪自治处”。江西省议会遂召开省宪会议。河南省议会乃通过“制定省宪案”。1922 年 1 月，赵恒惕甚至公布省宪法，称湖南为“中华民国之自治省”。之后，浙江、广西、四川皆公布。张作霖打败仗退回东北之后也宣布自治。短短三四年内，各地方及其军阀的自治和立宪活动，喧闹一时。

1926 年，段祺瑞执政府的卫队旅制造三一八惨案后，北京警卫司令部代警卫司令李鸣钟惊慌失措，跑去对卫队旅上校参谋长楚溪春说：“晴波，打死这些学生，叫我怎么办？叫我怎么办？”楚说：“已经到了这个地步，我们只好报告段执政吧！”于是二人赶到吉兆胡同段宅见段祺瑞。当时段祺瑞正同吴清源下围棋，见二人进屋，马上声色俱厉，大声说："李鸣钟，你能维持北京的治安不能？你如不能，我能撤你，我能换你，我能枪毙你！"李在门口立正鞠躬向后退，连声说："执政，不要生气，不要生气，我能维持治安，我能维持治安！"段接着对楚说："楚参谋长，你去告诉卫队旅官兵，我不但不惩罚他们，我还要赏他们呢！这一群土匪学生……"二人赶紧退出。

北伐胜利后，中国各地又有拥兵自重的地方大员成为新军阀。李宗仁为始作乱者，其后大小军阀俱闻硝烟而动心，蒋介石痛感"军阀习惯成性，除不胜除，余乃为内外夹攻之人"，但他仍说："如此投机反动军队不灭，国家何能统一？"

韩复榘在山东被称为"韩青天"，因其常坐省府大堂审案。一次，省参议员沙月波雇用了一个名叫小道的听差，年仅十五岁。沙参议让他去省府送信，正值"韩青天"坐堂审问一批盗犯，他一时好奇，站到大堂一边看，执法队竟把他也推上了车。小孩大喊："我是送信的！"韩听见了问什么事，执法兵说："报告主席，他说他是送信的。"韩回答说："送信的也该枪毙！"这个孩子当时吓昏了，如此糊里糊涂就被拉出去枪毙了。事后，沙参议带着小道的母亲哭到省政府找韩，说执法队误将小道推上汽车枪毙了。韩青天笑笑说："现在他是小道，如不杀掉他，将来就是大盗！我也不叫沙参议为难，给他娘五百块钱过日子吧。"

1935 年，桂系久蛰思启，企图联合广东等方面组成反蒋的统一战线。刘斐和国民党居留广州的元老派就共同劝说推动陈济棠反蒋，刘每次去陈济棠那里谈话，陈手里都端着一支水烟袋，谈着谈着，陈总是说："为章兄！我一定反蒋！"但陈患得患失，使各方策动他反蒋的人非常不满。白崇禧挖苦说："我们跪在猪栏门口喂猪，唯一目的是要猪肥嘛！只要猪肥就好了，急也是急不来的呀！"

西安事变中，周恩来去见蒋介石，开口说："蒋先生，我们有十年没有见面了，你显得比从前苍老些。"蒋介石叹气："恩来，你是我的部下，你应该听我的话。"

1938 年 1 月，蒋介石将韩复榘枪毙于武昌。临刑前，韩大呼冤枉："我丢掉山东该枪毙。刘峙称'长腿将军'，统率十几万大军，一夜之间失地千里，为何逍遥法外？丢掉上海、南京、武汉，又该枪毙哪个？"蒋听见此话，咬牙切齿："娘希匹，他是什么东西，也配同刘峙比！"

1938 年 11 月 3 日，日本政府发表第二次对华声明，修改了先前不把国民政府作为交涉对手的方针，提出在蒋介石下台、承认"满洲国"的条件下，日本即与国民政府谈判停战。汪精卫因此要求蒋介石辞职，以争取停战："我们应迅速联袂辞职，以谢天下。"蒋介石则说："我们如果辞职，到底由谁负起政治的责任？"两人争得面红耳赤，不欢而散。在说服不了蒋介石的情况下，汪精卫决定与蒋分道扬镳，单独搞"和平救国"。12 月 18 日，汪乘蒋介石不在重庆的时机，以外出演讲为由先到昆明，然后飞往当时作为法国殖民地的越南河内。汪精卫离开时给蒋留下了诀别信，表示他和蒋介石虽然所走的道路不同，但目的都是救国。汪精卫在长文的最后写道：“君为其易，我任其难。”

汪精卫死后，南京伪国民政府推举陈公博为主席，继任行政院长及军事委员会委员长。陈公博坚持在最高职务上加个“代”字，他说：“现在汪先生走了，人亡政息，这台戏也该结束了。我来继承汪先生的职位，是来办理收场的，而不是来继续演出的。”此时日本的败局已定，南京伪国民政府也处于风雨飘摇之中。

1945 年 8 月 14 日深夜，日本终于宣布无条件投降。翌日中午，蒋介石即代表中华民国政府向全世界做了“以德报怨”的广播讲话，他说：“不念旧恶和与人为善是我们民族传统的至高至贵的德性，中国将对日本帝国的八年侵略战争以德报怨。”

抗战胜利后，吴鼎昌为蒋介石出主意，邀请毛泽东到重庆谈判。国共和谈之后，双方厉兵秣马。1946 年 6 月 23 日，上海人民请愿和平代表团代表马叙伦、阎宝航等赴南京，在下关遭国民党特务毒打；26 日，请愿代表团质问国民政府文官长吴鼎昌，为什么用武力打内战解决问题，吴回答说：“我们也知道武力不能解决问题，可是现在不打，将来又怎么办呢？”

抗战胜利前夕，王世杰与宋子文代表国民政府签署了《中苏友好同盟条约》；1946 年又签订了《中美友好通商航海条约》。

为这两件事，立法院在两三年间都一片哗然，不断指责，令王世杰极为狼狈。中苏条约有美国的压力，蒋介石也只好接受。中美条约则为均等互惠，王世杰解释说，不但平等，且对我国战后建设有利。但王的解释更激起立法委员的非议，其中刘健群直奔讲台，指着王的鼻子说："我俩来订个条约好不好？你在我家吃午饭，我在你家吃晚饭，'平等互惠'；但我刘健群比你块头大，胃口也大，午饭你吃我一碗，晚饭我吃你三碗，每天赚你两碗，这样的平等条约，你敢签订吗？"

1946 年 10 月，曾琦当面对蒋介石说："行政院必须改组，吾辈无所谓，吾辈部下就希望分得几部做官吃饭。"

孔祥熙做国民政府的财政部部长，为国民政府敛财，手段无奇不有，但他最欣赏的是滥发纸币。孔对人说："发行公债真是麻烦，付息、抽签还本，又弄不到几个钱，不如印发钞票，简单得多。"在他的努力下，抗战时期国民政府发行纸币 103190 亿元，为抗战前的 7300 倍。1937 年，100 元法币可买两头牛，六年后能买一只鸡，十年后的 1947 年只能买三分之一盒火柴。

1948 年 8 月，蒋介石实行币制改革，颁布"经济紧急处分令"。蒋经国赴沪"打老虎"，以铁腕手段打击投机商人。时为上海市市长的吴国桢认为，高压的政治手段，无法解决经济问题。吴对蒋介石说："我要求政府收回成命，撤换我的市长之职，借以维持政府的威信。"蒋介石不同意。蒋经国则坚持"一路哭不如一家哭"的信念。最后双方约法三章，上海市政府尽量与蒋经国合作，吴本人不负成败之责。蒋经国“只打老虎，不拍苍蝇”的志气声威最终变成了“只拍苍蝇，不打老虎”，“经改”以失败收场。蒋经国收到一封来信：“官吏白做了两个月的工作，民众白吃了两个月的苦，并且穷的仍穷，而富的还是一样富。”他说：“这句话说得太心痛。”

1948年，国民大会召开，余汉谋被委任为陆军总司令。一年后，他就职广州绥靖公署主任，回到广州激愤地对人说：“我以前没有做过京官，很少接触党国要人，总以为他们对国家大事会有一套办法。去年我在南京搞了几个月陆总，和他们接触多些，才使我认识到这班官僚饭桶。二三十年来，他们除了树立私人势力，争权夺利，对国家大事确实毫无办法，根本谈不上为国家人民做好事。照我看，只要共军渡过长江，他们势必马上解体，可以肯定是无法再坚持下去了。我这次回来为桑梓服务，希望团结广东军政人员，进而与广西合作，支持李宗仁收拾残局。如不可能，只好认输，绝不陈兵边境，做最后挣扎，使广东同胞重受战祸，加重我的罪责。”

20世纪40年代末，国民政府启用翁文灏、何廉等学者专家，一时行政院人才济济，时有“人才内阁”之称。但这些人才办公就是聊天，无一事可办。一个亲历其境的学者给朋友写信说：“这是中国两个最有脑力的人才，干吗不到一个学校或研究室去？干吗要把他们困在一个完全自私自利的宋子文手下吃闲饭、聊闷天？”经济学家何廉后来回忆时仍难抑悲愤：“翁文灏和我虽都在政府中位居高职，但比起‘圈内集团’来，毕竟还是外人。我们并非政府的里层人物，也非党的成员，我们不过是政府的‘装饰品’！我们从未能够搞清楚幕后究竟在搞些什么。”他说：“我在政府中的那几年完全是白白浪费！”

1949年，国共和谈失败，刘斐受托劝说李宗仁、白崇禧等人，李自称要牺牲到底，白则以为可以回广西打游击，刘斐认为，他们除了向共产党投诚已别无出路。白崇禧说：“失败就失败，算了！投降起义我不来！”刘斐说：“好吧，士各有志，你既宁愿失败，我也不能勉强。不过我最后要向老朋友进一忠告，你们如果失败了，千万不能再到台湾去呀！”李宗仁在桌上一捶说：“哪个王八蛋还到台湾！”白崇禧默不作声。谈话也就在沉默中结束了。

国民党一到台湾即开展“土地改革”，用以解决退台后生机问题。有人说：“因为地主全部都是台湾人，所以国民党可以大慷他人之慨。”

1960年8月，中共中央发出指示，要求实行计划用粮，口粮标准要从低；同时，大搞瓜菜的代食品，即实行“低标准”“瓜菜代”。11月，中共中央发出紧急指示，决定立即开展大规模采集和制造代食的运动。根据科学院的建议，推荐玉米根粉、小麦根粉、橡子面粉等。中央要求各地大规模动员群众，采集和制造代食品，还准备建立一些工厂和车间，发展叶蛋白、人造肉精等。

20世纪60年代中期，台湾主事防务者规划制造原子弹，吴大猷在蒋介石面前直陈其非。时任防务部门副长官的蒋经国在场，吴大猷对他说："你的那些人，写的计划我看了，原子弹的知识都是从《读者文摘》上抄来，而且做了原子弹，到哪儿去试爆？没有导弹，去炸什么人，都没有想过。"

1973年，徐景贤给中央写信，揭发王洪文种种腐化变质行为，除了打猎、钓鱼、吃法国大餐外，还有一个重要指控："洪文同志在家里还使用一个黑色的进口精密仪器，从远处操纵电视机（今电视遥控器也）。"

1977年年初，项南向国务院递交《美国农业机械化考察报告》。华国锋、李先念看过报告后，要听项南当面汇报。在中南海，项南将考察组拍摄的电影资料片放映给中央政治局委员们看，并一边做讲解。中央委员们大为吃惊，他们不得不相信这个现实：美国确实做到了百分之四五的人解决全国的吃饭问题，粮食不仅自给，还大量出口。

文林第三

曾国藩生性诙谐，爱说笑话。他对门下子弟李鸿章和俞樾曾有评语：“李少荃拼命做官，俞荫甫拼命著书。”

章士钊认为康有为的文章，多有夸大之词，是其性习使然，又系政治作用为之也。他以为：“南海诗文，向欠洗伐之功，笔端起处，即倾河倒峡而出；其勉强趁韵处，往往活剥生吞，无暇咀嚼，以诗律言，诚达不到一个细字。”

梁启超曾说读龚自珍诗文“如受电击”，他自己也实现了这一阅读效果，他“以饱带感情之笔，写流利畅达之文”，他的《新民说》《少年中国说》等以一泻千里、汪洋恣肆的文字，新鲜活泼的思想倾倒了几代读者。正是“笔锋常带感情”，使得梁启超的政论富有极大的感染力，影响了几代人。

1903 年，孙诒让见到《铁云藏龟》后，闭门谢客，足不出户，把自己关在楼上的一间书房中，两个月不曾下楼，专心研读这些奇怪的文字。有一天，下人突然听到他大叫一声，上楼一看，孙也打开房门走了出来，满面喜色地喊道：“我解通了！我解通了！”孙成为文明史上第一个读通并考释甲骨文字的人。

王国维通过考释甲骨文，使《史记·殷本纪》所传的商代王统得到了物证，证实了司马迁是一个严肃的历史学家。郭沫若说：“殷墟的发现，是新史学的开端；王国维的成绩，是新史学的开山。”

周善培对梁启超说：“中国长久睡梦的人心被你一支笔惊醒了，这不待我来恭维你。但是，做文章有两个境界，第一个是能动人。读你的文章，没有不感动的。第一步你已经做到了。第二个是能留人。司马迁死了快两千年，至今《史记》里有许多文章还是使人不厌百回读的。你这几十年中，做了若干文章，你试想想，不说百回读不容易，就是使人读两回三回的能有几篇文章？”

齐白石崇拜王闿运，曾拜王为师，但王闿运私下说，齐白石的画还可以，诗则是薛蟠体。胡适认为这个评价很不公道。

陈独秀初见沈尹默，大声说：“我叫陈仲甫，昨天在刘三家看到你写的诗，诗作得很好，字其俗入骨。”受此棒喝，沈开始发愤钻研书法。

钱玄同问蔡元培：“蔡先生，前清考翰林，都要字写得很好的才能考中；先生的字写得这样蹩脚，怎样能够考得翰林？”蔡笑嘻嘻地回答说：“我也不知道，大概因为那时正风行黄山谷字体吧！”

张佩纶，字幼樵，是晚清著名文士，与张之洞、陈宝琛、黄体芳号称“清流四健将”。传说张佩纶被李鸿章招进府后，一次入内室商量事情，看见李的女儿的诗作，赞叹不已，以为是其知己。李鸿章让他为小女留意择婿，张问：“才学地位要什么样的？”李说：“像你这样也就可以了。”张立即跪下央求：“门生刚刚丧偶，而女公子又是文字知己，所以斗胆要求当相爷的女婿了。”李只好答应。张听到相爷承诺，从地上一骨碌爬起，跑到外面逢人便告：“相爷许我做女婿了。”民间对联如此损之：“养老女，嫁幼樵，李鸿章未分老幼；辞西席，就东床，张佩纶不是东西。”

蔡元培看到梁漱溟的一篇文章，决定聘其做北京大学印度哲学讲席。梁漱溟辞以对印度哲学实无所知。蔡说：“你说你教不了印度哲学，那么，你知有谁能教印度哲学呢？”又说：“我们亦没有寻到真能教印度哲学的人。横竖彼此都差不多，还是你来吧！你不是爱好哲学吗？我此番到北大，定要把许多爱好哲学的朋友都聚拢来，共同研究，互相切磋。你怎可不来呢？你不要当是老师来教人，你当是来合作研究、来学习好了。”

《新青年》为编委轮流制，编委七人：陈独秀、周树人、周作人、钱玄同、胡适、刘半农、沈尹默。钱、刘化名写文章在《新青年》发表，驳林琴南复古谬论，胡适大加反对，认为“化名写这种游戏文章，不是正人君子做的”，并且不许刘半农再编

《新青年》，要由他一个人独编。沈尹默对胡适说："你不要这样做，要么我们大家都不编，还是给独秀一个人编吧。"周氏兄弟对胡适的态度也大加反对，他们说："你来编，我们都不投稿。"胡乃缩手。

黄侃曾任北京大学中文系教授，他讲《文选》和《文心雕龙》十分传神，吸引了大批其他系的学生。黄善于吟诵诗章，抑扬顿挫，给人一种身临其境的美感，所以，学生们情不自禁地唱和，成了北京大学校园一种流行的调子，被师生们戏称为"黄调"。

章太炎为黎元洪写《黎大总统墓志铭》，售价为好几千块"袁大头"，可能是晚清以来润格最高的谀墓文字。章本人其实最想为孙中山写墓志铭，而国民党新贵与其隔膜，遂留下历史遗憾。

王国维死后，陈寅恪的学生刘节等人请陈撰文纪念，这就是有名的《王观堂先生纪念碑铭》。陈认为王国维是近世学术界最重要的人物，故撰文来昭示天下后世研究学问的人，特别是研究史学的人。他认为研究学术，最重要的是要具有自由的意志和独立的精神，故说："士之读书治学，盖将以脱心志于俗谛之桎梏。"学说有错误是可以商量的，但对于独立精神、自由思想，他认为是最重要的："惟此独立之精神，自由之思想，历千万祀，与天壤而同久，共三光而永光。""思想而不自由，毋宁死耳。斯古今仁圣所同殉之精义，夫岂庸鄙之敢望。"

古直在庐山东林寺设帐收徒，杜宣等人前去听课。古直问他带了什么书，杜说只带了一部《辞源》，古直勃然大怒："怎么我的学生用《辞源》？"杜问："我不认识的字，不查《辞源》查什么？"古直更加生气了："怎么，我的学生查《辞源》？"后来他才缓和下来说："做学问，不能靠二手货，不懂的字，要查《说文》，查《尔雅》，查《水经》……""要查这个字第一次出现的地方，这样才可靠。《辞源》这一类书，是二手货，不可靠的。我们做学问要有穷根究底的精神才行。"

李权兴在巴黎读书，看托尔斯泰和罗曼·罗兰的小说直至神经衰弱，终于在一次散步时晕倒，大病一场。病中大热大泻，昏昏沉沉，老是梦见一个白衣金发的女神，领着他遨游空中。他后来觉得"没有病死，或许是天使的帮忙，不可不纪念她，于是几次用金发做笔名，后来朋友公认为很新颖，遂索性大胆地作为自己唯一的名字"。他说："我的笔名之所由来，完全是一个梦的结果。"

汪原放标点古典书时，遇到一个问题，旧小说里有些淫秽的地方，若给青年学生看了，不太好，他不知道怎么办。胡适主张删节，用省略号表示有删节。陈独秀说，不如删掉就是了，只要上下衔接得上，无伤大体。如果用省略号表示删节，那是"此地无银三百两"了。最后依了陈独秀的意见。

梁实秋、罗隆基等人偷看胡适日记，胡发现后笑容满面地问："你们怎可偷看我的日记？"随后一本正经地说："我生平不治资产，这一部日记将是我留给我的儿子们唯一的遗赠，当然是要在若干年后才能发表。”

阳翰笙曾请茅盾为他的小说《地泉》写序。茅盾直言不讳：“你的书是用革命公式写的，要我写序，我只有毫不留情地批评它。”阳翰笙倒也大度：“批评也是好事。”茅盾推辞不得，只好动笔作序，直言这是一部不成功的小说，或者说失败的小说，太过符号化。没想到阳翰笙竟然把如此尖刻的批评原文出版，茅盾连叹：“雅量，真是雅量。”

叶德辉为大藏书家，他喜欢在珍藏的图书中，夹入一两张春宫画片。好友陈子展问他何故，叶回答说：“避火。”因为“火神原是个小姐，服侍她的丫鬟达三十六位之多，后被玉皇大帝贬为灶下婢，因此她变得躁急易怒，她平时穿淡黄色，一发威时便穿红衣而引起火灾，但因出身闺阁，在盛怒之时，若看到这玩意，也不禁害羞起来，避了开去”。

常书鸿在巴黎求学十年，那正是现代主义猖狂一时、不可一世的时候。常无法接受那些癫狂的技术，甚至对毕加索也只喜欢其早期作品，对毕加索后来的立体主义画风深恶痛绝，但常书鸿更年轻的妻子叶兰（陈芝秀）却喜欢艺术的新奇。有一次，他指着毕加索的名画《镜前的少女》说：“这是绘画变了质，实在令人嫌恶！”叶兰辩护说：“这是令人嫌恶的，可是，萨特说得好，最大的快感从嫌恶之中产生！”

张奚若和金岳霖是好朋友，有时也吵架。一次话不投机，他们争吵起来，金岳霖说张真是“Full of Pride and Prejudice”（充满了“傲慢与偏见”），张奚若马上说，你才真是“Devoid of Sense and Sensibility”（缺乏了“理智与情感”）。

闻一多跟潘光旦、罗隆基学生时即相友善。有一次潘光旦批评罗隆基某篇文章不通，罗很生气地说：“我的文章怎会不通？我父亲是举人。”潘马上回答：“你父亲是举人算得了什么，我父亲是翰林！”闻一多笑对他人：“你看他们多么封建！”

冯友兰曾批评胡适的治学精神：“适之先生的病痛，只是过于好奇和自信。他常以为古人所看不出的，他可以看得出；古人所不注意的，他可以注意。所以他经常指出古人所公认为不重要的人物来大吹大擂，而于古人所公认为重要的，则反对之漠然。这是不对的，因为人的眼光不能相去得那样远啊！”然而，他亦为胡适辩护说：“现在批评适之先生的人真多，有的竟著起一部书批评他。但他们的态度多欠公允，因为他们常把适之先生二十多年前的话来攻击。这如何可算是公允的呢？”

赵元任与林语堂偶尔通信时，写的是与英文发音相近的汉字，例如，“狄儿外剃，豪海夫油鬓？”（Dear Y.T., How have you been?）林语堂非常喜欢。

黄侃一身傲骨，满腹牢骚，他睥睨学术界二三十年，目空一切。甚至对章太炎的经学，他有时也会批评一声：“粗！”一次马寅初去看他，谈到“说文”，他一概置之不理，再问，他便不客气地说：“你还是去弄经济吧，小学谈何容易，说了你也不懂！”

左翼作家联盟在上海成立，多有人光会叫革命口号，而无较好的作品。鲁迅虽为联盟尊崇，却说：“他们是左翼，但不是作家。”

陈寅恪爱作对子。1926 年，陈与王国维、梁启超、赵元任并称国学研究院四大导师。一天，陈对学生说：“我有个联送给你们：‘南海圣人再传弟子，大清皇帝同学少年。’”大家哄堂大笑。1930 年，时任清华校长的罗家伦去看他，送其所编的《科学与文学》。陈随手翻一翻便说：“志希，我送你一联如何？”当即诵出：“不通家法科学玄学，语无伦次中文西文。”横额“儒将风流”。因罗在北伐军中为少将，娶了一个漂亮妻子，故如此说。1932 年夏，清华大学国文系主任刘文典请陈拟国文试题，陈出对对子“孙行者”一题，引起舆论大哗。

1935 年，胡风发表了《林语堂论》《张天翼论》，轰动文坛。林语堂误以为是鲁迅化名批评他，鲁迅则语：“要是我写，不会写得那么长！”两篇万言大论使文坛为有这样一位理论家震惊，尚不认识胡风的雪苇以“伟大”许之，后来雪苇为此吃尽苦头。

胡风被称为“中国的别林斯基”“东方的卢卡契”，他为文坛繁荣做出了贡献。他是萧红《生死场》的最早读者，直觉萧是有才华的女作家："我们看到了女性的纤细的感觉，也看到了非女性的雄迈的胸襟。""这里是真实的受难的中国农民，是真实的野生的奋起。""在我们已有的农民文学里面，似乎还没有见过这样动人的诗篇。"萧红的这部杰作原没有书名，胡风读后，给它取名为《生死场》。

瞿秋白说自己是"一个不适合当官的人，在一个错误的历史时期当上了一个注定犯错的领导者"。他的文才折服了不少人。后来成为文化史专家、文化部副部长的郑振铎，当时准备结婚，想求瞿秋白刻一对印，瞿秋白开的润格是五十元。郑付不起转而求茅盾。婚礼那天，瞿秋白手提一手绢小包，说来送金五十，郑不胜惶恐，打开一看却是两方石印。

民国学人在北平多会染上搜集旧书的癖好，这种癖好有传染性。一次，国立北平图书馆馆长袁同礼要蒋廷黻陪他去一位私人收藏家那里。他们一起相互监视，找资料时，袁问蒋对哪一方面特别有兴趣。蒋找到两本小册子，一本是《文祥年谱》，一本是有关鸦片买卖的书。袁似乎不感兴趣，蒋私下很高兴。二人分手后，袁回图书馆，蒋回俱乐部。蒋随即转回去想买那两本书，他半小时后赶到时，主人告诉他袁先生已经捷足先登把书买走了。

1936年年底，丁玲在聂荣臻部队里工作，收到毛泽东电报，是毛泽东专门写给她的一首词《临江仙》："壁上红旗飘落照，西风漫卷孤城。保安人物一时新。洞中开宴会，招待出牢人。纤笔一枝谁与似？三千毛瑟精兵。阵图开向陇山东。昨日文小姐，今日武将军。”

1937年，阎锡山路过江苏无锡，登锡山游览，忽然对他的随从们说：“我有个对子的上联：‘阎锡山过无锡，登锡山，锡山无锡。’请大家对个下联。”随从们无人能对，阎十分得意，登报公开征求下联，好长时间，无人应征，几乎成了绝对。1945年，范长江跟陈毅到安徽天长县时，突然灵机一动，对陈说：“有了，有了，阎锡山的对子我对起来了！”他的下联是：“范长江到天长，望长江，长江天长。”

沈从文到中国公学登台授课，慕名而来的学生甚众，教室里挤得满满的。他抬眼望去，看见黑压压的人头，心里一惊，呆站了近十分钟。好不容易开了口，他一面急促地讲述，一面在黑板上抄写授课提纲。预定一小时的授课内容，十多分钟就全讲完了。他再次陷入窘迫、无奈，拿起粉笔在黑板上写道：“我第一次上课，见你们人多，怕了。”下课后，学生议论纷纷：“沈从文这样的人也来中公上课，半个小时讲不出一句话来。”议论传到校长胡适那里，胡适微笑着说：“上课讲不出话来，学生不轰他，这就是成功。”

长沙临时大学草创急就，校舍紧张，文学院各系暂行迁往南岳。当时，在南岳的哲学家除了冯友兰、金岳霖、汤用彤，还有郑昕、沈有鼎等人，在紧张教课、撰述之余，学者们也开开玩笑。冯友兰就吴宓的一句诗“相携红袖非春意”发表过不同见解；

金岳霖有严重的畏光症，经常戴一副眼罩；郑昕则喜欢喝酒；搞逻辑的沈有鼎用纸枚代替蓍草研究《周易》占卜的方法。闻一多因此写了一首打油诗——唯有哲学最诡恢：金公眼罩郑公杯，吟诗马二评红袖，占卜冗三用纸枚。

1938 年 4 月，范长江回到《大公报》汉口馆，张季鸾认为一个合格的报人要写社评、编稿件、做标题、拼版、看样，样样都拿得起来，不仅要能跑，还要能坐、能熬。张赏识范长江的才华，也有意培养他，让他磨炼一下，所以当他提出做“要闻版编辑”时，就答应了。没想到他只值了两天夜班就大发牢骚，对王芸生说：“我不能这样出卖我的健康！”向来温厚待人的张季鸾十分生气：“出卖健康？我们出卖了一辈子健康，从来没有怨言，他只做了两天就受不了，叫他走！”

梁实秋在抗日高潮中仍大写悠闲文字，被左翼作家批评为“抗战无关论”。他自我辩解说，人在情急时固然可以抄起菜刀杀人，但杀人毕竟不是菜刀的使命。他一直坚持自己的态度，后来的成就也很高，一人独力译完了《莎士比亚全集》。有人说，当我们承认梁实秋的贡献时，更不该忘记瞿秋白这样情急用菜刀去救国救民的，甚至连自己的珠玉之身也扑上去的人。

田汉性格浪漫。抗战期间，国民政府军事委员会政治部副部长黄琪翔请田汉吃饭，讲明一桌，结果田汉带去三十人，黄琪翔哈哈大笑：“我事先就防了你这一手，准备的酒席恰好是三桌。”田汉即席赋诗，也是哈哈大笑。

徐铸成说，张季鸾的文章之所以常常具有打动人心的力量，就在于“字字句句，朴质沉痛”，就在于他不仅有见识，站得高，看得远，看得深，同时也在于他的“笔锋常带感情”。俞颂华在评价王芸生文章为世人所传诵时也说：“他富于热情，所说的话，常能打入读者的心坎。所以他的文章，始终能动人心弦，不致与无党无派的民意脱节。”王芸生自己在《新闻记者怎样立言》中说：“要热情，才能使‘笔端带有感情’，才能在笔下表现文字的生命和活力。”

张季鸾生前曾传授给王芸生二十字秘诀：“以锋利之笔写忠厚之文，以钝拙之笔写尖锐之文。”

冯友兰在西南联大教书，留有长髯，身穿长袍，颇有道家气象，其本人则倡人生哲学之多重境界。一次，他去授课，路遇金岳霖，金问：“芝生，到什么境界了？”冯友兰答说：“到了天地境界。”两人大笑，擦肩而过，各自去上课了。

抗战时期，陈寅恪执教于昆明西南联大，有幸在旧书店购得店主昔年在常塾钱谦益旧园中所拾之红豆一粒。他后来写道：“自得此豆后……虽藏置箧笥，亦若存若亡，不复省视。然自此遂重读钱集，不仅借以温旧梦，寄遐思，亦欲自验所学之深浅也。”陈寅恪认为：“夫三户亡秦之志，九章哀郢之辞，即发自当日之士大夫，犹应珍惜引申，以表彰我民族独立之精神，自由之思想。何况出于婉娈倚门之少女，绸缪鼓瑟之小妇，而又为当时迂腐者所深诋，后世轻薄者所厚诬之人哉！”

叶公超先生教学法非常奇特。他几乎从不讲解，一上堂，就让坐在前排的学生，由左到右，依次朗读课文，到了一定段落，他大声一喊："Stop（停）！"问大家有问题没有，没人回答，就让学生依次朗读下去，一直到下课。有人偶尔提一个问题，他断喝一声："查字典去！"这一声狮子吼有大威力，从此天下太平，宇域宁静，相安无事。有学生问他有的字在《英华合解辞汇》里查不着，怎么办。他说："那个《辞汇》没用，烧了，要查《牛津大辞典》。"钱锺书说叶先生太懒，郑洪年称他为"外国名士派"，闻一多则呼他为"二毛子"，指他精通洋文不懂国故。

金岳霖主张学生要有自己的见解，而且鼓励他们发表自己的见解。有一次在一个逻辑讨论会上，有人提到了当时享有盛名的库尔特·哥德尔的一本书，金岳霖说要买来看看。他的一位学生沈有鼎马上对金先生说："老实说，你看不懂的。"金先生闻言，先是"哦哦"了两声，然后说："那就算了。"师生的这段对话，对殷海光影响至深，他直至晚年仍然未能忘却。

汪曾祺上过闻一多的"楚辞"和"唐诗"课。他记得闻一多讲《楚辞》的开场白："痛饮酒，熟读《离骚》，乃可为名士。"汪当时对政治不闻不问，甚至对闻参与政治的做法有些不以为然，觉得文人就应该专心从文。闻一多对他的精神状态十分不满，痛斥了他一顿。他写信给闻先生说，闻先生对他"俯冲"了一通，并且对闻先生参与政治的做法直截了当地提出不同的意见。闻一多回信说，汪曾祺对他"高射"了一通。此事在当时传为趣谈。

吴昌硕人极矮小，至死八十三岁，头上仍盘一小髻，似道士一般，无须，故有“无须道人”一印。初一见面，几与老尼姑无异，耳聋，但有时其子女小声谈老人贪吃零食等，他肯定会开口声辩自己并不多吃。有人说，他的聋，是做作的。朱彊村跟他是老乡，交谊最深。他晚年如有人请吃酒席，逢请必到，到必大吃不已，回家时就腹痛不已。朱集一联赠他：“老子不为陈列品，聋丞敢忘太平年。”

吴湖帆画名卓著，而忌惮游山玩水，中年后受冯超然影响，以一榻横陈，自乐不疲。张大千曾嘱陈巨来劝之，以为应多游名山大川，以扩眼界，以助丘壑。吴湖帆笑对陈说：“你告大千，吾多视唐宋以来之名画，丘壑正多，取之不尽，用之不竭也，何必徒劳两脚耶。”

冯超然说：“我画无师，在松江当店为学徒时，买得一部同文书局印的《三国志》，像绣一百二十回，有二百四十张插图，我用油纸摹了三次之多，故所画人物，无论什么姿态，我都能画。”其坦白令人钦佩。

1949 年 10 月，冯友兰第一次与毛泽东直接接触。当时有许多人向毛泽东写信表态效忠，他也写了一封，大意说：我过去讲封建哲学，帮了国民党的忙，现在我决心改造思想，学习马克思主义，准备在五年之内用马克思主义立场、观点、方法，重新写一部中国哲学史。毛泽东回信：“友兰先生：十月五日来函已悉。我们是欢迎人们进步的。像你这样的人，过去犯过错误，现在准备改正错误，如果能实践，那是好的。也不必急于求效，可以慢慢地改，总以采取老实态度为宜。此复。毛泽东十月十三日。”

1952年8月，湖南大学评定教师的薪水等级，最高为六级。杨树达是其中之一，群众无意见，或以为杨老先生还应再高一级才好，但杨本人却觉得不必再高了。当听说谭丕模和杨荣国也是六级时，杨树达大为不满：“谭丕模连《中苏条约》极浅之文字都看不通，亦评为六级。余提议应减，无人见信也。平心而论，余评最高级，决不为少，而与杨荣国、谭丕模同级，则认为一种侮辱也。”

1955年，三联书店出版了八大本《胡适思想批判论文汇编》，约200万字，蔚为大观。其时胡适身在美国，抱着近似隔岸观火的态度“欣赏”大洋彼岸的那场闹剧，且极富耐心地看完了这八大本奇书。据严秀先生猜测，即便是当时的大陆，恐怕也没谁能读完这些“皇皇巨著”，包括这些文章的作者本身。有一次唐德刚指着这些书问：“这几百万字的巨著里，难道就没有一点儿学问和真理？！”胡适答说：“没有学术自由，哪里谈得到学问？”

20世纪50年代，在思想改造运动中，冯友兰多次检讨交代，甚至不惜上纲上线，以有说无，但是主持人就是不让过关。金岳霖由于素与政治无涉，在运动中过关较快，不久还被树为积极分子，组织上让他到冯家去做工作，以促进冯氏转变。一进门，金岳霖就大声说：“芝生呀，你有什么对不起人民的地方，可要彻底交代呀。”说着说着，扑上去和冯友兰抱头痛哭。

胡适对唐德刚说过：“共产党里白话文写得最好的还是毛泽东！”

周作人在1965年4月最后改定的遗嘱中，谈到希腊作品《卢奇安对话集》时说：“余一生文字无足称道，唯暮年所译希腊对话是五十年来的心愿，识者当自知之。”

夏志清与王洞在纽约结婚，婚礼安排在当时最大、最豪华的旅馆举行，婚宴中夏对气派的旅馆赞不绝口，兴奋之余，他转身对唐德刚说：“下次结婚再到这地方来。”

卜少夫曾说，他好酒但不嗜酒，并非酒鬼；他好色但不迷色，亦非色鬼。友人赠一联曰：“海枯石烂从来少，燕叱莺啼尽可夫。”把酒女海燕与他的名字嵌在联句首尾，颇有讽劝之意，他不但不介怀，且欣赏联句并将之公诸《新闻天地》，遍示好友。

周弃子青年时即享有文名。抗战时期，国民政府提出并且为广大群众接受的抗日救亡口号“一寸山河一寸血，十万青年十万军”，就出自他的手笔。周晚年在台湾自号“未埋庵主”，穷困甚于高阳，二人友善，周多次向高借贷。一年年关迫近，高阳无接济动静，来访的张佛千问：“是否需要我给高阳打个电话去？”周忙摆手：“不用，我不催他，他已经在为我着急，何况他的年关也是年年难过呢。”

1960 年，在哥伦比亚大学的帮助下，顾维钧口述的编写工作开始。17 年间，共有两位博士、五位打字员、两位庶务员协助他进行这项工作。他的助手主要有唐德刚教授。唐后来写了一篇文章，说“广陵散从此绝矣”，感叹回忆录编撰之严谨扎实，后来者恐不能及矣。

沈从文自称“乡下人”。中华人民共和国成立后，他被安排到历史博物馆工作，居家艰难，长期住在胡同里。有一年多雨，许多地方被淹，他站在门前轻轻叹息：“雨愁人得很。”他的孩子们听见了，批评他说：“农民不会这样想。”

李敖在台湾大学“眼高于顶”，教授们对李敖也不敢小觑，甚至敬而远之。当时考研究所必须通过口试，而主试者便是院长沈刚伯和姚从吾等著名学者，大家环形落座，李敖坐在中间，但无人提问，因为李敖的学问他们最了解，实在无考之必要，于是大家都望着他笑。最后，院长沈刚伯发话了：“你还要穿长袍吗？”众人遂大笑，录取了李敖。

冯友兰高寿，使一些健康杂志颇感兴趣，当人正儿八经问起他长寿的秘诀时，他却只有“不……着……急”三字可以奉告。

1978 年 3 月，北京开科学大会。潘怀素在温州对学生黄河清说要去北京献礼，献自己乐律研究成果的礼。潘让黄先发电报给科学大会、郭沫若、黄镇。电文由潘口述，黄记录，非常长。那时电报费一个字七分钱，花去了黄半个月工资。潘怀素在没有回音后仍执意赴京，黄倾囊而出，给了他四十块钱，买了张去上海的船票，送他上船。临别前夕，黄河清写了首诗呈老师："八十四年不老身，一生只唱善美真。此回当奏纯正曲，流水高山自有人。"

马三立对老年人的保健很有心得，他说，健身要因人而异，根据自己的身体状况采取不同的锻炼方式。"我早晚共走一千六百步，坚持搓脸、磕牙、搓头发；每天用手摸脚面，用脚踢屁股，扭腰转身，拍打前胸后背。""文革"时，马三立在"牛棚"每天坚持搓脸、磕牙两次，每次十分钟。他偷着磕牙时，被人发现了，硬说他对党"咬牙切齿"，于是，大会批、小会斗，他才中止了磕牙。

钱锺书言语刻薄，有语不惊人死不休之意。王辛笛《手掌集》出版后，钱锺书、施蛰存等人应邀到王府吃便饭并获赠样书。离开王家后，钱锺书指着《手掌集》封面图案对施等人说："辛笛手中抓着一朵花，他印出来了，但他另一只手抓着钱（当时辛笛在银行任职），却不印出来。"

李敖说，大陆的"伤痕文学"是"哭哭啼啼没有出息"。

1973 年，余光中应邀到台湾"清华大学"讲演。在满座博士面前，他朗诵自己的新诗："星空非常希腊"。正在自我享受吟哦之趣时，一位听众忽地站起来，劈头说："你这诗不通，希腊是名词，怎么可以当形容词？而且崇洋媚外，中国天空也有蓝的，形容蓝天为什么一定要找外国的？”余光中愣住了，缓过神来，锐词相讥，说什么文学不是方程式，不懂就不要乱说。结果惹怒了更多人，讲演不欢而散。

钱锺书曾在余英时等人面前批评陈寅恪太“trivial”（琐碎），即指《元白诗笺证稿》中考证杨贵妃是否以“处子入宫”那一节。余恍然他对陈寅恪的学问是有保留的。余本想对文人相轻的学者说，陈氏那一番考辨是为了证实朱子“唐源流出于夷狄，故闺门失礼之事不以为异”的大议论，不能算“trivial”，但那时钱锺书正在余家做客，这句话余无论如何当众说不出口。

1994 年，傅光明采访冰心，问她：“建国后您的作品不是很多，您觉得是哪方面的原因？”冰心回答：“有的话不好说。文章不像解放前登起来那么容易。还有呢，我不是有《寄小读者》吗，那些容易登。还有呢，解放以后，怎么说呢，我写东西短，都是千字文，也没有写小说什么的。因为现在发表东西没有从前那么容易了。现在写东西得迎合上头的口味。”

武运第四

光绪十年（1884），左宗棠奉旨赴福建督师。在南京，左与两江总督曾国荃预商军事，谈毕，唠起家常。左宗棠问曾国荃："老九一生得力何处？"曾回答："挥金如土，杀人如麻。"

曾国藩亲笔写《爱民歌》，为后来中共《三大纪律八项注意》之先声，歌曰："三军个个仔细听，行军先要爱百姓……第一扎营不要懒，莫走人家取门板……第二行路要端详，夜夜总要支帐房……第三号令要严明，兵勇不许乱出营。走出营来就学坏，总是百姓来受害……如今百姓更穷困，愿我军士听教训。军士与民如一家，千记不可欺负他。"

刘铭传任台湾巡抚之日，曾登沪尾炮台，东望日本，感慨不已："即今不图，我为彼虏矣！"未几，醇亲王薨，李鸿章孤立，户部忽奏请："天下海军，十年内毋增舰炮。"刘铭传喟然叹息："人方碁我，我乃自抉其籓，亡无日矣！"李鸿章争之不得，刘铭传上疏求去，去四年而朝鲜之难作。

甲午战争之时，淮军统领卫汝贵带军向朝鲜开拔。开拔前，卫把饷银二十四万两之三分之一汇往自己家中，其妻与夫书一封说：“君起家戎行，致位统帅，家既饶于财，宜自颐养，且春秋高，望善自为计，勿当前敌……”卫汝贵不负妻望，平壤之战一开，他和叶志超弃城逃跑，狂奔三百里，一度逃得不知去向，七八天后才找回清军大队。日本人看到这封家书，视为奇闻，将其作为战利品，一度放入自家教科书里。

袁世凯受命到天津小站练兵，除了自己的亲兵亲将，也起用一批武备学堂的毕业生。段祺瑞与王士珍、冯国璋调到小站，就很快受到袁世凯的赏识和重用。一次，袁世凯请德国军官观操，那军官用马鞭指着王、段、冯三人称赞说：“他们不愧为杰出的将才。”三人因此被称为“北洋三杰”，后来，更被形象化地称为“王龙、段虎、冯狗”。

直皖战争失败后，段祺瑞终年在家里表示忏悔，和靳云鹏、吴光新等人交往了一些高僧法师，在一起讲经说法。那帮和尚贪图他的布施供养，恭维他是菩萨转世，为了救度众生，降到人间来。段居之不疑，宣称在佛前发下了宏誓大愿，从此不问世事，皈依三宝，并说：“这班军阀穷兵黩武，祸国殃民，都是阿修罗王转世，来造大劫的。我虽是菩萨后身，具有普度众生的慈悲愿力，但是道高一尺，魔高一丈，法力虽大，难胜群魔。”闻者传为笑谈。

曹锟检阅他驻在保定的军队，在走过士兵行列时，他发现有一名士兵在咽泣。曹停下来问他：“你怎么了？为什么哭？”士兵说他刚接到家信，说他爸爸死了。他远在军队，无法回家奔丧。曹锟说：“不要哭，不要哭。给你五十块大洋，回家葬你父亲去好啦，尽完孝道再回来当兵。”

刘伯承年轻时与北洋军作战，被一颗子弹打进右眼，造成右眼球坏死，医生决定开刀把坏死的眼球和烂肉割掉。刘伯承不愿使用麻醉剂，因眼睛离脑子太近了，担心麻醉剂影响脑神经。手术做完，刘告诉医生：“我一直很清醒，在记着刀数，一共是72刀。”医生感动地说：“你是一个真正的男子汉，你可以被称为‘军神’。”

孙传芳说：“秋高马肥，正好作战消遣。”

1926年7月9日，国民政府举行蒋介石就任国民革命军总司令兼北伐誓师典礼。蒋发表北伐誓词称：“国民痛苦，水深火热；土匪军阀，为虎作伥；帝国主义，以枭以张。本军兴师，救国救民；总理遗命，炳若晨星。吊民伐罪，迁厥凶酋；复我平等，还我自由。嗟我将士，为民前锋，有进无退，为国效忠；实行主义，牺牲个人；丹心碧血，革命精神……”

北伐战争中，汀泗桥攻坚战最为激烈。1926年8月27日，北伐军攻占该桥后，吴佩孚的部队退守贺胜桥。吴闻讯亲抵贺胜桥，先枪决旅、团、营长九人，后派大刀队督阵，于是日晚反扑汀泗桥，北伐军不得已撤出。28日晨，汀泗桥再为北伐军所夺，旋又为敌马济部夺回，两军激烈拉锯，直至国民革命军总预备队第一军参加战斗，方于29日攻克汀泗桥。当汀泗桥战斗激烈进行时，蒋介石于28日抵蒲圻，亲赴前线。因战况惨烈，又有将领请求暂停进攻，蒋答道："北伐成败关键，在此一战，如果稍一泄气，以后就再也没有争取胜利的机会。吴佩孚的军队，已经是孤注一掷，只要我们能坚决坚持到最后一分钟，我们一定能获得胜利。"对此，吴佩孚日后曾赞蒋曰："其用兵之妙和坚定撑持，我自愧不是对手。"

会昌战役后，陈赓对张国焘说，叶挺和钱大钧的战斗，是他所遇到的第一个恶战，比他两次参加东江战役的战况还要激烈。尤其是在会昌城下进行肉搏战的时候，双方作战的中下级干部，多是黄埔同学，他们不仅彼此认识，而且有很多是好朋友，在黄埔时，或同队同班，在军队时，或同营同连。现在竟成为国共两个阵营的人，在肉搏中，彼此叫着小名或诨名对骂。那边骂这边："中共为什么要造反？"这边骂那边："你们为什么要做反革命的走狗？"双方有些人一面像疯狗一样地混杀，一面又忍不住在那里暗掉眼泪。陈赓在前线目击此种情形，也为之心酸，但也只有硬着心肠喊杀，督促同志往前冲锋。陈赓的结论是，政治斗争是很残酷的。

蒋、冯、阎大战前，孙殿英去洛阳参加冯玉祥召集的军事会议，当他和冯见面的时候，冯紧握他的手说："殿英老弟，你的革命精神我很佩服！咱们是好朋友、好同志！在反清这一点，我干的是活的（指驱逐溥仪出宫），你干的是死的（指盗陵）。"孙听了这番话，满脸通红，忸怩不安，却很受感动，事后对人说：

“总司令真伟大，他要是叫我卖命，孬种才会含糊！”

1932年年初，日本建立伪满政权后，窥视热河。张学良召集有关将领，分配防务，宋子文、杨杰出席，到会者有万福麟、宋哲元、商震等将领。张将热河地图铺在地板上，手执红蓝铅笔俯伏地上要划分防地，首先仰面对宋哲元说：“明轩你可把守这一线（指长城、冷口、喜峰口一线）。”宋厉声拒绝说：“我的兵力太薄，装备又差，怎能担当了这么一个大面。”张说：“不要紧，你的右翼有何柱国，他可以支援你。”宋很不客气地说：“何柱国是败军之将，靠不住，我怎能信他，我不干！”张听了以后，极感难堪，约有几分钟没有抬起头来。后来说：“再商量吧！”杨杰在旁，看见这种情形很着急，用手拉胡若愚到外边说：“你劝汉卿不要勉强宋哲元，因为作战时，如将领不服，心中有问题，是很危险的。”

冯玉祥在察哈尔一带抗战，蒋介石调中央军逼其解散，冯的老部下庞炳勋跃跃欲试，激怒了宋哲元等将领。宋授意冯治安和秦德纯去当面问庞，他们对庞炳勋说：“听说大哥要打冯先生，是吗？”庞看情形不对，赶紧解释说：“这怎么能够？不错，是有人叫我打冯先生，可是请二位老弟想一想，他是我多年的老长官，我怎么能够打他呢？”冯治安直截了当地说：“我们也不相信你会打冯先生。如果真的要打，那么，我们就要对不起大哥了！”庞赶快说：“不能！不能！绝对不能！”

刘戡同何应钦吵架，桌子上的茶杯被打翻，茶水洒了一地。

何没办法，只好说："假使你是军分会的代委员长，我是师长，我以这种态度对你，你做何感想？"刘没说话就走了。何对留下来的符昭骞说："要抗战，首先要军队服从命令，目前华北的情形就不是这样。命令要宋哲元的部队集中通县，他们却到廊坊去。要傅作义部队集中高丽营，他们却到长辛店去。像这种情况，如何谈得上抗战。所以我甘冒天下之大不韪，与日本人谈判停战。"

1933 年，陈济棠拒绝中央调兵赴赣"剿共"，他宣称："不要说日军占了北平，就是日军占了南京，我也不肯调兵江西'剿共'。"

20 世纪 30 年代，国民政府对江西红军进行第五次"围剿"，蒋介石督促白崇禧派兵参加。白对人说："老蒋恨我们比恨朱、毛更甚，管他呢？有匪有我，无匪无我，我为什么顶湿锅盖为他造机会？不如留着朱、毛，我们还有发展机会。"他的部队给红军帮了不少忙，有一次红军写下一路"有劳桂军远送"的标语，"表扬"白军只跟不打的"好意"。气得蒋介石说："这真是外国的军队了！"

1934 年，红军长征，进入四川，刘湘焦急万分，以为各军都想保存实力，影响"剿匪战事"，必须物色一可以统一指挥的人主持军事，他最敬奉神道设教的老师刘从云，于是刘被礼请出任"剿赤军事委员会委员长"。刘到任后，驻节南充，自称便于居中策应。其命将出兵，不但要选定时辰，还要指定方向，为一般所未闻。一次命潘佐率部截断红军后路，但又根本不知地形。潘师照其所指定的方向前进，则面临大山，又遇断岩。以电话向其请示，则回话责问说：“你不晓得军队要逢山开路，遇水搭桥？”请示人员气极，答以“是不是临岩舍命”，一时传为笑柄。

赵登禹忠诚果敢，一生勤苦耐劳、慷慨好义，有燕赵豪杰的风度，生得体格魁梧、膂力过人，传说他曾只手搏虎，所以绰号“打虎将”。七七事变，日寇进犯南苑，他躬冒战火，身先士卒，和顽敌死拼，我军士气为之大振。赵不幸身负重伤，士兵劝他离开火线，他含泪答说：“命在旦夕，你们不要管我。城内有我老母，你回去告诉她说，忠孝不能兼全，万一不幸，她儿子为国死了，也是光荣，不用把我挂在心里！”话说完，就与世长辞，年仅三十九岁。

抗战爆发后，何应钦决定将桂永清的教导总队调往四川，扩编为三十个团，作为第二期作战主力。1937 年 9 月，桂永清从英国回国后立即要求参战。他在总队部召集营长以上军官开会，说：“眼下我们有两个选择，一个是到后方去扩军，一个是到前方去作战。我们教导总队不但享受国军中的优厚待遇，而且装备都是全新德式。现在，我国军队不分党派，请缨杀敌，而我们却去后方扩编，扪心自问，岂不惭愧？‘养兵千日，用兵一时’，保国卫民责无旁贷。我们究竟是上前线作战，还是到后方扩军，请各位发表意见。”结果，全体同意立即开赴战场。

1938 年 10 月，薛岳指挥部队在江西德安万家岭，消灭日军一万余人，俘敌三百多人，给日军以沉重打击。新四军军长叶挺称赞薛岳说："万家岭大捷，挽洪都于垂危，作江汉之保障，并与平型关、台儿庄鼎足而三，盛名当永垂不朽！"

抗战时期，有一记者碰见一军人自愿去河北组织游击队，该军人表示，对于中国的最后胜利，他是确信的。记者问："中国打胜以后，你打算做什么事情？"无名军人很冷静地说："那时候，我已经死了，在这次战事中，军人大概都要死的。"

续范亭在抗日战争期间以"剖腹自杀"的方式抗议"不抵抗主义"。1935年，他赴南京呼吁抗日，在中山陵放声痛哭："谒陵我心悲，哭陵我无泪。瞻拜总理陵，寸寸肝肠碎。战死无将军，可耻此为最！觍颜事仇敌，瓦全安足贵？"又赋绝命诗一首："赤膊条条任去留，丈夫于世何所求？窃恐民气摧残尽，愿把身躯易自由。"

1938年1月，蒋介石到河南开封主持军事会议，责问韩复榘不发一枪之罪。韩顶撞蒋说："山东丢失是我应负的责任，南京丢失是谁的责任呢？"蒋介石声色俱厉："现在我问的是山东，不是问南京。南京丢失，自有人负责！"

1938年3月，在津浦线南段为堵击敌军南下的滕县保卫战中，守城师长王铭章将军发出了"决以死拼以报国家"的最后电文。他在破城后的巷战中，与参谋长赵渭滨将军、邹绍孟将军同时壮烈殉国。

1938 年春，台儿庄大战最激烈时分，国民革命军第二集团军总司令孙连仲对师长池峰城说：“士兵打完了，你就自己填进去！你填过了，我就来填进去！”

张自忠死前亲笔谕告所部各将领：“看最近之情况，敌人或再来碰一下钉子，只要敌来犯，兄即到河东与弟等共同去牺牲。国家到了如此地步，除我等为其死，毫无其他办法。更相信，只要我等能本此决心，我们国家及我五千年历史之民族，决不至于亡于区区三岛倭奴之手。为国家民族死之决心，海不清，石不烂，决不半点改变。愿与诸弟共勉之。”

抗战期间，蒋介石曾起意“不守”长沙，薛岳不以为然，他说：“长沙不守，军人之职何在？”白崇禧以“长期抗战，须保持实力”相劝，薛也不听，他说：“湘省所处地位关系国家民族危难甚巨，吾人应发抒良心血性，与湘省共存亡。”在他的指挥下，中国军队与日军先后进行了三次大规模会战，分别取得歼敌四万多、四万多、五万多的胜利。薛岳受到蒋介石嘉奖，美国总统杜鲁门为薛岳颁发一枚自由勋章，以表彰其在抗战中的贡献。

1942 年 1 月初，在第三次长沙会战中，激烈战斗遍于整个会战。第 10 军 190 师 569 团 3 营营长黄钟在其“三战长沙”的日记中记道：……终日在激烈战斗中，刘阳门、北大马路均起巷战，新军路肉搏四次；本师为夺取陈家山牺牲百余名。下午 4 时火起，烟雾弥天；尤以北大路附近为烈；野外无鸟兽，城内无行人；此为激烈日，亦为决战日，鹿死谁手，唯在能守。

抗战期间，魏德迈任蒋介石的参谋长，他对中国军队多有指责。例如，他坚决主张兵员的给养，一定要使每人每日有三千六百卡路里的热量，所以每人每日必须吃肉半磅，黄豆或花生米四分之一磅及少量奶制品、水果、油盐等。当时何应钦曾以“中国人从幼不必吃肉，只吃饱就行了”，俞飞鹏曾以“补给鲜肉为难事”来推诿，都遭到魏德迈的驳斥，魏说：“最好你们留着肉给日本人来吃。”

周至柔做了国民政府空军司令后，在空军里实行陆军的纪律，以整顿空军过于散漫的现象。1947 年，周在南京空军总部内设“新生社”，实为夜总会，他要以交际花和舞女来激励军人士气。周对外人多次说：“军人的性欲问题必须有适当的解决，不然的话会闹出乱子。”

1944 年夏，中日会战，蒋介石要方先觉“死守衡阳”，日军两次攻城失利，就调重兵围攻。到 8 月 6 日拂晓，日军突破阵地，拥入城内，双方展开激烈巷战。方先觉等向蒋介石发出电报说：“敌人今晨已由北门冲进来，城内已无可用之弹及可增之兵，危急万分。生等只有一死为国，来生再见。方先觉、周庆祥、容有略、葛先才、饶少伟、孙鸣玉。同叩鱼（6 日代号）。”蒋介石给方先觉等的答复是：“祝上帝保佑你们！”“鱼电”后第二天，即 8 月 7 日晚上，方先觉等决定投敌。

1946 年年初，余汉谋的第七战区、第十二集团军均同时被撤销，广东全省划入张发奎所辖，余部六十三军、六十五军先后脱离余汉谋掌握。余所部官兵都非常气愤，他不以为意，说："抗战已经胜利，洗雪了我国甲午以来五十多年的奇耻大辱，我们的任务已经完成。此后大家如能团结一致，遵照总理遗训，做个老百姓也是光荣的。"

1947 年，龙云最忠实的部下张冲投向共产党。新华社播出这条消息，蒋介石为之大惊，立即责备龙云说："张冲是你的部下，你要负责。"龙云回答说："不错，张冲是我的部下，那么请问，林彪也是你蒋委员长的黄埔学生吧，为什么林彪也会反对你蒋委员长呢？这又该谁负责呢？"

1947 年，胡宗南最精锐的整编第一军进攻延安，完全扑空，遭到惨败，事后发现手下亲信熊向晖居然是共产党，但胡宗南并没有处决熊，反而礼送他出国。有人问熊何以如此，熊笑答说，胡宗南如果把他枪毙，事态扩大，必会引起蒋介石的彻底深究，胡的职位就将不保了，故为自全计，胡只有哑巴吃黄连，把他资送到英国去留学。

20 世纪 40 年代末，蒋经国在上海整顿金融秩序，强迫市民把金子、银子兑换为金圆券，把上海市面搞得天翻地覆。黄绍竑问薛岳："如果小蒋硬要你把金子去兑金圆券，你怎么样呢？"薛岳开口就骂："丢那妈！我们辛辛苦苦搞了几十年，出生入死，才挣得这些金子，如果兑成了转眼一钱不值的金圆券，以后我们吃啥也？他敢来，我就开机关枪打死他。"

1948年10月，蒋介石在北平与傅作义商议北平防守大计时，突然接到宋美龄的信，信中说蒋经国在上海“打虎”，抓了扰乱金融的孔令侃，要蒋火速到上海去救外甥。蒋于是不顾北平防务大事，飞往上海，傅作义因此对蒋更失信心：“蒋介石要美人，不要江山，我们还给他干什么！”

蒋介石独裁，虽下野仍控制军政大权，宋希濂唯蒋命是从，招致何应钦不满，在电话中二人争执起来，何气愤地喊道：“我是行政院长兼国防部长，负责指挥全国军队，你必须服从我的命令！”宋答道：“我就不知道什么行政院长、国防部长。”说完把电话挂了。何气得面色发紫，立即去李宗仁处说：“这成什么体统，这成什么体统！我有生以来从未受过这种侮辱！”

革命第五

近代以来，忧患成疾，人们多愿如孙文后来总结的“毕其功于一役”，而不能忍受教育这个看来“旷日弥久”的办法，总认为在国势岌岌可危的局面下，要想凭教育救国，简直是一件缓不济急的事。戊戌维新时，王照劝康有为多立学堂，等风气变了，再行新政，可是康有为答他说：“列强瓜分就在眼前，你这条道如何来得及？”三十年后，王照在他的《小航文存》里叹气道：“来得及，来不及，是不贴题的话。”

孙文早年革命，行路如晚境一样曲折艰难。他在当时的中国，虽位卑人轻，然而算得上是对中国积贫积弱现状最有认识的人之一。他意识到，中国之进步，唯有全民革命一途，惜乎国内精英人物不能同心同力。以是故，他希望能够与精英分子合作，同其志。当蜚声海内外的大翻译家严复到伦敦逗留时，孙文正在北美，他风尘仆仆地赶到伦敦，劝说严复支持革命。严复表示：“中国民品之劣，民智之卑，即有改革，害之除于甲者，将见于乙，泯于丙者，将发于丁，为今之计，唯急从教育上着手，庶几逐渐更新乎！”孙回答说：“俟河之清，人寿几何？君为思想家，鄙人乃执行家也。”

1894年6月，孙文跟陆皓东到天津，投书给号称“识时务”的清政府北洋大臣李鸿章，提出“人能尽其才，地能尽其利，物能尽其用，货能畅其流”，希望李能变法自强。李鸿章对孙的改良主张没有理睬。

梁启超一度倾向革命。1899年夏秋之交，他联合韩文举、欧榘甲、唐才常等闻人，致书康有为，劝其息隐林泉，自娱晚景，以便使康党同人及康门弟子们走出一条新路来。康有为大为光火，命梁启超赴美洲办理保皇事宜，梁氏拘于师威，最终打点行装赴命。清帝逊位前夕，梁启超审时度势，认为康师所坚执的“虚君共和”这一政治理想，是没有前途的，就劝康道，“藉连鸡之势，或享失马之福，则竭才报国，岂患无途”，否则“趋舍异路，怆悢何言”。

1902年5月，陈范的《苏报》发表《敬告守旧诸君》，公开倡言革命：“居今日而欲救吾同胞，舍革命外无他术，非革命不足以破坏，非破坏不足以建设，故革命实救中国之不二法门也。”

1903年，邹容写成《革命军》，他宣称革命是“至尊极高，独一无二，伟大绝伦之一目的”，革命是“天演之公例”“世界之公理”，是“顺乎天而应乎人”的伟大行动。他认为献身革命是每一个人不可推卸的责任，无论老年、中年、壮年、少年、幼年，无论男女，都要“相存、相养、相生活于革命”。

彭家珍绝命书：“共和成，虽死亦荣；共和不成，虽生亦辱。与其生受辱，不如死得荣！”

1903 年，“军国民教育会”推举黄兴等回国运动起义。黄兴与刘揆一商量办法，刘说：“种族革命，固非运动军学界不为功，而欲收发难速效，则宜采用哥老会党。以彼辈本为反对满清而早有团结，且其执法好义……足为吾辈革命所取法。”

梁启超说，当光绪、宣统之间，全国有智识、有血性的人，可算没有一个不是革命党。但手段却有小小差异：一派注重种族革命，说是只要把满洲人撵跑了，不愁政治不清明；一派注重政治革命，说是把民治机关建设起来，不愁满洲人不跑。

梁启超与《民报》论战时期，宣扬说中国人“非有可以为共和国国民之资格”，因此，“与其共和，不如君主立宪；与其君主立宪，又不如开明专制”。到清政府预备立宪时，他跟康有为说：“今者我党与政府死战，犹是第二义，与革党死战，乃是第一义；有彼则无我，有我则无彼。”

1905 年 8 月，孙中山在东京留学生欢迎会上，驳斥了保皇派那种“由专制而立宪，由立宪而共和”以及在目前“只可立宪，不能革命”的庸俗进化观点。他说：“且世界立宪，亦必以流血得之，方能称为真立宪，同一流血，何不为直截了当之共和，而为此不完不备之立宪乎？！”

孙中山说："革命之名词，创于孔子。中国历史，汤武之后，革命之事实，已数见之不鲜矣。其在欧洲，则十七、十八世纪以后，革命风潮遂磅礴于世界，不独民主国唯然，即君主国之所以立宪者，亦革命之所赐也。"

1905年，孙中山在日本成立同盟会，张继说，成立之初，参加者不过千人。入会要自己填写"盟约"，滴以左中指的血，亲笔签名，宣誓后，焚掉盟约。为了防止清政府的暗害，有秘密暗号。同志相见，两人的右手在一起，好像握手而方式不同。同时，一人要问："什么事体？"答："国家事。"又问："什么人？"答："中国人。"相符后，才敢谈革命事。

1905年苏报案，邹容死在狱中。章太炎作诗说："邹容吾小弟，被发下瀛洲。快剪刀除辫，干牛肉作糇。英雄一入狱，天地亦悲秋。临命须掺手，乾坤只两头。"慷慨激昂，激奋同盟会士气，"满清气为之夺"。

康有为反对用革命手段推翻清朝政府，说革命无非"血流成河，死人如麻"，四亿人将去掉一半。章太炎逐条驳斥康的论点，认为革命是最大的权威，"公理之未明，即以革命明之；旧俗之未去，即以革命去之"。革命是"启迪民智、除旧布新"，补泻兼备的救世良药。章直斥被保皇派奉为圣明的光绪帝为"载湉小丑，未辨菽麦"，同时指责康有为已经堕落成为一个"利禄熏心、甘当奴隶、为一时之富贵甘冒万亿不韪而不辞的封建市侩"。

革命党痛斥清廷无可救药的腐败，其言辞激烈甚至到了“词近诟谇”的地步。保皇党虽然言辞沉稳，却找不出足够的理由为清廷辩解。梁启超找到四点理由：一是“中国人未有共和国民之资格”；二是“只能经过开明专制以移于立宪”；三是为“不至助长冲突”，只能“相率以要求立宪”，并“必须为彼（指清政府）所能行”，才是“唯一正当之手段”，“若为彼所不能行，则是宣战而非要求”；四是革命“只能导致流血、内乱”等。梁启超盛称光绪帝是数千年一遇的圣人：“皇上之圣德，亦为数千年之所未有，天生圣人以拯诸夏，凡我获此慈父，无上幸运。”

清政府立宪运动期间，大量捕杀革命党人。湖南商会会长禹之谟，在狱中以血作书：“要知清政府下诏立宪，专制的凶暴却有进无已。”

徐锡麟在刺杀安徽巡抚恩铭的《光复文告》中说，“今则名为立宪，实乃集权中央，玩我股掌，禁止自由，杀戮志士，苛虐无道，暴政横生”，因而号召“重建新国，图共和之幸福，报往日之深仇”。

1907年，以吴稚晖为中心的一批巴黎中国留学生创办了《新世纪》杂志，在鼓吹无政府主义、狂骂西太后的同时，也恨透了母语，认为正是汉语和汉字使四万万同胞陷入困顿，主张“改用万国新语（世界语）”，即或不能立即推广，也可以考虑先用英语、法语或德语来代替汉语。这种想法影响较大，吴的论敌章太炎的学生钱玄同完全接受了这个设想，并推波助澜，提出了著名的语言革命的口号："汉字不灭，中国必亡！"

汪精卫谋刺摄政王在当时是一个大案，由肃亲王审理。肃亲王看到了汪精卫的三篇亲笔手稿《革命之趋势》《革命之决心》《告别同志书》之后，感慨万分，非常佩服汪的人品见识，更佩服汪精卫为革命献身的精神。肃亲王对清廷的腐败深恶痛绝，故对革命党人的反叛行为也十分同情，他后来说："如果我不是生在王族，我早就加入革命党反叛朝廷了。"本来加害皇族是满门抄斩的死罪，但肃亲王决定从轻发落汪精卫等人，以安抚天下人心。

1911年10月，张文光在腾越发动起义。起义胜利后，腾越秩序稳定，但张文光对怎样发展胜利心中没数，他感慨地说："前途茫茫，不知何以完成革命？"

1911年，辛亥革命爆发时，康有为正在日本，他听到武昌起义的消息，"惴惴恐栗"，他说："积四千年君主之俗，欲一旦废之，甚非策也。"他认为可以"旧朝旧君"，或者孔子嫡裔来做"虚君"，实行"虚君共和"。

武昌起义后，清廷岌岌可危。先是，内阁那桐辞职，举袁世凯自代，未获同意；至此重提起用袁氏，奕劻、徐世昌皆袒袁者，故有袁世凯武昌督师之命。有人诘问那桐："此举岂非速清亡耶？"那桐回答说："大势今已如此，不用袁指日可亡；如用袁，覆亡尚希稍迟，或可不亡。"

武昌起义爆发后，湖南革命派在共进会首领焦达峰领导下积极准备起义。谭延闿附和革命，他从立宪派的立场出发，提出“文明革命”的主张，说：“文明革命与草寇异，当与巨家世族、军界官长同心努力而后可。”焦达峰却很快被立宪派人杀害。

孙文一生与钱财无缘。民国建立后，财政危机使革命党人“巧妇难为无米之炊”。无论是部署繁重而艰巨的北伐任务，还是维持百废待兴的南京临时政府日常工作，样样都需要经费，虎踞龙盘的南京城却是“库藏如洗”。孙回国之前，南方革命阵营就传闻他带了巨额华侨捐款，指望能充作军饷大干一场，许多革命同志与各路将领都是把他当作财神爷而伫候于上海码头的。无论是在孙中山登岸之时，还是在他当选临时大总统之日，都有人直截了当地向他提出同一个问题：带了多少钱？当他如实回答：“予不名一钱也，所带回者，革命之精神耳！”闻而失望者不乏其人。

辛亥之后，专制复辟势力对于革命的反扑及其数度得逞，使得许多身临其境者颇有辛亥革命已失败的遗憾和痛苦。孙中山说：“夫去一满洲之专制，转生出无数强暴之专制，其为毒之烈，较前尤甚。于是而民愈不聊生矣！溯夫吾党革命之初心，本以救国救种为志，欲出斯民于水火之中，而登之衽席之上也。今乃反令之陷水益深，蹈火益热，与革命初衷大相违背……”

十月革命后，廖仲恺认为中国问题的根源，“就是政治上的障碍”。欧美资本主义经济制度与民主制度，并不那么完美，他对十月革命抱有极大希望，他说：“俄国革命以后，私有废除，生产分配之事，掌诸国家机关与人民合作社。空前之举，震慑全球，前途曙光，必能出人群于黑暗。”

林涛说，孙中山的一生最恰当地证明，一个人执着的信念、高尚的道德是多么强有力地改变了国家的历史和人民的命运。

1922 年，蔡元培、李大钊、陶行知、胡适等 16 名学者，在 5 月 14 日的《努力周报》上刊发了《我们的政治主张》这篇名文，提出要建立“好政府”的政治改革目标。文章发表后，引发一场关于“渐进与革命”的论争，王振钧、郑振夏等人问：“是取革命手段呢？还是取改良手段呢？还是先破坏后建设呢？还是在恶基础上面建筑‘好政府’呢？”胡适回答说：“我们可以用你们自己的话来做答案：‘最好双方分工并进，殊途同归。’可改良的，不妨先从改良下手，一点一滴地改良它。太坏了不能改良的，或是恶势力偏不容纳这种一点一滴的改良的，那就有取革命手段的必要了。”

1923 年 1 月 29 日，孙中山在《申报》五十周年纪念专刊上发表《中国革命史》一文，他说：“从事革命者，于破坏敌人势力之外，不能不兼注意于国民建设能力之养成，此革命方略之所以必要也。余之革命方略，规定革命进行之时期为三：第一为军政时期，第二为训政时期，第三为宪政时期。”

1927 年 3 月 6 日，吴稚晖同钮永建、杨铨晤见陈独秀。吴稚晖对陈独秀说："研究共产学说，自为共产党之责；若实行共产，五六年前苏俄代表越飞在广州晤孙总理言，当在二百年之后；以我理解，二百年尚嫌不足。"陈独秀笑其太迂，吴稚晖说："急切轻挂招牌，只是赝鼎。"陈问吴稚晖："你更疯癫，请问中国现在的共和不是伪的吗？但你以为康有为之复辟，与伪共和孰优？"于是吴追问陈独秀："你定实行列宁式共产主义是若干年？"陈不加迟疑地回答："二十年。"吴大为惊骇："由此，国民党只剩下十九年了。前年总理答越飞：国民党国民革命完成，应需三十年。若你们共产党急迫至此，未免取得国民党的生命太快了一点儿，应当通盘商量才好。"说完，二人都很难堪，极不自然地装出笑容。

1927 年 4 月 10 日，汪精卫到武汉。在各界盛大欢迎下，汪精卫对新闻记者发表谈话，表示要与共产党为中国革命而共生死存亡，汪说："革命的向左来，不革命的滚开去。"

1927 年 4 月 16 日，蒋介石在南昌说："我只知道我是革命的，倘使有人要妨碍我的革命，那我就要革他的命。"

鲁迅说："'革命'是并不稀奇的，唯其有了它，社会才会改革，人类才会进步，能从原虫到人类，从野蛮到文明，就因为没有一刻不在革命。"

自辛亥革命以来，鲁迅经历得太多了，只是被称作"革命"的都是假革命；他说，革命前是奴隶，革命后反而成了奴隶的奴隶了。因此，他主张一切都得从头来过，得有一场真正意义上的革命。他反对把革命描述为非常可怕的事：“摆着一种极左倾的凶恶的面貌，好似革命一到，一切非革命者就都得死，令人对革命只抱着恐怖。”他说：“革命并非教人死而是教人活的。”

胡适对革命怀有同情，他说：“革命往往多含一点儿自觉的努力，而历史演进往往多是不知不觉的自然变化，因为这方法上的不同，在结果也有两种不同：第一，无意的自然演变是很迟慢的，是很不经济的，而自觉的人功促进往往可以缩短改革的时间；第二，自然演进的结果往往留下许多久已失其功用的旧制度和旧势力，而自觉的革命往往能多铲除一些陈腐的东西。在这两点上，自觉的革命都优于不自觉的演进。”

胡适对革命有所质疑，他坦言：“我们是不承认有什么根本解决的。世界上两个大革命，一个法国革命，一个俄国革命，表面上可算是根本解决了，然而骨子里总逃不了那枝枝节节的具体问题；虽然快意一时，震动百世，而法国和俄国终不能不应付那一点一滴的问题。我们因为不信根本改造的话，只信那一点一滴的改造，所以我们不谈主义，只谈问题；不存大希望，也不至于大失望。”

对于革命，参加过革命的张申府说：“革命被人误解了。革命是一桩人为的自然的事。革命是不得已的。然而人乃以为名贵。然而人乃以为名高。”“迷恋现实，必无革命之可说。脱离现实，革命也必失其根据。”

20世纪30年代，江亢虎提倡“中道主义”。他认为“革命不一定用武力”，“不一定要军队”，“与闻政治的方法很多，但应走温良恭俭让等正当的途径”。

1932年3月，汪精卫对“国难会议”代表之一王造时说：“会议是政府召集的，我们是主人，诸位是客人，诸位如是不满意政府的办法，去革命好了！我们流血革命，打出来的政权，岂能随便说开放就开放！”王造时说：“革命不是哪个人哪个党派的专利品，如果逼得人民无路可走，自然有人会去革命，不过困难这么严重，我们是不愿同室操戈来闹革命的……我们固然是由政府聘请的，不是人民选出来的，但是国家是全国人民的国家，大家都有份，不能拿客来比喻我们是客人，我们同样是主人，政府既然聘请我们，我们有意见便要提出。中山先生的遗教‘天下为公’，汪先生的话，未免‘天下为私’了！”

陈独秀在1919年的《每周评论》上有过《研究室与监狱》的名论。他说：“世界文明发源地有二：一是科学研究室，一是监狱。我们青年要立志出了研究室就入监狱，出了监狱就入研究室，这才是人生最高尚优美的生活。从这两处发生的文明，才是真文明，才是有生命有价值的文明。”这些话，并非他徒逞一时之快的豪言壮语，而是身体力行的自箴之词。1932年，他第五次被捕，在被解往南京的火车上，他呼呼酣睡，了不在意。国民党军政部长何应钦向他求字，他率尔而应，提笔就写了“三军可夺帅也，匹夫不可夺志也”几个大字。在狱中，他听到有可能被处死的消息，毫不畏惧地说：“我脑筋惨痛已极，极盼政府早日提我下狱处死，不欲生在此恶浊社会。”

张元济一直是个“低调子”的渐进改良主义者，“和平改革勿伤元气”，可以代表他的基本想法。1948 年 9 月，中央研究院院士开会，他在会上说：“倘若没有戊戌的改变、庚子的义和团，人民对朝廷的观念不同，也许不会有辛亥的流血的革命，就不会造成一个袁世凯，演出那一套洪宪的笑话，更不会有后来各省军阀的火并和割据。经过这一二十年和平的改革，我们当然可以像一个国家。（若当初即和平）我想并且不会引起日本的觊觎，一步步地侵略逼成了八年的抗战，使我们贫弱到这个田地。”

顾准在反思“革命”时认为：“人间世的基调是进化，革命则是进化受到壅塞时的溃决。”他把革命当作一个前提对待，他考虑革命之后的问题，即“娜拉走后怎样”，他的结论是要从理想主义走向经验主义。

问世第六

关于华夏文明的猜想。宋恕、夏曾佑讨论时质问：神州长夜之狱，谁人之过？

康有为反问王照：列强瓜分就在眼前，你那条路如何来得及？

慈禧问：康有为要变法，为什么不来找我？

孙中山问严复：俟河之清，人寿几何？

鲁迅在日本留学初期时问：怎样才是最理想的人性？中国国民性中最缺乏的是什么？它的病根何在？

林觉民问：天下人人不当死而死与不愿离而离者不可数计，钟情如我辈者，能忍之乎？

鲁迅在五四期间问：我们现在怎样做父亲？

1919年年初，王光祈问：英美的资本主义制度“究竟与大多数人的幸福有无关系”？

刘半农在诗中写出了文明转型时代的国家意识：教我如何不想她？

郁达夫在《沉沦》中问：祖国啊，你什么时候才能强大？

陈独秀在爱国声中问：此残民之国家，爱之也何居？

鲁迅在《狂人日记》中问：从来如此，便对么？

20世纪20年代，孙中山问：在完成了现代工业化之后，日本究竟是做西洋霸道文明的鹰犬，还是做东洋王道文明的干城？

1925年，段祺瑞宣布举行善后会议，邵飘萍持批评态度，他说：所谓善后会议者，不过一班寒酸措大，聚讼之庭，嚼字咬文，与人民之实际生活有何关系？

徐志摩在诗中自承：我不知道风向哪个地方吹。

陈独秀问：（现代中国）究竟是城市支配农村呢，还是农村支配城市？

陈济棠问胡适：难道我们五千年的老祖宗都不知道做人吗？

1928 年，林彪在井冈山上问：红旗到底能打多久？

蒋介石问：如此投机反动军队不灭，国家何能统一？

张伯苓问李济：人类学有什么好处？

梁实秋问：文学是有阶级性的吗？又自承，我不知道是谁家的走狗。

艾青写诗时问：为什么我的眼里常含泪水？

蒋廷黻在《中国近代史》中问：近百年的中华民族根本只有一个问题，那就是：中国人能近代化吗？能赶上西洋人吗？能利用科学和机械吗？能废除我们家族和家乡观念而组织一个近代的民族国家吗？能的话，我们民族的前途是光明的；不能的话，我们这个民族是没有前途的。

20 世纪 30 年代，陈独秀被捕，章士钊为之辩护，章问：党即国家乎？

1933 年，王造时问：是我变了呢，还是国民党变了呢？

1935 年，吴景超的猜想。后来是李约瑟问：尽管中国古代对人类科技的发展做出了很多重要贡献，但为什么科学和工业革命没有在近代的中国发生？

晏阳初问：为什么不能团结所有国家、所有地区的人民以共同打击我们的敌人——愚昧、贫困、疾病和腐败政府呢？

杨靖宇牺牲前问：这些天遇上的怎么都是这号中国人？！

萧红曾问鲁迅：你对我们的爱是父性的还是母性的？

瞿秋白在赠给狱医陈炎冰的一幅照片上，写着两句话：如果人有灵魂的话，何必要这个躯壳！但是，如果没有的话，这个躯壳又有什么用处？

胡适问叶公超：鲁迅生前吐痰都不会吐在你头上，你为什么写那样长的文章捧他？

鲁迅的文章思想影响了当时的青年，徐懋庸有了名言：人谁不爱鲁迅？

殷海光问金岳霖：什么才是比较持久而可靠的思想呢？

抗战期间，中国为美、苏、英、中四大国之一，蒋介石问：我何爱乎四强？

20 世纪 40 年代末，国民党保密局局长毛人凤大肆搜捕共产党人，在发现了陈布雷的女儿陈琏是共产党后，蒋介石曾大为惊讶、震怒。毛人凤在大抓特抓之余，感慨地说：“我们这样抓、这样杀，还是有这样多的人敢提着脑袋闯进来，真不知是为什么。”

20世纪50年代，美国人问：谁丢失了中国？

魏巍在朝鲜访问后问：谁是最可爱的人？

梁思成问：是这样的北京城门，是这样的北京城墙，为什么要拆？

殷海光穷困之际，向学生和老友求助。他在致许冠三的信中说：“我自己只有一个念头，五四以来，真正的自由知识分子已经凋零得差不多了，特别像我这样的人。难道这个时代让我活活挨饿？”

雷震案发生后，胡适问蒋介石：领袖能不能把那十年前对我的雅量分一点儿来对待今日要组织新党的人？

顾准借用鲁迅的名言问：革命取得胜利的途径找到了，胜利了，可是，“娜拉走后怎样？”

杨小凯年轻时问：中国向何处去？

王赓武问：“文革”究竟埋没了多少天才？

龙应台在台湾跟“对手”较量时问：中国人，你为什么不生气？

20 世纪 80 年代初，潘晓问：人生的路为什么越走越窄？

王朔说：我是流氓我怕谁？

晚年的冯友兰问：吾其为王船山乎？

王小波在杂文中问：在科技发达的 21 世纪，你给咱们闹出一窝十几亿傻人，怎么个过法嘛？！

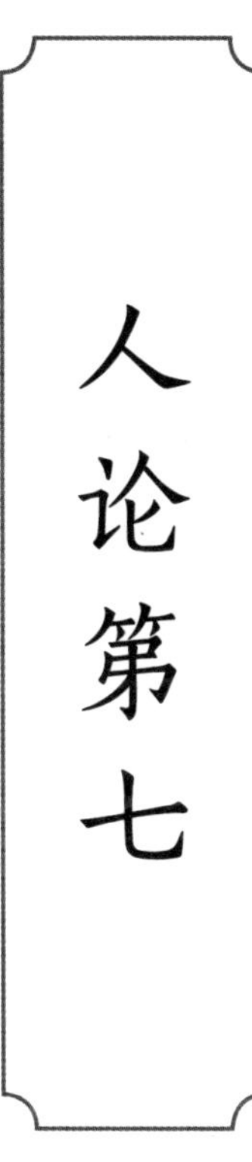

人论第七

蒋廷黻说，琦善在鸦片战争中，军事方面虽无可称赞，亦无可责备，外交方面则审察中外强弱形势和权衡利害轻重，“实在是超越时人”。

方宗诚说：“自道光以来，公卿不下士久矣。近唯曾相国及润芝宫保开此风气耳。”

章太炎谓曾国藩之起兵“平洪杨”并非“赞清”，而是为了扶持“名教”。在曾国藩看来，一切治国活动，上至天文、地理、军政、官制，下至河工、盐漕、赋税、国用以及“平洪杨”这类军事活动和“曲全邻好”的华洋交涉活动，均属“礼”，即道德实践活动的范围。

缪凤林说：“自唐太宗以后，左宗棠是对国家主权领土功劳最大的第一人。”

从 1867 年正月郭嵩焘被迫赋闲，回乡一待就是八年。由此得以冷静地思虑世界，研究洋务。在给朋友的信里他不无得意地说：在当前懂得洋务的“同志诸君”中，“中堂（指李鸿章）能见其大，丁雨生（丁日昌）能致其精，沈幼丹（沈葆桢）能尽其实”。而他自己做到“既精且大”。

李鸿章说王韬：“狂士也，名士也。”

周作人说王韬：“王氏在同光之际几为知识界的权威，但脱不去名士才子气。似乎终于是一个清客，不过在太平之时专门帮闲，乱世则帮忙而已。”

梁启超说李鸿章：“不识国民之原理，不通世界之大势，不知政治之本原。”

李鸿章访欧，德国人款待最优异。威廉二世称誉李为“东方俾斯麦”以取悦之，以为中国以东亚大国而见挫于日本，必复兴军备，力洗雪耻，一切所需，德国可乘机供应，故与李加意联络，以专其利。结果大失所望。梁启超亦以为李断不能与俾斯麦相比：“此非以成败论人也，李鸿章之学问智术胆力，无一能如俾斯麦者。其成就之不能如彼，实优劣胜败之公例然也。”

1901 年 11 月，李鸿章去世，临死前说：“环顾宇内，人才无出袁世凯右者。”力保袁继任直隶总督。

张之洞性行怪僻，起居无节，对部下严格。他跟袁世凯相会于保定，袁的部属杨士骧，因出身翰林，为张之洞引为同调。会谈时，张只跟杨士骧娓娓而谈，袁枯坐一旁，不能赞一词。杨士骧敏于应付，很为张之洞赞赏。张后来对人说："不意袁慰廷做总督，藩司仍有杨莲府！"袁世凯闻听后，谓士骧曰："君既受香帅知遇，何不请其奏调湖北，俾可日常相处？"杨士骧笑答："纵便香帅有此意，司里亦不愿伺候这种上司！"论者以为张之洞为晚清重臣，德才不济，无能震慑袁世凯，反为后者所轻，以至于袁跋扈不臣，问鼎轻重。

黄远庸说，《红楼梦》中李宫裁笑平儿云：你奶奶还要什么钥匙，你就是你奶奶的一把总钥匙。袁世凯与梁士诒的关系"颇复似之"。

人们问起汪精卫对肃亲王的印象时，汪精卫说："一位了不起的政治家。"

严复说，黎元洪"德有余而才不足"。

王闿运曾评论他两个根基最好的弟子：一个是廖登廷（即廖平），"思外我以立名"；一个是杨度，"思依我以立名"。廖"犹能自立"，杨则"随风转移"。

谭人凤说宋教仁"英而不雄"，他说："国民党中人物，袁之最忌者唯宋教仁。"

蔡东藩评论说"宋教仁为国民党翘楚，学问品行，均卓绝一时，只以年少气盛，好讥议人长短，遂深触当道之忌”，“锋芒太露，英气未敛”，“不少晦其锋芒，储为国用”。

左舜生说宋教仁：“锋芒甚锐，政权欲也极强，当国会选举期间，他乃以一在野党领袖资格，在各处演说，大逞雄辩，对袁政府多所指责。”因此遭人暗杀。

左舜生说宋教仁是一个书生：“中山与克强，仅在民元（民国元年）八、九月间，与袁有过短时期的接触，他们对袁不能深知，自在意中。宋教仁比孙、黄年事更轻，阅世更浅，读书也不够深入，以为只要一部《约法》，一个在国会拥有多数议席的‘党’，借着‘责任内阁’的空名，便可以对付袁氏而有余，这岂不是书生之见？”

章太炎民国元年入京，一见陈宧，惧然曰：“中国第一人物，中国第一人物，他日亡民国者必此人也。”第二日，此语传遍京师，人初以为太炎偏执，后乃服太炎神慧，而陈宧深恨之，乃设计囚太炎于龙泉寺。

芥川龙之介说章太炎，狂傲，自私，要做王者之师。

周作人说，章太炎是中国最后一个朴学家。

辜鸿铭曾对罗家伦说：“现在中国只有两个好人，一个是蔡元培先生，一个是我。因为蔡先生点了翰林之后不肯做官就去革命，到现在还是革命，我呢？自从跟张文襄（之洞）做了前清的官之后，到现在还是保皇。”

蔡元培说：“近代学者人格之美，莫如陈独秀！”

傅斯年说：“陈独秀是中国革命史上光芒万丈的大彗星。”

陈铭枢说陈独秀：“谤积丘山，志吞江海，下开百劫，世负斯人！”

汪原放说：“蔡元培道貌温言，令人起敬，吾国之唯一人物也。”

周氏兄弟的业师寿洙邻说蔡元培：“孑民学问道德之纯粹高深，和平中正，而世多訾嗷，诚如庄子所谓纯纯常常，乃比于狂者矣。”又说：“孑民道德学问，集古今中外之大成，而实践之，加以不择壤流，不耻下问之大度，可谓伟大矣。”

冯友兰说：“蔡元培是近代确合乎君子的标准的一个人。”曾子说：“可以托六尺之孤，可以寄百里之命，临大节而不可夺也。君子人与？君子人也。”儒，“粥粥若无能”，但是“可亲而不可劫也，可近而不可迫也，可杀而不可辱也”。“身可危也，而志不可夺也。”这样的人，才是君子。孟子说：“君子可欺以其方，难罔以非其道。”冯友兰说，蔡先生的人格，是儒家教育理想的最高表现。

傅斯年说："蔡元培先生实在代表两种伟大文化：一曰，中国传统圣贤之修养；一曰，西欧自由博爱之理想。此两种文化，具其一难，兼备尤不可覯。先生殁后，此两种文化，在中国之气象已亡矣！"

1940年，蔡元培病逝于香港，全中国不分政治派别，均表深切哀悼。国民政府发布褒扬令说：蔡元培"道德文章，夙负时望""推行主义，启导新规，士气昌明，万流景仰"。

胡汉民谈起孙科时说："因为他是中山先生之子，所以有革命脾气；因为他在外国长大，所以有洋人脾气；因为他是独子，所以有大少爷脾气。他有时只发一种脾气，有时两种一同发，有时三种一起发。"

殷海光说梁启超，虽然他已经是历史人物了，"可是在这发霉的社会看来，反而显得他的见解是那么鲜活、刚健、康正、开朗而有力"。

陶行知推行"生活教育"，郭沫若以为那是孙中山"唤起民众""扶助农工"主张的具体化，他称陶行知是"孙中山死后的一位孙中山"。

鲁迅曾说，假如将韬略比作一间仓库罢，独秀先生的是外面竖一面大旗，大书道："内皆武器，来者小心！"但那门却开着，里面有几支枪，几把刀，一目了然，用不着提防。适之先生的是紧紧地关着门，门上粘一条小纸条道：“内无武器，请勿疑虑。”

蔡元培为《鲁迅全集》撰序，他称“先生阅世既深，有种种不忍见不忍闻的事实，而自己又有一种理想的世界，蕴积既久，非一吐不快”。蔡元培说，鲁迅的著述“蹊径独辟，为后学开示无数法门，所以鄙人敢以新文学开山目之”。

瞿秋白谈鲁迅，说他是“无产阶级和劳动群众的真正的友人，以至于战士”。

李长之说：“鲁迅在情感上是病态的，在人格上是全然无缺的。”

孙福熙说：“鲁迅是一个人道主义者，他想尽量地爱人，然而他受人侮辱，而且因为爱人而受人侮辱。”

历史学家张荫麟说鲁迅“可以算得当今国内最富于人性的文人”。

夏济安说鲁迅是一个“病态的天才”，是“中国现代历史上一个极其深刻而带病态的人物”。

鲁迅去世后，毛泽东给予了极高的评价，认为“鲁迅是中国文化革命的主将，他不但是伟大的文学家，而且是伟大的思想家和伟大的革命家。鲁迅的骨头是最硬的，他没有丝毫的奴颜和媚骨，这是殖民地半殖民地人民最可宝贵的性格”。

周作人自承是一个和尚。

列宁说孙中山：“天真如处子。”

魏金斯基曾与陈独秀一起去见陈炯明。陈炯明给他的印象是：“意志坚强，遇事非常镇定，从他的谈话内容和态度看，他是个清教徒类型的人。他很尊敬地谈论着孙逸仙，但认为孙是个理想家，而不是个讲求实际的人。”

邓铿曾为弥合孙中山、陈炯明之间的嫌隙做了不少工作，他对人评说二人：“孙中山遇事勇锐，间或要求过高；而陈炯明则过于持重，每不肯降心相从，常使自己左右为难。”

张奚若说：“孙中山的演说，你听着听着就跟他走下去了。”

胡适说：“汪精卫是一个有烈士情结的人。”

徐复观说：“胡适是一个伟大的书生。”

殷海光说：“胡适是个大乡愿。”

蔡元培说胡适：“旧学邃密，新知深沉。”

金岳霖说胡适："旧学不过乾嘉，新学止于赫胥黎。"

郑超麟说："胡适是庸俗的民主派，就是自己没有社会主义思想，只认为资本主义是人类社会的极致，它的统治形式就是民主统治。"

唐德刚说："胡适是'传统中国'向'现代中国'发展过程中，继往开来的一位启蒙大师。"

陈独秀说李大钊："从外表上看，他是一位好好先生，像个教私塾的人；从实质上看，他生平的言行，诚如日月之经天，江河之行地，光明磊落，肝胆照人。"

章士钊说李大钊："守常乃一刚毅木讷人也，其生平才不如识，识不如德。"

梁漱溟说章士钊："行严先生，论人品不可菲薄，但多才多艺亦复多欲。细行不检，赌博、吸鸦片、嫖妓、蓄妾媵，非能束身自好者。"

章太炎说蒋介石执行的三民主义是："卖国主义、党治主义与民不聊生主义。"

马寅初说："蒋介石的光头脑袋就是'电灯泡'，里面真空，外面进不去。"

胡汉民说蒋介石："为人私欲过重，缺乏忠诚，不足以为民族复兴的领袖。"

马一浮见蒋介石一面之后，说蒋神情气象褊狭，有刘裕偏安之才。

何廉说蒋介石："他认识人，也懂得用人，但是他不懂得制度和使用制度。""从根本上说，他不是个现代的人，基本上属于孔子传统思想影响下的人，他办起事来首先是靠人和个人接触以及关系等等，而不是靠制度。"

张学良曾对赵四小姐说："我看蒋先生做中国的领袖，够格。"张认为自己没有统一中国的能力，但有诚心服从能统一中国的人。他曾对人说："我们争什么天下？奉军南下河北、河南，占领了不少地方，可连一个县长也派不出。"他认为军阀多"望之不似人君"，对赵四小姐说："蒋介石言谈举止，像领袖的派头。阎锡山不行，穿个大衫，像个买卖人似的。"

张群的朋友评价他说："众友呼岳军，只能呼之为蒋之使女，而不得称为如夫人，以如夫人尚有恃宠撒娇时，而张并此无之，唯有唯唯诺诺，欲如何便如何，无一丝违抗。"

陶菊隐说蒋百里："初以为他是个须髯如戟的伟丈夫，而见面之下，温文尔雅不类其人。"

王芸生评价蒋百里："百里先生是中国有数的军事学家，他未曾典兵，而他的学生多是典兵大将；他的军事著作虽不算多，而片语只字都可做兵学经典……百里先生的淹博宏通，实是一位罕有的学者。中国历史上有名的军人，多是文学修养很好的人。百里先生如果典兵，便是典型的儒将风流。"

曹聚仁说蒋百里正像达·芬奇，有多方面的光芒："百里先生也正是这样一种人物，一生既为军事学家，又为政论家，也擅长文史研究，诗词都不错，字也写得很好，说话滔滔不绝，风趣横溢。"

胡适说陈果夫："我觉得他是近代中国一个了不起的人。一个未受过大学教育的人，能写出这么多著作，老实说，我们今天在北京大学的人，还没有多少能做得。"

张群说，卢作孚是"一个没有受过学校教育的学者，一个没有现代个人享受要求的企业家，一个没有钱的大亨"。

晏阳初说，卢作孚是个完人。

梁漱溟说卢作孚，"胸怀高旷，公而忘私，为而不有，庶几乎可比于古之贤哲焉"。

李公朴称武训为"现代的圣人"。武办义学不仅在国内有很高声誉，在国外也有很大影响，因其没有文化，外人称他为"无声教育家”。

熊十力极少称许别人，但他对马一浮推许说：“马先生道高识远。”

贺麟评论马一浮说：“马先生兼有中国正统儒者所应具备之诗教、礼教、理学三种学养，可谓为代表传统中国文化的仅存的硕果。”又说：“他尤其能卓有识度，灼见大义，圆融会通，了无滞碍。”

丰子恺在其随笔《陋巷》一文中，称马一浮为“今世的颜子（渊）”。

钟开莱是数学天才，年轻时却受过林语堂影响。许多年后，钟已是斯坦福大学数学系主任时，他特地去香港看望林语堂——晚年的林语堂一度住港——钟看后大失所望，说他看到的林语堂“精华全失”。

陶孟和说丁文江：“就对于地质学的发展一端来说，在君足可以称为学术界的政治家。”

傅斯年称丁文江是“新时代最良善最有用的中国之代表”“欧化中国过程中产生的最高的菁华”。傅引用罗素的话说：“丁文江是我所见中国人中最有才最有能力的人。”在个人生活方面，他是“一位理学大儒”。

马歇尔、司徒雷登等人曾称颂梁漱溟为“中国的圣雄甘地”。

梁漱溟说，熊十力“晚年一顿能吃一只鸡”。

金岳霖说，据他所知，熊十力是中国研究佛学最深刻的一个人。

张申府说，如果中国有一个哲学界，金岳霖当是哲学界的第一人。

冯友兰说话有点儿结巴，但是要言不烦，他曾经比较他和金岳霖的异同说：“我们两个人互有短长，他的长处是能把简单的事情说得很复杂，我的长处是能把很复杂的事情说得很简单。”

梁漱溟在医生问他有何要求时说：“我很累，我要休息。”说完就瞑目长逝。张岱年由此心想：“大哉死乎！君子息焉。”

金岳霖说，林宰平是他唯一遇见的儒者或儒人。

林宰平说张东荪：“太爱变了，并且变动得可快。”

徐悲鸿说过：“张大千,五百年来第一人也。”

徐复观批判钱穆的历史观，是“良知的迷惘”。

罗家伦说，段锡朋身上既有儒家气象，又有墨家传统。

胡适说，傅斯年“是人间一个最难得最稀有的天才”。

罗家伦说：“傅斯年是元气淋漓的人。”

王芸生说张季鸾：“先生之视报业，一非政治阶梯，亦非营利机关，乃为文人论政而设，而个人则以国士自许。”

江亢虎是中国最早介绍社会主义的人，梁漱溟说，他是一个善于投机取巧的人。

宋美龄远离祖国多年，在美国度过了性格成形的时期，已经变得美国化，以致她认为自己不是中国人了。她的口头禅是：“只有我的脸像个东方人。”

黄侃为人无行，时人曾有“黄侃文章走天下，好色之甚，非吾母，非吾女，可妻也”之说。

郑超麟说，蔡和森是“囚首垢面而谈马克思主义的新王安石”。

瞿秋白说蒋光赤：“这个人太没有天才！”

周培源夫人王蒂澂说张奚若：“完全是西方的。”

叶公超说梅贻琦：“梅先生是个外圆内方的人，不得罪人，避免和人摩擦；但是他不愿意做的事，骂他打他他还是不做的。”

卞之琳说林徽因：“她天生是诗人气质，酷爱戏剧，也专学过舞台设计，却是她的丈夫建筑学和中国建筑史名家梁思成的同行，表面上不过主要是后者的得力协作者，实际却是他灵感的源泉。”

金岳霖评林徽因：“极赞欲何词！”

张大千说：“三百年来，能得倪书神髓者，静农一人也。”

胡适说，吴稚晖是“中国近三年来四大反理学的思想家之一”。

曾朴自称“时代消磨了色彩的老文人”。

胡茵梦说李敖并非“具有真知灼见又超越名利的侠士”，而只是“一个多欲多谋、济一己之私者”。

李敖自承晚年成了演员。

林海峰口讷讷若不能言。金庸说，他在武侠小说中，写了郭靖这样一个拙实的人物，称为侠之大者，十余年来，在实际世界里，并没有碰到过；竟在林海峰的身上，看到他的影子。

沈从文的学生汪曾祺认为，先生的姨妹张充和的悼词“不折不从，亦慈亦让；星斗其文，赤子其人”，是最确切的。

李银河说，王小波是一位浪漫骑士，一位行吟诗人，一位自由思想家。

1988年，晏阳初九十八岁寿辰之际，里根总统在给他的贺词中说：“在我任职期间，最大的报偿之一莫过于得知有像您这样全心全意为他人服务的贤达之士。”1989年，布什总统在给晏阳初的生日贺词中说：“通过寻求给予那些处于困境中的人以帮助，而不是施舍，您重申了人的尊严与价值。”“您使无数的人认识到：任何一个儿童绝不只是有一张吃饭的嘴，而是具备无限潜力的、有两只劳动的手的、有价值的人。”

2005年，《束星北档案》出版，束星北被中国人发现，他被称为“天才的物理学家”，又被人视为“知识分子中的‘骑士’”“传奇中英雄豪杰式的人物”。

英风第八

变法失败后，谭嗣同从容对梁启超说："不有行者，无以图将来。不有死者，无以酬圣主。今南海之生死未可卜，程婴、杵臼，吾与足下分任之。"有日本志士苦劝他东游，谭不听，再四强之，则说："各国变法，无不从流血而成！中国未闻有因变法而流血者，此国之所以不昌也。有之，请自嗣同始！"故及于难。

丁宝桢做山东巡抚时，大太监安德海以给太后置办龙衣为名，出京沿运河南下，丁命人将其捉拿押解到济南，亲自审讯。安德海破口大骂，口口声声说自己是奉太后之命南下，你们抓我是自寻死路。丁宝桢当即反驳：太监出宫违反祖制，我作为封疆大臣也没有接到朝廷的圣旨，你这一定是欺诈无疑。于是决定先斩后奏，连夜将安德海正法。消息传来，朝野上下一片欢腾，曾国藩由衷称赞："稚璜（丁宝桢字），豪杰之士矣。"李鸿章说："稚璜成名矣！"

谭嗣同还在牢房墙壁上的题诗道："我自横刀向天笑，去留肝胆两昆仑。"临刑前，他仰天浩叹："有心杀贼，无力回天；死得其所，快哉快哉！"

康有为多次上清帝书，曾专折请开制度局议行新政，请预定开国会期。及至变法6月，代折请定立宪开国会，援春秋改制之意，直接道破“吾国行专制政体，一君与大臣数人共治其国，国安得不弱”之意。据称当时廷议不以为然，而光绪决欲行之。大学士孙家鼐谏说：“若开议院，民有权而君无权矣。”光绪答称：“朕但欲救中国耳，若能救民，则朕无权何碍？”

寇连材以太监之身哭谏慈禧，在家写《上太后书》，书与太后。慈禧大怒，声色俱厉地问寇是否受人指使，寇以复述明其无人指使，慈禧搬出家规威胁说：“本朝成例，‘内监言国事者斩’，你知道不知道？”寇说：“家规早已被你破坏得不成样子了，国家的大好河山被你破坏得不成样子了，而今我参加变法维新，就是以身许国，不怕抛头颅，洒热血！”慈禧即命内务府把寇连材关押起来，半月后移交刑部处斩。临刑时，寇神色不变，从容就义，年仅二十八岁。光绪听到噩耗，痛哭流涕，几日不思饮食。京西百花山寇公祠即民间祭祀寇连材而立。

光绪虽久知道韬晦，而英锐之气往往不能自抑。王士珍之补副都统也，光绪对他说：“你这要与旗人共事了，他们都糊涂哇！”袁世凯之留京议定宪法时，光绪冷语曰：“你的心事，我全知道。”袁不敢对。

刘铭传年十八，土豪假团练虐其父。土豪离开，铭传自书塾归，怒对诸兄说：“丈夫当自立，安能耐此辱哉？”于是徒手追豪，请决战，豪于马上回头狂笑曰：“孺子！敢当我哉？我把刀给你，你能杀我，就是一条好汉！”铭传手举豪刀斩杀之，乘其马，举其头，登高大呼曰：“某豪虐乡里，吾斩之，能从吾者当保吾里。”众人大喜，归者数百人，遂筑堡寨为其长。

张之洞对康有为宣扬孔子改制学说不以为然，委梁鼎芬面康转达，并许以负担康的费用。康有为冷言以对：“孔子改制，大道也，岂以一两江总督供养而易之？”张、康由此生隙。

唐才常、谭嗣同二人曾自命一个是“横人”，一个是“纵人”，均以变法维新纵横天下为志，谭既前赴临难，唐誓为“后继”。然唐才常组织自立会起义准备不足，很快流产，事泄后，唐在汉口被张之洞捕获，旋即被杀。审讯时，唐说：“我们的举动，张之洞以为是造反，实际我们是讨贼。讨的哪一个？就是那拉氏，她非但是我们中国的罪人，并且是清朝列祖列宗的罪人。戊戌年造许多罪恶还不够，现在指使义和团，杀人放火，盲目排外，攻击使馆，危害国家，难道张之洞还不明白吗？”据说，满堂的胥吏鸦雀无声，好像都被麻醉了。

吴樾为安徽桐城人，性格豪爽，读书通大意，好谈时事，出乡访天下士，其乡前辈吴挚甫有重名，为莲池书院院长，他欣赏吴樾，就帮助吴求学。而吴樾志不在此，学习无成就，只是作文有桐城风味，为同时少年所不及。当赵声游历到保阳时，与吴于酒楼相遇，谈话极为投机。赵论革命大势，擘分两部，一暴动，一狙击。吴樾慨然说：“兵革之事，请君任之，君为其难，吾为其易，吾志已经决，愿君自重。”赵声说：“你不找个副手吗？”

吴答说："秦舞阳之前例在，人多转心棼，不如一个人做事专注。"声壮其语，一拊手而计定。

陈独秀二十岁时，与革命党人吴樾相争刺杀满清五大臣，竟至扭作一团、满地打滚。疲甚，吴问："舍一生拼与艰难缔造，孰为易？"陈独秀回答："自然是前者易后者难。"吴对曰："然则，我为易，留其难以待君。"遂作易水之别。后吴引弹于专列，就义，重伤清二臣，时年二十七岁。

李鸿章搭乘美轮回国，到达日本横滨港需要换船。李鸿章当年离开马关时曾表示"终生不履日地"，现在有了《中俄密约》，让他痛恨起日本人更有底气。换船必须先上码头，但为不让自己与日本国土再发生一丝关系，李鸿章无论如何也不上岸。侍从们只好在美轮和招商局的轮船之间搭起一块跳板，冒着掉到海里的危险将他扶上船。

张静江初遇落魄的孙中山，表示愿为革命捐资，他把名片给孙："这上面有我在巴黎的地址，我必当尽其所能。孙先生需要多少，我就付多少！"两人约定，孙需要经费时，即给张发去"A、B、C、D、E"五个英文字母中任何一个字母的电文。这些字母分别代表1、2、3、4、5万法郎。1907年，孙中山为起义四处筹款无着时，突然想起此事，跟黄兴说，黄不信，最后病急乱投医，叫胡汉民按地址向巴黎发了一个只有"C"字母的电报。同盟会人听说后，或说孙幼稚可笑，或笑孙滑稽荒唐，或跟孙打赌："就凭一个C，能讨来3万法郎，岂非太阳从西边出？"

不到20天，一纸3万法郎的汇票，从巴黎汇到东京同盟会总部，令孙、黄大喜过望。

1908年，清廷钦差、农工商部侍郎杨士琦巡视南洋，马来亚华侨陈文褒当面斥骂杨：“……来何为？岂吸四万万内地国民之脂膏犹不足，而必及此别乡井离骨肉，艰难困苦之华侨耶？若云抚慰，内地国民，日加残害，何有华侨？华侨回国，日在刀俎，何有外洋？司马昭之心路人皆见。”陈后来在广州参加革命牺牲。

当中华革命军在山东发动反袁之前，吴大洲、薄子明到东京向孙中山报告：“山东组织起义，现在已有二三千人有把握，只要给我们一笔经费，马上就可发动。”孙问：“要多少钱呢？”“至少要一千元。”“好吧，昨天南洋华侨才汇来一千二百元，你们就拿一千元去吧。”过了两天有人对孙说：“吴大洲等说的话靠不住，他们将钱拿到手在外面乱花。而我们在此生活都很困难，先生为什么轻易信他们的话受他们的骗呢？”孙说：“革命不怕受骗，也不怕失败。哪怕一百件革命事业有九十九件失败，而只有一件成功，革命就可胜利。”言者为之语塞。

徐锡麟刺杀安徽巡抚恩铭被捕后，审问者说：“明日当剖尔心肝矣！”徐大笑说：“区区心肝，何屑顾及！”他在供词中自称“专为排满而来”，斥责清廷以立宪为名，行集权专制之实。恩铭抢救无效死亡，徐被处极刑，临刑时视死如归。清廷对其剖腹剜心，祭奠恩铭，肝为恩铭卫队分食。

林觉民在黄花岗起义前给妻子遗书："……吾至爱汝，即此爱汝之一念，使吾勇于就死也。吾自遇汝以来，常愿天下有情人都成眷属，然遍地腥云，满街狼犬，称心快意，几家能够？……天下人人不当死而死与不愿离而离者不可数计，钟情如我辈者，能忍之乎？此吾敢率性就死不顾汝也……"

1912 年 1 月，清帝退位的消息传出以后，亲贵良弼、铁良、毓朗等人极力反对，他们成立宗社党，要求维持君主立宪。担任军谘使的良弼，自请督师南下，与革命军决一死战。彭家珍对人说："有此军事知识，且极阴狠者为良弼，此人不除，共和必难成立，则此后生民涂炭，何堪设想乎！"他表示要挺身而出，以暗杀良弼为己任。

民初，革命告成，革命志士多有以"手造共和"自居，要求论功行赏。柳亚子则说陈范："时南都兴建，昔之亡人逋客，方济济庆弹冠，而先生布袍幅巾，萧然物外，绝口不道前事。"蔡元培等念及陈范功绩，多次要求政府发还清廷没收陈的财产，并对陈有所抚恤。陈说："谢诸君，勿以我为念，养老之资现犹勉能笔耕砚耨，聊免饥寒……吾辈正谊明道，非以计功利，岂容贪天之功为己为。"他晚境凄凉，孤身一人，贫病交加。章士钊说他，苏报案后，"亡命十年，困踬以终，不闻有何怨言"。

"一战"时，不少人愿振兴民族工业。范旭东等人办碱厂，劝陈调甫担起制碱的技术责任，共同奋斗。陈说："我能力薄弱，要我担负此重大责任，等于要孩子当家。"范旭东说："谁都是孩子，只要有决心，就能成功。”“为了这件大事业，虽粉身碎骨，我亦要硬干出来。”陈大为感动，即相约共同为碱业奋斗。他们到厂外散步，看见一堆一堆的盐坨，形如小山，数之不尽。范对陈说：“一个化学家，看见这样的丰富资源而不起雄心者，非丈夫也。我死后还愿意葬在这个地方。”

康有为在海外亡命的时候，其女康同璧曾只身到印度探问父亲。其时中国女子很少出门，休说到外国去。故康同璧自豪于此，写诗说：“若论女子西来者，我是支那第一人。”中华人民共和国成立后，毛泽东接见康同璧，就吟此诗向康致意。

二次革命失败后，革命党人在日本如亡命客过日，袁世凯派蒋自立到东京去刺杀并收买他们。覃振召集人商议对策，多主张行刺，但问何人愿去，却又无人答话，座中有人指林修梅说，他是军人应该可以去干。林推说无手枪，荆嗣佑说他有手枪，可以借给林用。林说还要一个人同去，替他巡风。座中无人答应，忽然窗外有人哈哈大笑，惊动了会众。原来是新到的留学生吴雪梅，不过十八九岁，吴神气地说：“我是笑你们这些饭桶，连一个姓蒋的都无人敢去杀他，还想打倒袁世凯吗？”覃振奇其言：“看来你倒是一个好汉，有勇气敢去行刺吗？”吴答说：“怎么不敢，只可惜我不是你们的党员。”大众欢呼：“如此我们今天就欢迎你入党。”登时要他填了入党誓约并置酒欢迎。晚餐过后，吴头都不回地去把蒋自立刺杀了。

1919年春，在巴黎和会上，中国从德国手中收回青岛的要求遭到拒绝，“二十一条”不但没有取消，竟将德国在山东的权益转让给日本。消息传来，激起了国人的无比愤怒，北京学生决定于5月7日举行示威游行，表示誓死抗争的民意。匡互生彻夜难眠，热血沸腾，与相知好友月下密谈，决计为国牺牲，写好遗书，将后事托嘱友人，说：“我死后，要家人知道。我为救国而生，为抗敌而死，虽死无怨。”

1923年，年仅二十岁的吴国桢转往普林斯顿大学攻读政治学博士学位。面试时，教务长看到面孔孩子气的吴国桢说：“年轻人，你还没有成熟。”才气横溢的吴回答说：“先生，依照年龄来判断一个人是否成熟，本身就是一种不成熟。”教务长听罢立即录取了吴国桢。

1923年，京汉铁路大罢工。军阀抓住了工会主席林祥谦，逼他下令复工，林拒绝。当刽子手砍断林的左臂，再度威逼时，林祥谦说：“头可断，工不可复！”

鲁迅说，中国出产“猛人”。邵飘萍对当时的各地“猛人”多有评论，他点评了冯玉祥将军、孙岳将军、岳维峻将军、“保护京畿治安京畿警卫总司令兼京畿警察总监”鹿钟麟将军、“时势造英雄首先倒奉”之孙传芳、“通电外无所成自岳州赴汉口”之吴佩孚将军、“东北国民军之崛起倒戈击奉”之郭松龄、“一世之枭亲离众叛”之张作霖、“鲁民公敌”张宗昌等。他不但力数张作霖的罪状，而且鼓励张学良“父让子继”，使得只相信暴力的“马贼”张作霖慌了手脚，马上汇款三十万元赠给邵飘萍，企图堵他的嘴。他收到后立即退回，并继续在报上揭露张作霖。他曾和家人说：“张作霖出三十万元买我，这种钱我不要，枪毙我也不要！”他真的不幸而言中！

居正为老同盟会员，曾在上海策动反蒋，被当时上海警备司令熊式辉出卖，被骗到司令部扣留，后被押到南京。居的夫人见蒋介石，蒋要居正写悔过书才能考虑释放。居夫人对蒋介石说：“居有人格，你不配如此逼他。”

恽代英是中共最早的党员之一，在黄埔军校与蒋介石同事。恽被捕后，蒋劝降不成就将其杀害。恽坦然处之，他在狱中写诗：“浪迹江湖忆旧游，故人生死各千秋。已摈忧患寻常事，留得豪情作楚囚。”

1927 年，李大钊就义，报纸上发表消息有谓李在北京“就刑”。傅斯年反驳说，不是“就刑”，是“被害”。1932 年陈独秀被捕，傅斯年为之辩诬，说陈独秀是“中国革命史上光焰万丈的大彗星”。

1932 年 1 月 28 日，淞沪抗战爆发。蒋介石将驻扎在京沪和京杭线上的第 87、88 两个师合编为第五军，命张治中率领第五军赴沪协同十九路军作战，但把抗战的荣誉尽付十九路军。蒋致电勉励第五军说：“抗日为整个民族存亡所关……苟能始终以十九路军名义作战，更是足以表现我革命军战斗力之强。生死且与共之，况于荣辱乎何为？”当时宣传，以为只有十九路军能抵抗，慰劳之仪物，亦只送十九路军各部。而第五军艰苦作战，绝不自暴。蒋介石致电张治中：“在前线必须让功于十九路军，只期歼敌，切勿有所竞争，即有不能堪者，亦必为国家忍辱负重。当知在此生死关头，与十九路军应视同一体，外间毁谤，一切置之。如外间不知我87、88两师同在苦战，正吾人所求之不得者。”

1933年年初，日军侵占山海关，北平吃紧。刘戡率部奉调北上抗日，在古北口惨遭损失而悲愤自杀，因被手下及时抢夺了手枪，自杀未遂；后调北平担任城防。日本的一个宪兵连要来看中国军队新构筑的防御工事，刘戡坚决反对，并且表示如果日军一定要看，他就下命令对日本人开枪。为此他和参谋长符昭骞一道去见何应钦。何对刘说：“工事一定要构筑，日本军人要看就让他们看，绝对不许打。”刘说：“我绝不让日本人看我们的工事，倘若他们一定要看，那我只有以死来拼。”何说：“你为什么不在古北口死，要到北平来死？”刘戡愤怒地拍桌子说：“我到北平来是奉你的命令来的，我并不是怕死，我坚决反对这种汉奸的做法！”

瞿秋白刚被捕时没有暴露身份，他自称一名医生，在狱中读书写字，连监狱长也求他开方看病。当时上海的鲁迅等人正在设法营救他。但是一个听过他讲课的叛徒终于认出了他。特务乘其不备突然大喊一声：“瞿秋白！”他木然无应。敌人只好把叛徒拉出当面对质，瞿秋白就说：“既然你们已认出了我，我就是瞿秋白。过去我写的那份供词就权当小说去读吧。”蒋介石听说抓到了瞿秋白，急电宋希濂去处理此事。宋在黄埔时听过瞿秋白的课，执学生礼，想以师生之情劝其降，并派军医为之治病。瞿死意已决："减轻一点儿痛苦是可以的，要治好病就大可不必了。"

1935年，何香凝把自己的一条裙子寄给蒋介石，附上一诗《为中日战争赠蒋介石及中国军人的女服有感而咏》："枉自称男儿，甘受敌人气。不战送山河，万世同羞耻。吾侪妇女们，愿往沙场死。将我巾帼裳，换你征衣去。"

1938年5月，张自忠写好最后的信后即挥军渡河，在南瓜店与敌人遭遇。双方兵力既悬殊，武器更不如，张自忠指挥部队奋勇进攻，激战九昼夜。日军伤亡惨重，不知道这支中国部队何以这样能打，后来听说其中有张在，增援反扑，务要消灭张部，以绝后患。最后张自忠被围于南瓜店之十里长山，日军以飞机大炮配合轰击，弹如雨下。到16日，一天之内，从早晨战斗到晚上，张所部伤亡殆尽，将军身中六弹，屡次倒地，屡次爬起冲杀，左右请迁移指挥所暂避，张坚持不许，到了最后弥留时，告左右说："我力战而死，自问对国家民族、对领袖可告无愧，你们应当努力杀敌，不能辜负我的志向。"

1945年5月4日，昆明学生举行大游行时，忽见下起雨来，有些学生正要散开。闻一多却走上高台，大声说道："武王伐纣誓师时也下了大雨，武王说这是天洗兵，是上天给我们洗兵器，今天，我们也是'天洗兵'。"于是游行照常举行。

王芸生从1941年到1949年主持《大公报》笔政。这八年，他为了坚持言论独立，多次冒犯蒋介石。蒋请他兼军委会参议，送来聘书和薪水，被他退回，颇不给面子。1947年，中统特务抓了《大公报》记者唐振常，他便给上海市市长吴国桢去电话：“今天不放人，明天就登报！”

20世纪50年代初，高校运动不断。一次，“运动办”怀疑苏步青教授在抗战期间有过贪污行为，苏想以死证明清白。束星北得知其情，先去劝慰苏步青，而后就去“运动办”。当他怒气冲冲地闯进办公室时，主任正坐在那里和人谈话。束星北冲着他说：“你知道苏步青是什么人吗？你们算个什么东西！”没等主任醒过神来，束就揪鸡似的，上去把他从椅子上揪起来，一拳打过去，那主任被打得鼻口流血，摔出好几米开外。

1957年，徐铸成被打成右派，《文汇报》社长办公室秘书梅焕藻说了一句话：“徐铸成成为右派，我思想有些不通。”他因此遭受大规模的围攻，要他交代。他步出会场即跳楼自杀了。

遇罗克有诗，赠友人：“攻读健泳手足情，遗业艰难赖众英。未必清明牲壮鬼，乾坤特重我头轻。”

邓稼先跟杨振宁从高中到大学，再到美国留学，一直是好朋友。邓稼先回国后“把自己与‘文明世界’有关的一切全部埋葬”。1972年，杨振宁到北京四处找邓稼先，有关部门只得给邓稼先在北京的一个四合院安排了一个“家”。杨振宁一看书柜里的书都带着图书馆的标签，知道这不是邓稼先的真家。最后，为杨振宁送别的时候，邓稼先忍不住请示周恩来，能不能告诉杨振宁，因为他就问一个问题：中国的核试验、原子弹，是不是靠中国人自己搞的？在飞机场，邓稼先对杨振宁说：“我可以告诉你一句真话，我就在做这件事。中国这个原子弹，全是自己制造的。”杨振宁当时就冲进洗手间大哭。

江小燕获悉傅雷夫妇弃世的消息后，瞒过父母，冒险去寄存骨灰的万国殡仪馆。工作人员被她打动，答应把骨灰交给她。她将傅、朱的骨灰装好，并以“怒安”为名，寄存于上海永安公墓。回到家中，她提笔给中央领导写信，报告傅雷夫妇负屈身亡的经过，希望能昭雪英魂。她因此被打成“反革命”，十几年来，一直过着一种含辛茹苦、宵衣旰食的悲惨生活。1979 年 4 月，傅雷夫妇的骨灰盒移入上海革命烈士公墓。傅聪得知父母的遗骨能奇迹般地保存下来，全仰仗于一个不相识的无名女子，就和胞弟傅敏四处打听。见到江后，他们一再表示要“有所谢意”，江小燕只是淡然一笑。出于礼貌，她接受了傅聪音乐会的一张入场券，一俟音乐会结束，她就默默地离去，从此再也没有找过傅氏兄弟。

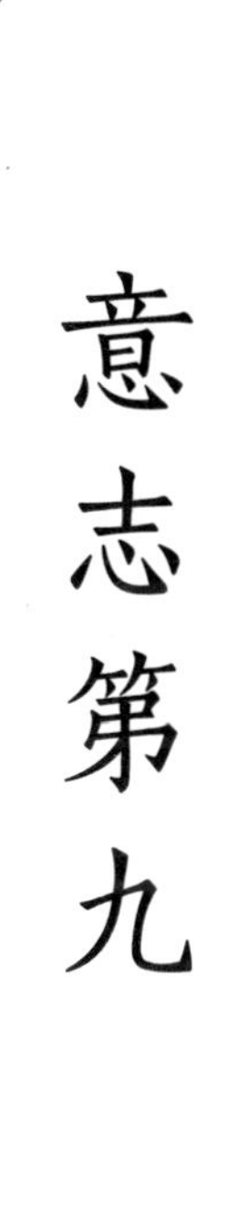

意志第九

胡林翼多次说："天下糜烂，特吾辈二三人撑持。吾辈不低首求人才以自助，可乎？"他给曾国藩写信说："克己以待人，屈我以伸人，唯林翼当为其忍，为其难，非如此则事必不济。"

魏源得到儒家经典《大学》的古文，一见之下，欣喜若狂，连夜苦读。汤金钊前去探望时，只见魏蓬头垢面，发辫不整，乱草般的发丝根根旁逸斜出，身穿一领破旧的长袍，不着马褂，上面亦是污迹斑斑，脚上随便穿一双旧得发白的黑色便鞋，未穿布袜。往日沉稳严谨的清贫才子无迹可寻，浑然一个浪迹街头的乞丐，汤大奇："默深何以如此？"魏源揖道："晚生自寻到一册古本《大学》，甚是喜欢，抄录全篇，又将之与今文《大学》相校相勘，不知已过了如许时日。"

曾国藩弱冠之年，给自己改号"涤生"，以求改过自新。十年后，他反躬自省，以为过失涤除未尽，且越来越多。是故举意勇猛改过。贪睡恋床，不能黎明即起，他骂自己"一无所为，可耻"；喜吟诗作赋，寻章摘句，未将精力用于经史等有用之学，他以为病症在好名，"可耻"；给地方官吏写信，亲切一些，则是“意欲饵他馈问”，“鄙极丑极”，应重写一函，“作疏阔语”；喜清谈，争口头便宜，那是妄语，若再犯，“明神殛之”；跟人说性事，“闻色而心艳羡”，是“真禽兽”。曾国藩于此“日三省吾身”，十年有成。

胡林翼要求去贵州当差，他说：“此邦贫瘠，或可以保清白之风，而不敢负良友厚意。”他到任后，“遍谒光荣，誓不取官中一钱自肥，以贻前人羞”。

李鸿章二十岁言志：“蹉跎往事付东流，弹指光阴二十秋。青眼时邀名士赏，赤心聊为故人酬。胸中自命真千古，世外浮沉只一沤。久愧蓬莱仙岛客，簪花多在少年头。”其入都诗说：“丈夫只手把吴钩，意气高于百尺楼。一万年来谁著史，三千里外觅封侯。”

丁日昌回乡后，病体沉重，又对政事心灰意冷，故表示要一心钻研古文，不再问人间事。李鸿章指责他这样做，不是不可以成为一大名家，将作品藏之名山，传之无穷，但从汉朝到现在，不患无文人、学人，察其究竟，仍不过是文学而已：“于当时奚益？于后世奚裨？人生如朝露，倘及时得手，做成一件两件济世安民顶天立地事业，不更愈于空言耶？”受此激励，丁日昌再次扶病出山。

谭嗣同以嫡出，不得父欢。十二岁时，二姐、生母及长兄因染时疫，前后五日内相继病殁，谭也被传染，昏死三日，自此有

“复生”之字。复生由是轻其生命，深念高望，私怀墨子摩顶放踵之志。他说：“为度一切众生故，无不活畏，无恶名畏，无死畏，无地狱恶道畏，乃至无大众威德畏，盖仁之至矣。”

孙中山曾对蔡元培说：“我不善处成功，而善处失败；愈失败，我的精神愈焕发。”

黄兴自幼接受了“夷夏之辨”的思想，尤其是明末王夫之反满的民族主义思想，他曾说：“丈夫处蛮夷猾夏之秋，当有事于大者远者。”

邹容少时即对科举制度十分不满，他对热衷于科举功名的父亲说：“臭八股儿不愿学，满场儿不爱入。”他问父亲：“衰世科名，得之又有何用？”

秋瑾住在北京，值义和团运动失败之后，她感慨地说：“人生处世，当匡济艰危，以吐抱负，宁能米盐琐屑终其身乎？”后来，她对王时泽说：“吾自庚子以来，已置吾生命于不顾，即不获成功而死，亦吾所不悔也。”

1904 年，陶成章自日本归国后，积极奔走于浙江各地，联络会党，策划革命。他经常日行八九十里，用麻绳束腰，穿着芒鞋，蓬首垢面，惨淡经营，四过杭州，而没有回家。一次将近除夕，人们劝他回家过年，他说：“幸老父犹健，家计无忧，一至故乡，恐被人情牵累，不能复出矣！”“既以身为国奔走，岂尚能以家系念耶！”

1905年，徐锡麟游历浙江各地，交结了他称为“奇才力士”的会党成员，他对人说：“涉历四县，得俊民数十，知中国可为也。”

吴樾幼年进私塾读书，十二岁起，年年参加童子试，均落第。十九岁后不再学习八股，爱读古文辞，特别喜好历史。“每读明史，朗诵长吟，感叹唏嘘不能置。”

武训立誓乞讨办学后，从破庙中出来，满街跳跃欢呼，若疯若狂，并且高唱道：“扛活受人欺，不如讨饭随自己；别看我讨饭，早晚修个义学院。”

清末，五大臣出洋考察宪政，反对伪立宪的吴樾暗杀五大臣，自己被炸，重伤身死。吴樾致未婚妻遗书上说“愿子为罗兰夫人”“欲子他年与吾并立铜像”。

朱执信参加革命后，仍留着辫发，身穿父亲留下的长袍大袖的旧式衣服，即如他说：“衣服褴褛，辫子盘有头头。”一般人见了，指为怪僻，看不出他是坚定的革命党人。革命党人见之，笑他“顽固”，他则付之一笑，依然故我。好心同伴劝他剪掉，甚至武力强迫，他拔出小刀，严肃地说：“谁要再要我剪辫子，我就和谁拼命。”此举后来反而保护了朱执信。

民初，陈独秀说："我办报十年，中国局面全改观。"

民初，蔡元培做北京大学校长，事务冗繁。有一次，北京大学学生因为不肯交讲义费，几百人聚集要求免费。蔡坚持校纪，不肯通融以致秩序大乱。于是这位身材短小、瘦巴巴的文人，站在红楼门口，挥拳作势，怒目大声喊道："我跟你们决斗！"包围他的学生只好纷纷后退。

胡适在美留学时，初与同乡梅光迪关系很好，以兄弟相称。但当胡适提出"要须作诗如作文"之后，立即受到梅的批评，关系越来越僵。胡适的态度，特别是后来陈独秀以及钱玄同等人加入战团，以彻底否定中国文化为己任时，引起哈佛的中国留学生们的愤怒。张鑫海愤慨地说："羽翼未成，不可轻飞，他年学问成，同志集，定必与若辈鏖战一番！"直到 1922 年才有《学衡》杂志的创刊，这意味着"鏖战"的开始。梅光迪曾引春秋人申包胥对伍子胥说的话自况："子能覆楚，我必复之。"

1918 年，二十七岁的胡适到北京大学任教时，已成了全国知名的文学革命的提倡者。林语堂以清华教员身份迎接他。两人见面时，林"犹如触电"。胡博士引用 15 世纪人文主义者伊拉斯莫从意大利返回祖国荷兰时的豪语说："我们回来了。一切都会不同了。"

赵元任年轻时，求知欲极强，爱做物理实验，酷爱体育运动，从初中开始坚持记日记。在南京求学期间，一度染上恶习：

抽烟、嗜酒、手淫。一旦他意识到这些危害时，以坚强毅力强制自己根除了。他常以父命名寓意告诫自己：“元任，任重道远。”后果然博学多才，被尊为“汉语言学之父”。

蒋百里二十九岁时任保定军校校长，他到校视事的第一天，向学生们训话，较为简洁：“今天方震到校，有两件事向同学们一谈：一点关于精神方面，一点关于教育方面……方震如不称职，当自杀以明责任。”半年后蒋自杀，震动全国，幸而得救了。

民初，蒋介石在政治上崭露头角，但仍不脱上海滩“小混混”色彩，其时日记中充满了荒唐放荡与自责克制的矛盾。如1919年10月初他下决心：“以后禁入花街为狎邪之行。其能乎，请试之！”“色即是空，空即是色，世人可以醒悟矣！”但10月15日又记道：“下午，出外冶游数次，甚矣，恶习之难改也。”1920年夏，他痛感自己为人所鄙，再下决心，8月7日的日记中说：“世间最下流而耻垢者，唯好色一事。”9日说：“吾人为狎邪行，是自入火坑也，焉得不燔死！”以后的日记中仍有大量的“理”“欲”交战的记录，但已基本是只有“邪念”而无“邪行”了。他写道：“我之好名贪色，以一澹字药之。”“荡心不绝，何以养身？何以报国？”

张伯苓多次说他办教育的理由：“我在北洋水师学校，亲见旅顺大连为日本割去，青岛为德国人所夺走。当我到济公岛的时候，看见两个人，一个是英国兵，另一个是中国兵，英国兵身体魁梧，穿戴庄严，但中国兵则大不然，他穿的是一件灰色而破旧的军衣，胸前有一个‘勇’字，面色憔悴，两肩齐耸，这两个兵相比较，实有天地之别，我当时感到羞耻和痛心。我自此受极大刺激，直至现在，还在我的脑海中回荡，我当时立志要改造我们中国人，但是我并非要训练陆军、海军，同外国周旋。我以为改造国民的方法，就是办教育。”

1920 年 10 月，在梁启超等人的支持下，瞿秋白、俞颂华、李仲武等由北京《晨报》和上海《时事新报》合派到苏俄采访。瞿秋白在途中商量调查方法，因为他们并无新闻记者的经验。俞颂华说：“我们此行，本是无牛则赖犬耕，尽我们自己的力量罢了。”

弘一法师当年执意出家，出家后竟后悔了，因为发现佛门原非净土，故想还俗。马一浮等朋友劝他说：“原先不赞成你出家，既已跨出了此步，就不要回头了。”弘一听劝，打消还俗的念头，终成一代高僧。

许春草对人说：“我信仰基督教，不是吃教，更不是信洋人，我是降汉不降曹，我是投降基督耶稣，不是和那些洋人妥协。”自从皈依基督，到八十六岁终年，无论大事小事，许都以耶稣的真理为指南，他的所有活动，贯穿着一条十字架的红线。他喜欢把自己名字中的“草”字比作自己的一生。他说：“我天天背负三个十字架，一个是国家的，一个是教会的，另一个是家庭的十字架。”在这三个十字架的重压下，他有时有如耶稣基督走上各各他那样，心力交瘁；有时像以利亚在亚哈王追捕下，灰心失望。但他屡蹶屡起，终成圆满。

徐志摩与其原配夫人离异而与陆小曼结合，徐之友好，多贻书劝阻。其师梁任公亦以千言书致徐，力劝其悬崖勒马，免为世诟。梁启超在书中说：“呜呼，志摩！世间岂有圆满之宇宙？”徐意坚决，复书亦说：“呜呼，吾师！吾唯有于茫茫人海中求之，得之我幸，不得我命，如此而已！”

李宗吾曾在四川任中学校长及省监学等职。有一年，省府派李为主试委员，李宗吾认真主持，学生多恨之。一天晚上，学生多人，手持木棒哑铃，把李宗吾拖出，痛打一顿，临走骂道：“你这狗东西，还主不主张严格考试？”李被人扶起，大声说：“只要打不死，依然要考。”后裹伤上堂，继续考试，学生不敢再抗，一律就试。

1930 年初夏，冼星海在巴黎打工。他常常在巴黎音乐院大门口徘徊，倾听院墙内的弦歌琴音。一天傍晚，老板开恩准他提前下班，冼星海直奔马德里大街的音乐院。照例在大门盘桓时，冼星海忽然看见一个中国青年从里面走出来，他就走上前，不管对方听不听，做了一番自我介绍。此人正好是马思聪，马对这位“南国箫手”也早有耳闻，但没想到冼星海如此穷困潦倒。马思聪答应引冼星海见他的导师奥别多菲尔，冼自此如愿以偿音乐梦。

塞克孤僻怪异，而做事认真。他首次登台，在《父归》中饰演主角，而观众除本校学生外，只有一个厨子买票入场，大家都说只有一个观众，停演算了，塞克说："演，就是为这一个观众演。"演出竟一举成功，厨师拿着被泪水浸湿的手帕离开剧场，完全被感动了。

史沫特莱问杨虎城："您认为中国有强大实力抗击日本吗？"杨说："谁能从理论上解答这个问题？我认为中国的力量不在飞机和坦克，日本拥有更多的飞机和坦克。我们的力量就在于我们懂得我们必须抗日。这不是单纯的物质力量问题，它需要我们面对现实，有坚强意志，只要我们有坚定的意志，我们就有力量抗战。"

卢作孚聪明绝顶。抗战期间，因为要跟美国商人打交道，他跟晏阳初的妻子雅丽读英文，晚上有空时读一点儿。半年之后，卢就能看英文报纸了。武汉失守后，大量后撤入川的人员物资滞留宜昌，卢作孚亲自指挥民生公司船只，在日本飞机的狂轰滥炸下，经过四十多天奋战，终于将全部人员的物资设备抢运进川，该壮举被称为"中国实业界的敦刻尔克大撤退"。

抗战期间，国民政府财政困难，物价高涨，公务人员的生活很困苦，情绪低落。严家淦时任福建建设厅厅长，有一次他去一朋友家中，见客厅有一帧奇怪的照片：一个人坐在椅子上，另一人跪在他面前。仔细一看，跪的和坐的是同一个人，就是朋友本人。严百思不得其解，问朋友。朋友答曰："这叫求人不如求己。"

王芸生等人所办《大公报》的社训为“不党、不卖、不私、不盲”。王芸生认为，新闻记者要敢于说真话，不怕杀头。他曾对年轻人说：“抓到刑场，揪住小辫儿，钢刀一举，咔嚓一声的时候，小子，你要一声不吭，咬紧牙关顶得住，才算得一条好汉、一个好记者。”

成舍我办报多经磨难，军阀、党国领袖、上海滩流氓等，都刁难过他，甚至欲置他于死地，他经历了一个时代报人的“不幸”和“幸”。张宗昌杀人不眨眼，没过几年，成舍我在中山公园，常见张闷坐来今雨轩，搔首无聊，屡想跟他攀谈，他只是报以微笑。成舍我得罪汪精卫时，朋友劝他妥协，他拒绝了。“日寇投降，我到南京，最近一个月以前，当我在南京挂出了《民生报》招牌的那一天，我从中山陵回来，经过所谓梅花山‘汪墓’，只见许多人在他墓前排队撒尿。”

抗战胜利后，殷海光在南京中央日报社任主笔，与在中央图书馆任职的傅乐成交往甚笃。当时“异常放荡怠惰”（傅自语）的傅乐成结识了一位漂亮姑娘，对她极尽爱慕之能事，却难撷芳心。有一天，殷海光在傅的宿舍里聊天，正好这位姑娘也在场。殷口若悬河，姑娘在一旁听得出神。殷海光走后，姑娘对傅乐成说：“假如你有殷先生那样好的学问，我一定嫁给你！”傅乐成受不了这番“刺激”，决心翻译一部英文的西洋史以示自己的进取之心。若干年后，从美国耶鲁学成归来的傅乐成写出扛鼎之作《中国通史》，成了一位“不可忽视的史学家”。

段锡朋律己甚严，近于苦行主义，临终时说：“我已经算好的了，我还没有欠人钱。”

抗美援朝时期，常香玉总希望自己能为国家做点儿贡献。有一天，她跟陈宪章说：“咱们为国家捐架飞机，你看中不中？”陈问她：“你知道大炮多少钱，坦克多少钱吗？飞机，这可不是常人能捐的呀！”陈宪章为此改编了一部戏《花木兰》，常香玉在全国跑了两年，义演筹到人民币十五亿元，捐献了一架名为“香玉剧社号”的米格-15战斗机。

陈果夫临死前，总结一生，认为自己主要做到了以下几点：住繁华都市多年，未曾入妓院、舞场、赌场之类，为无聊之消遣；管钱终始不将钱作为私有，或为金钱所管，反之，愈不爱钱；读书未曾为书本所囿，或自以为知足；管人事不捉弄人，不私于人，更不自用私人；做官未曾作威作福，营私或运用政客，作固位之想及幸进之图，始终保持平民本色；接近商业工作，自己做到不做生意，不与人谈私利；办党务不作植党之想，办教育亦然；生病能摆脱烦恼，始终抱乐观与进取之心。

于右任有“草圣”之称，他说：“余中年学草，每日仅记一字（每日一个字写无数次），两三年间，可以执笔。此非妄言，实含至理；有志竟成，功在不舍，后之学人，当更易易……”

雷锋做了好事从来不对人讲。有次他抱病在工地运砖，人们再三向他表示感谢时，他却说：“这是我应该干的。”在沈阳车站给一位山东大嫂买了车票，她问雷锋在哪个部队、叫什么名字时，雷锋说：“叫解放军，住在中国。”雷锋写了《雷锋日记》，他的事迹由此传开。

何炳棣初在北美谋生不顺，教书之余刻苦做学问。他曾一连几个夏天利用学校假期到美国东部的图书馆搜集资料，他说，只有坚信卓绝必出自艰苦，才不会对做学问的辛楚与寂寥觉得艰苦。实际上，每当闭馆后吸进第一口清新夜气，仰望着白玉般晶莹雄瑰的国会建筑群的分秒之间，他的内心不禁在狮吼：“看谁的著作真配藏之名山！”

20世纪60年代初，中共最高决策层决心发展核武器，苏联嘲笑中国无能：中国人民连裤子都不够穿，竟妄想制造核武器。为此，时任国务院副总理兼外交部部长的陈毅，在北京对日本记者团发表了著名的“核裤论”，回击了苏联的嘲弄，并郑重声明，不管中国有多穷，“我当了裤子也要造核子”。

“文革”中，冯友兰被造反派拉到高台上“批斗”。群情激昂，冯在心中默念：“菩提本无树，明镜亦非台。本来无一物，何处惹尘埃？”

戴乃迭是英籍女翻译家，将一生献给中国。“文革”中，她因“特务”罪名被捕，单独监禁四年。戴极爱清洁，用牙刷将监牢墙壁刷得干干净净，每日靠背诵中英文诗歌消磨时光。身陷囹圄，她依然保持做人的尊严与礼节。女画家郁风记得，监狱开饭时，每当看守把饭送到戴乃迭的监房窗口，总能听到她带洋腔的汉语：“谢谢。”

路遥写作刻苦。为写一个中篇，他曾连续伏案七天七夜，最后晕倒在厕所里。他常常通宵工作，直到第二天早晨六点才上床休息，中午十二点起床后又开始工作。他有文章《早晨从中午开始》，记自己的创作甘苦，他对人说：“我很累，累得要命。”“搞创作这是傻瓜干的事，精明人是不会干这种事的。”

李政道好学，吴大猷回忆说，李政道的求知心切到了奇怪的程度。“有时我有风湿痛，他替我捶背，他帮我做任何家里的琐事。我无论给他多么难的书和题目，他很快地做完了，又来索更多的。我由他做问题的步骤，很容易发现他的思维敏捷，大异寻常。”

黄灿然曾访问哈金的写作状态，哈称自己是“孤零零地写作”，他说：“用英语写作，我得面对我提到的大师。这是一个伟大的传统，要求你有条不紊地工作，我想通过英语写作，使自己与大陆的文学机器分隔开来。换句话说，我获得一种自由。至于取悦大师们，我写作，一直就是为了取悦他们。”

性情第十

犬养毅曾问孙中山："您最喜欢什么？"孙答："革命！推翻满清政府。""除此外，您最喜欢什么？"孙注目犬养毅夫人，笑而不答。犬养毅催问："答答看吧。"孙回答说："女人。"犬养毅拍手："很好，再次呢？""书。"

鲍桂星被称为"怪题大仙"，其做主考时挖空心思出怪题，令人哭笑不得。某年，鲍出《顾鸿》一题，将四书五经背得烂熟的秀才们寻思好久才明白此题出自《孟子·梁惠王》："王立于沼上，顾鸿雁、麋鹿曰：'贤者亦乐此乎。'"举子们大怒，当即有人在考卷上写诗讽刺他。鲍照出不误，又来了个《及其广大草》，让人摸不着头脑，原来出自《中庸》："今夫山，一卷石之多，及其广大，草木生之。"一个秀才在卷上写诗讽刺道："广大何容一物胶，满肠文字乱蓬茅。生童拍手呵呵笑，渠是鱼色变草包。"鲍桂星依然我行我素，调任湖北时出一个《下袭水》，取自《中庸》："上律天时，下袭水土。"秀才们又是大怒，有人写诗骂他："真成一片白茫茫，无土水于何中藏。侮圣人言何道理，要他跌落海中央。"

秋瑾被捕后，山阴县县令李钟岳不肯刑讯逼供，只是让秋瑾自己写供词，于是留下了“秋风秋雨愁煞人”七字传世的绝命诗。李钟岳离任到杭州赋闲之际，每天念叨着“我虽不杀伯仁，伯仁由我而死”这句话，对秋瑾之死深为内疚。痛苦悲愤之余，他逐渐产生了以身殉道的念头，经常独自将密藏的秋瑾遗墨“秋风秋雨愁煞人”七字“注视默诵”，并为之泣下。在良心的自责下他自杀身亡，离秋瑾遇害不到一百天。身后萧条，几不能棺殓。

大概是受到嗣父行伍生涯的影响，袁世凯自小虽然轻视读书，却喜爱兵法，立志学“万人敌”。尝自谓：“三军不可夺帅，我手上如果能够掌握十万精兵，便可横行天下。”喜好兵书，常常不惜重金搜罗购买各种版本的兵书战策，被人讥笑为“袁书呆”。

黄兴曾写七言律诗说：“卅九年知四十非，大风歌罢不如归。惊人事业随流水，爱我园林向落晖。入夜鱼龙空寂寂，故山猿鹤正依依。苍茫独立无端感，时有清风振我衣。”

辜鸿铭怪名满天下。他在北京大学讲英诗，时而对学生说：“我今天教你们外国大雅。”时而说：“我今天教你们洋离骚。”“洋离骚”是指弥尔顿的一首长诗。罗家伦等学生在教室里对辜很尊重。五四运动时，辜在一日本人办的报纸上发表文章，大骂学生是暴徒、野蛮人。罗家伦受不了，质问辜：“先生，你从前写的《春秋大义》我们读了都很佩服，你既然讲《春秋大义》，你就应知‘内中国而外夷狄’，你现在在夷狄的报纸上发表文章骂我们中国学生是何道理？”辜气得脸色发青，大眼睛鼓起来，两分钟说不出话，最后站起来拿手敲着讲台说道：“我当年连袁世凯都不怕，我还怕你？”

王懿荣爱好文物收藏。他对出土文物较多的河南、陕西等地，游历时总是流连依依，不忍离去，表现出极大的热情。他曾说：“东坡说岐山购物惭，乃皮相耳。东坡未解好古也。然安得腰缠十万贯哉？若有之，决不上扬州。”

傅增湘，字沅叔，为民国后校勘古书最多之人，平生所校书在千部以上。他曾由天津赴北京图书馆校书，住馆 106 天，校书 342 卷，因该馆停闭才告一段落，可谓一痴。傅精于版本、目录、校勘之学，对古籍沉浮情况了若指掌。王国维叹谓：“此间无书，有则必为沅叔所得，虽书肆不能与之争。”

1910 年，陈独秀给苏曼殊写信，问他：“有奇遇否？有丽遇否？”当时陈独秀刚与高君曼同居，他得意地问苏曼殊：“新得佳人字莫愁，公其有诗贺我乎？”

宋教仁认准事理便坚决去做，不为做事做任何掩饰。在民初两院选举中，国民党获得压倒性胜利之后，宋教仁到处演讲。他认为实现民主的日子已经不远了，赋诗抒怀，踌躇满志，甚至致电袁世凯，寄厚望于袁。在武汉，谭人凤好心劝诫：“责任内阁实难望成功，劝权养晦，无急于觊觎总理。”并明确向宋透露：会党头目应某已经从政府那里领取了巨额款项，需要戒备。生死攸关，宋教仁回以“杯弓蛇影之事”六字。陈其美、徐血儿等也劝他防备暗杀，他仍如无事人一般：“无妨。吾此行统一全局，调和南北，正正堂堂，何足畏惧？”

陈其美好色。他曾向光复会中仅次于章太炎的二号领袖人物陶成章提出，要分用其从南洋带回的华侨捐款，陶予以拒绝，并说：“你好嫖妓，上海尽有够你用的钱，我的钱要给浙江革命同志用，不能供你嫖妓之用。”

民国期间，高语罕、傅斯年、罗家伦、遂子、叶枚等人，在德国游学为邻。其中有的兼是同志、好友，有的则是信仰上的敌人。高语罕常于清晨到遂子家，多为党务。高深信共产主义，遂子极为反共，因其时国民党改组，国共合作，并为一家，二人表面上亲热，实则貌合神离。遂子回忆说，老高年迈四十，发已微白，近视眼，十足的学者风度，稍为酸气，同志们叫他“高老头子”，诨名又叫作“五姑娘”。有一天他对遂子说：“昨夜实在熬不住，又手淫一次。”虽可笑，但不失其为老实话，并证明他无桃色事件。

1921 年，杨步伟和赵元任结婚。两人想打破家庭本位的婚姻制度，别出心裁，先到中山公园当年定情处照相，再向亲友发一份通知，声明概不收礼。下午一个电话把胡适和朱征请到家中，杨亲自掌勺，做四碗家常菜，掏出一张自己写的结婚证书，请胡适、朱征做证人签字。为了合法化，贴了四角钱印花税。

李叔同做了和尚，学生丰子恺仍跟他有来往。弘一法师曾到丰家，丰子恺请老师就座。法师把藤椅轻轻摇动，然后慢慢坐下去。多次如此后，丰问何故，法师答说：“这椅子里头，两根藤之间，也许有小虫蠕动，突然坐下去，要把它们压死，所以先摇动一下，慢慢地坐下去，好让它们走避。”

朱湘脾气不好，可他自己不承认：“吾爱友谊，但吾更爱诗艺。”他跟徐志摩、闻一多最终没有做好朋友，他在生活中更是处处碰壁，工作丢了，夫妻散了，朋友断了。他说，做文章误了我的一生。

在政治和思想上，梁启超多变。有人说：康有为太有成见，梁启超太无成见。1900 年，他背离康有为的保皇立场，大倡自由、平等、天赋人权之新说，愿同孙中山合作；1902 年，发表《保教非所以尊孔论》，表示“昔也为保教党之骁将，今也为保教党之大敌”。作《新民说》，甚至提倡革命排满，后又“悔过自新”。民国后他曾与袁世凯等北洋军阀同流共事，袁氏称帝，他又愤起讨袁。他几次宣布脱离政治又一再热衷于仕途，像个纵横之士，奔走以售其才识，却终难有所作为。梁评价自己说：“……保守性与进取性常交战于胸中，随感情而发，所执往往前后相矛盾。”尝自言曰：“不惜以今日之我，难昔日之我，多以此为诟病，而其言论之效力亦往往相消，盖生性弱点然矣。”

胡适不耐寂寞。他声称最重视学术，要“二十年不谈政治”，数年之间，即创办《努力周报》，发表《我们的政治主张》。朋友或不赞成其办报，担心他要做“梁任公之续”。胡适说：“他们都说我应该专心著书，那是上策，教授是中策，办报是下策……这一班朋友的意思，我都很感谢，但是我实在忍不住了。”

吴宓苦追毛彦文，有一次在报纸上发表了他的爱情诗，中有“吴宓苦爱毛彦文，三洲人士共惊闻”的句子。朋友们觉得不对头，要金岳霖去劝劝他。金对吴说：“你的诗如何我们不懂，但是，内容是你的爱情，并涉及毛彦文，这就不是公开发表的事情。这是私事情。私事情是不应该在报纸上宣传的。我们天天早晨上厕所，可是，我们并不为此而宣传。”吴宓很生气：“我的爱情不是上厕所。”金岳霖说：“我没有说它是上厕所，我说的是私事不应该宣传。”

林徽因、梁思成夫妇向来坦诚相待。一次她十分苦恼地告诉丈夫，自己同时爱上了两个人，不知该如何取舍。梁思成闻言，内心颠簸，终夜苦思，第二天一早眼圈晕黑，决定把抉择权完全交给妻子。他对林徽因说：“你是自由的，如果你挑选金岳霖，我将祝你们永远幸福！”林将此语说与金岳霖听，金岳霖选择了放弃：“看来思成是真正爱你的。我不能去伤害一个真正爱你的人。我应该退出。”

鲁迅曾经含蓄地向许广平透露说：“我先前偶一想到爱，总立刻自己惭愧，怕不配，因而也不敢爱某一个人。”后来，鲁迅在一封致友人的信中，更明确地承认自己面对爱人时的自卑胆怯心理：“其实呢，异性，我是爱的，但我一向不敢，因为我自己明白各种缺点，深恐辱没了对手。”

郭沫若生性浪漫，把女人和爱看得比生命还重要。在和田汉等人的通信中，郭沫若说：“花呀！爱呀！宇宙的精髓呀！生命的源泉呀！”

田汉性情浪漫，他撞见郭沫若在后园浇水，气愤郭氏的“烟火气太重”。他在情感失意中曾创立“南国电影剧社”，他说：“酒、音乐与电影为人类三大杰作，电影年最稚，魔力也最大，以其在白昼造梦也。”

北伐胜利后，傅斯年很兴奋，去找老校长蔡元培喝酒。当时蔡元培带头喝醉，傅斯年也跟着醉了，后来大家开始比赛放狂话，狂来狂去，谁也比不上傅斯年放的炮响，他说：“我们国家整理好了，不但要灭了日本小鬼，就是西洋鬼子也要把他赶出苏伊士运河以西，从北冰洋到南冰洋（南极洲），除印度、波斯、土耳其以外都要郡县之。”

20世纪20年代，林语堂一听陈友仁的英文，受了感动，就参加了汉口的革命政府，充任外交部的秘书。林做了四个月，弃政治而去，他说体会出来他自己是个草食动物，而不是肉食动物，自己善于治己，而不善于治人。林语堂曾经说：“对我自己而言，顺乎本性，就是身在天堂。”

有一次胡适的朋友们在胡家里聚餐，徐志摩像一阵旋风似的冲了进来，抱着一本精装的、厚厚的大书，是德文的色情书，图文并茂，大家争着看。胡适说：“这种东西，包括改七芗、仇十洲的画在内，都一览无遗，不够趣味。我看过一张画，不记得是谁的手笔，一张床，垂下了芙蓉帐，地上一双男鞋，一双红绣鞋，床前一只猫蹲着抬头看帐钩，还算有一点儿含蓄。”

司徒乔曾画了一张半边是笑脸、半边是哭脸的自画像，他在上面题写了一句话：“含泪画下去啊，蠢人！在艺术的牢狱里过你的一生！”

宗白华赴德国读书时，路过巴黎，朋友们各有功课，不能陪他，而他又不懂一句法国话，居然在巴黎整整游玩了一个月。凡是朋友们未去过的地方，他都去过了。他说：“有什么困难！街道呢？我有地图。用钱呢？我有当了五法郎的票子，我固然不知物价，也弄不清是生丁、法郎，但我有妙法，便是拿一张当五法郎的票子出来，他们自会找补我。坐电车、坐汽车，我只需把地图上我要去的地方指与他们一看，他们自载我去，到了目的地，自会请我下车，车费呢？我只需把现钱抓一把摊在手上，他们自会如量地收取，在我只觉得他们过于廉洁、过于老实……”

梁思成与林徽因在北海快雪堂松坡图书馆读书约会，徐志摩也常凑过去和他们聊天。梁思成不愿受到骚扰，便在门上了贴一张字条，大书“Lover want to left alone”（情人不愿受扰）。

1933 年 6 月，梅志在韩起夫妇家里认识了胡风。此前，韩起曾在胡风面前夸奖过梅志。两人见面后，清纯秀美的梅志理着短发、穿淡蓝色布旗袍的模样，便牢牢地印在胡风的脑海里了。经过一段时间的相处，他终于向她袒露了自己的心迹："我不能再隐瞒了，只有你才能给我一个归宿，只有你才能将我从混乱的感情中挽救出来……"那年的12月24日，平安夜，他们开始了日后长达五十一年的共同生活。

1935年2月，六十六岁的熊希龄和三十八岁的毛彦文在上海结婚。两年后，熊病死于香港。当熊希龄追求毛到手后，毛彦文要求他剃须，他答应了，把留了二十年的长须割去。有个老朋友对他说："秉三，你已经六十六岁，年纪不小了，何必多此一举呢？"他笑着答道："就是要求在此一举呀！"

张伯驹爱唱戏，在其四十寿辰时，余叔岩倡议为河南旱灾募捐义演。上演的是《空城计》，由余叔岩饰王平、杨小楼饰马谡、王凤卿饰赵云、程继先饰马岱、陈香云饰司马懿、钱宝森饰张郃、张伯驹饰诸葛亮。前面的戏码依次是：郭春山《回营打围》，程继先《临江会》，魏莲芳（因梅兰芳在沪改由魏演）《女起解》，王凤卿《鱼肠剑》，杨小楼、钱宝森《英雄会》，小翠花、王福山《丑荣归》。"报纸登出戏码来，便轰动了。演出可谓极一时之盛。"演出后，章士钊特作打油诗云："坐在头排看空城，不知守城是何人。"这两句玩笑诗连同那晚演出的盛况，令张伯驹陶醉了一辈子。

张春桥化名"狄克"攻击萧军的小说，认为作者"不应该早早地从东北回来”，指责作品“不够真实”。后又攻击萧军是“鲁门家将”，鲁迅的“孝子贤孙”。萧军气愤地跑到编辑部，恰巧张春桥在场，萧问：“那篇侮辱鲁迅先生和我的文章是谁写的？”一个与张春桥合办报纸的青年承认是他的所为。“好，我也没工夫写文章来回答你们——我们打架去，如果我打输了，此后你们可以随便侮辱我，我不再找你们；如果你们败了，不允许再写此类文章，否则我来揍你们……”张春桥和另一人都年轻气盛，面对挑战，欣然答应。

瞿秋白与杨之华分手时，把十本黑漆布面的本子分成两半：“这五本是你的，这五本是我的，我们离别了，不能通讯，就将要说的话写在上面罢，到重见的时候，交换着看吧！”

鲁迅去世，萧军和胡风守灵三夜。萧军多次念叨：“先生没有死，他会坐起来谈话的。”当黄源通知他时，他竟怒目圆睁地抓住黄：“你诓我？”

1936年12月25日，即西安事变达成协议的第二天，张学良决定放蒋介石回南京。张执意要亲自送蒋回南京，许多人规劝他不要送，以免蒋报复。但张学良坚信蒋的人格，当他陪蒋到机场时，蒋介石对张学良说：“我们兄弟二人，大仁大义，从不抱怨，将来历史上记一笔，流芳百世。”张很激动，更表示要亲自送蒋回南京。蒋说：“我们兄弟二人谅解，你到南京就不好办，他们打你的主意，我就遗臭万年了。”蒋劝张不要送，张动了感情，坚持己见，于是一起登上了飞机。

1937年7月，卢沟桥事变前后，蒋介石和汪精卫联名邀请全国各界名流学者到江西庐山开谈话会。7月11日谈话会上，蒋、汪发言后，胡适慷慨激昂，发表了一通抗日救国演讲。在座的胡健中听后，即席赋诗一首："溽暑匡庐盛会开，八方名士溯江来。吾家博士真豪健，慷慨陈词又一回！"言语中颇含戏谑之意。胡适也随手写了一首白话打油诗回赠："哪有猫儿不叫春？哪有蝉儿不鸣夏？哪有蛤蟆不夜鸣？哪有先生不说话？"

周作人做汉奸的消息传遍全国，艾青写诗说："周作人，在我们最需要他的时候，背叛了我们！"

有一次，曹禺见吴组缃进来，便偷偷对他说："你看，钱锺书就坐在那里，还不赶紧叫他给你开几本英文淫书？"当时清华图书馆藏书很多，中文、洋文均有，整日开放，但许多同学都摸不到门。吴组缃听罢，随即走到钱锺书的桌边，请他给自己开录三本英文黄书。钱锺书也不推辞，随手拿过桌上一张纸，飞快地写满正、反两面。吴组缃接过一看，数了数，竟记录了四十几本英文淫书的名字，还包括作者姓名与内容特征，不禁叹服。直到中华人民共和国成立后，钱锺书还爱考问吴组缃："马克思第三个外孙女嫁给谁了？"吴组缃只好回答不知道，但不免反击说："你专会搞这一套！"

殷海光问金岳霖对熊十力的看法，金肯定地说："据我所知，熊十力是中国研究佛学最深刻的一个人。"殷说："先生好打人、骂人。我亲眼看见他在梁漱溟背后打三拳，还骂他是一个笨蛋。"

对此，金岳霖说："呃！人总是有情绪的动物。是人，就难免打人、骂人的。"

废名很佩服其同乡熊十力，常跟熊谈儒道异同等事。等到他着手读佛书以后，却与专门学佛的熊意见不合，而且多有不满之意。有一次，二人在一起论僧肇，一言不合，大声争论，外人在外听得酣处中突然静止，原来二人已经扭打在一起，很快废名气哄哄地离开熊家。但到第二天，废名又到熊家，跟熊讨论起另外的问题了。

在延安，塞克与王明常有来往。一次他们在一起喝酒，先喝低度酒，用的是茶杯，喝着喝着，兴致来了，王明非要用大杯子，而且换上烈酒，任何人都得喝。这次塞克被灌醉，在回去的路上，他掉进河里，鞋子、裤子全湿了。王明对塞克赞赏有加，针对塞克之怪，称他是中国的普希金。那时塞克仍想去新疆，一次他与王明说："我还想去新疆。"王明回答说："塞克先生当然是喜欢自由的，但我还是希望你能留在延安。"

叶挺在狱中发愿，一日不得自由，必不理发剃须。他在《囚语》中写道："漫漫长日，在囚室中特别爱抚须沉思：觉我的唇不知何日才有朱唇可吻之福？"

冼星海垂危时期，想到自己的童年、家乡，他低声地对人说："江南真美呀！江南真美呀！"突然，他激动地大声说："我脑子里充满着音乐！充满着音乐！"

王实味性格直露。到延安后，他经常跟人聊天。王伯彦跟他是老乡，在省里就是地下党员，平时言行十分谨慎，来延安后，仍然小心翼翼。第一次见面，王实味就劝王伯彦：“已经回到自己家了，还拘谨什么？！”他看到小战士穿的棉衣，袖口和肩膀破得露着棉絮，就发牢骚说：“发这样的棉衣，不知是给人暖和还是让人风凉。”

叶浅予在重庆办画展，邀徐悲鸿参加。徐观摩后当场购两幅舞蹈人物画，对叶的画给予高度赞扬，认为“中国此时倘有十个叶浅予，便是文艺复兴大时代之来临了”。不久又请叶到他家中看画，对叶说：“你喜欢什么画，可任选一幅。”叶高高兴兴选了一幅《烈马图》。

卢作孚生活非常简朴，常年穿一套中山装，人长得很瘦小。为了节省梳头的时间，他干脆剃了光头。张岳军先生（张群）有一次跟他开玩笑：“你的跟班都比你穿得漂亮。”

闻一多上课别致。据学生回忆，他身穿黑色长袍昂然走进教室，先掏出烟盒向学生笑问：“哪位吸？”学生们笑而不接，他就自己点了一支，电灯光下烟雾缭绕，拖长声音念上一句：“痛——饮——酒，熟——读《离骚》——，方得为真名士！”这才开始讲课。

吴待秋至俭。陈巨来曾问他：“你如此节俭，有多少钞票？”

吴说："我每隔一个时期，必以钞票买黄金藏之也，故钞票至多五百元耳。"陈又问他："现在有多少金子？"吴答："画家哪能与做官比，吾画了几十年画，至今只有一百三十余斤而已。"陈问："放在银行吗？"吴笑说："那会付保险费的。"他指自己睡的大床："你看，这床四只脚特别粗大，是我定做的，中间全空，可放许多金条金块的。"又指房间两个大马桶说："吾虽有女仆，倒马桶的事，必须太太自做，因为马桶完全是夹层的，放金子呀。"吴得意地说："虽有强盗，亦想不到马桶底里有金子也。"隔了一年，陈巨来戏问："现在有几百斤了？"吴说："一百五十斤还不到。"

张爱玲初恋时，给胡兰成信中有一句好话："因为懂得，所以慈悲。"她用不着十分懂得对方，所以有倾城之恋。

画只能由画家主动送你，而你绝不能向画家讨要。这是规矩，也是修养。章伯钧有不少齐白石的画，却没有一张徐悲鸿的。但他跟徐的关系要比跟齐白石深得多，也早得多。一般认为徐悲鸿的马，是他最拿手的。章伯钧却认为徐悲鸿的油画，特别是裸体女人画，是他最好的作品。章伯钧说，徐悲鸿的太太是留德、留法学生的妻子中最漂亮也最有风韵的。有一次，徐悲鸿对章伯钧说："伯钧，我送你一匹马吧。"章说："我不要你的马，我要你的女人。"徐摇头说："那些画，是不能送的。"

林徽因去世，一向冷静而理智的金岳霖肝肠欲断。在办公室里，他让学生周礼全留了下来，先是沉默，后来突然说："林徽因走了！”金岳霖一边说，一边号啕大哭。周礼全回忆说：“他两只胳臂靠在办公桌上，头埋在胳臂中。他哭得那么沉痛、那么悲哀，也那么天真。我静静地站在他身旁，不知说什么好。几分钟后，他慢慢地停止哭泣……擦干眼泪，静静地坐在椅子上，目光呆滞，一言不发。我又陪他默默地坐了一阵，才伴送他回燕东园。”多年后的一天，金岳霖郑重邀请一些至交好友到北京饭店赴宴，众人大惑不解。开席前，他宣布说：“今天是徽因的生日！”顿使举座感叹唏嘘。

陈寅恪曾说：“盖今日之赤县神州值数千年未有之巨劫奇变，劫尽变穷，则此文化精神所凝聚之人，安得不与之共命而同尽。”他在晚年自挽说：“涕泣对牛衣，卌载都成断肠史。废残难豹隐，九泉稍待眼枯人。”

殷海光一生中只打过四次电话。一次，他太太把他带到电话旁，教他如何打，替他把电话号码拨好了，对方说话，才递给他，殷海光拿起听筒满头大汗，打完电话，几欲昏倒。

闻捷曾自嘲说：“我是一个诗歌上的诗人，爱情上的痴人，政治上的庸人。”“文革”中，他受到审查，工宣队故意不让他与戴厚英从干校一起回上海休假。闻捷送戴上车后，“两手蒙脸偷偷哭泣”。在受批判的大会上，闻捷说：“我对小戴的感情已经到了不可收拾的地步，我不能没有她……”

李敖在他的《李敖快意恩仇录》一书中有一幅插图，是一对双胞胎姐妹的裸体像。李自述在狱中曾对着图手淫，插图下李敖的说明文字是："于是，那天晚上对着双胞胎姐妹，我做了一生中最痛快的一次手淫。"

"文革"时期，钱锺书下放劳动，杨绛曾指小山窝棚问道，可否终老于此，钱想了想，说："没有书读。"

"文革"中，赵人伟借给顾准一本英文版的《茵梦湖》。顾准看完，还给赵时说："我已经哭过了。"

王序曾说，沈从文最害怕的是失去工作的权利。有一年，上面通知他去办理从历史博物馆调中国社会科学院的手续，他误以为是办理退休手续，走进有关部门的办公室，紧张得几乎无所措手足，只是嗫嚅着说："我还能做点儿事，请不要让我退休。"

1985年9月21日，古龙去世，他留给世界的最后一句话是："怎么我的女朋友都没有来看我呢？"

吕叔湘为人认真，叶至善说："文章经过吕叔湘的法眼，心里可踏实许多。"叶家无论是谁，看到文章里的错字病句，就忍不住说："要是吕先生看到了，肯定气得够呛！"吕的一生，都在和不健康的语句做斗争，努力维护着汉语的纯洁。20世纪80年代中期，吕发现《人民文学》上的错误实在太多，愤愤不平地写信去一一订正，杂志上于是发表了一封短信，一本正经地向吕叔湘表示谢意，可是这封短短的感谢信，竟然也是错误百出，甚至把吕的名字写成了“吕淑湘”。

很多人以为鲁迅是条硬汉，很少人注意到鲁迅的爱，更少注意鲁迅大爱的品性。鲁迅自嘲是“浅薄的人道主义”。萧红曾问鲁迅：“你对我们的爱是父性的还是母性的？”鲁迅愣了一下，肯定地说：“是母性的。”对此，一向散淡且不谈鲁迅的汪曾祺说：“鲁迅的话很让我感动。”他带着悲凉意味地补充：“我们现在没有鲁迅。”时为 1991 年。

骨气第十一

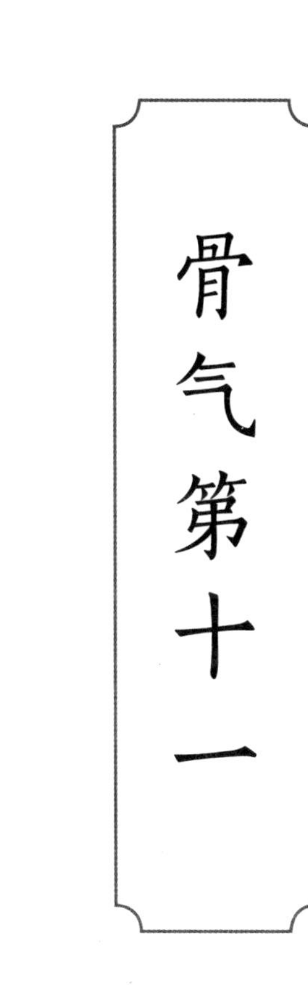

恭亲王与慈禧争辩，慈禧说：“汝事事抗我，汝为谁耶？”王曰：“臣是宣宗第六子。”慈禧曰：“我革了你！”王曰：“革了臣的王爵，革不了臣的皇子。”慈禧太后无以应。

1903年，温生才再次往南洋霹雳州锡矿做工，多年的苦难磨炼出了他刚烈的性格。一次，当地技师无理鞭打他，他愤怒地说：“你是人，我也是人，凭什么打人？瞧不起弱国国民吗？”一拳把那个技师打得血流满面而逃。

1915年，袁世凯称帝前夕，曾派人到上海，准备收买王宠惠为袁鼓吹帝制，王拒绝说：“余之笔为共和民主而写作，不能以拥护帝制受辱。”

1929年，国民党训政时期，胡适写了《人权与约法》等文，鼓吹思想言论自由。上海市第三区党部对胡适发难，接着好几个省市的党部亦呈请“严予惩办”。最后在政府的训令下，由教育部部长蒋梦麟签署了第1282号“训令”，撤免胡适中国公学校长之职，理由是胡适近来言论不合“本党党义及总理学说”。胡适读了“部令”，便给蒋写了一封回信：“这件事完全是我胡适个人的事，我作了三篇文字，用的是我自己的姓名，与中国公学何干？你为什么会‘令中国公学’，该令殊属不合，故将原件退还。”

1929年，刘文典在安徽大学当校长，支持进步学生闹学潮。蒋介石到安庆召见他，责令刘交出共产党员名单。刘文典说：“我只知道教书，不知道谁是共产党。”蒋说：“你这校长是怎么当的？不把你这学阀撤掉，就对不起总理在天之灵！”刘毫不相让：“提起总理，我跟他在东京闹革命时，还不晓得你的名字哩！”

1932年，国民政府主席林森到厦门，厦门国民党领导多向林森告状，说许春草抗拒党的领导，以致厦门无法发展党务，要求林森采取措施解决问题。林派叶独醒去请许春草，许问叶：“子超（林森）叫我去做什么？”叶说：“大概是为了建筑工会的问题，人们向他告状，子超想和你谈谈这个问题，总是希望建筑工会向党部登记，接受党的领导。”许回话说：“独醒兄，你我无话不谈，你回去转告子超，不抵抗者把整个东北断送给日本，你身居政府主席，没听到你说一声正确的话，如今我许春草办一个民众团体，没有向党部登记，你林子超就和我过不去，我绝不去见他。至于登记备案的问题，我的意见是，人民反对暴政，没有必要向政府去登记。孙中山先生反对袁世凯，我就没有听说他去向袁世凯备过案。”

日本占领北平后，企图用威胁利诱的手段迫使吴佩孚出山，但遭到吴的拒绝。日本大本营特务部部长土肥原十分恼火，采取强硬手段强迫吴佩孚召开一次记者招待会。吴佩孚在招待会上，首先亲笔撰写一副长联："得意时清白乃心，不怕死，不积金钱，饮酒赋诗，犹是书生本色；失败后倔强到底，不出洋，不入租界，灌园抱瓮，真个解甲归田。"接着吴向在场的中外记者表示："本人认为今天要讲中日和平，唯有三个先决条件：一、日本无条件地全面撤兵；二、中华民国应保持领土和主权的完整；三、日本应以重庆的国民政府为全面议和交涉对象。"吴的态度，令日方大为尴尬和羞恼。

日本侵占华北后，特务机关长喜多诚一对华北伪政权的建立，以当时住平津的官僚军阀为其理想人选，他计划以靳云鹏、吴佩孚任总统，如二人同时上台，则分任总统、副总统，而以曹汝霖为总理。经过分头接洽之后，靳云鹏用"礼佛有年，无心问世"的话辞谢。吴佩孚说："我诚不能与国民党合作，但也不能在日本保护下治国。如必须要我出山，则须日本退兵，由我来恢复法统。"曹汝霖与喜多及另一特务土肥原都相识，对参加伪组织的问题，他既不敢公然拒绝，更不敢再给自己加一层罪戾，只用"愿以在野之身，赞助新政权的成立"的话与喜多等周旋。正在举棋不定时，蒋介石给他写来一封亲笔信，对他说了一些勉励的话，并嘱他不必离开北平，因此曹决定不在伪府担任实际职务，而思"以晚节挽回前誉之失"。

虚云上人在昆明办滇藏佛教分会时，云南民政长官罗容轩秘访上人，因皈依上人的弟子数十万，多对上人供养。罗从上人处证实上人积蓄过百万，便向上人要钱，虚云带罗容轩出房走进大殿，手指菩萨说："他若开口说给你多少钱，无论多少我都给你！"

1930年秋，国民党某省政府改组。一个北京大学学生请蔡先生向蒋介石推荐他，并托老同学联名致电蔡先生促成。郑天挺记得，蔡元培很快给了回电，只有一句话："我不长'朕即国家'者之焰。"

史量才办《申报》，为政府不喜。他曾延请黎烈文为副刊《自由谈》的主编。黎邀进步作家为《自由谈》执笔，鲁迅、茅盾、巴金等都经常有作品在上面发表，形成文化界一座新堡垒。国民党在上海的头目吴醒亚等曾联名函史氏，要求撤换黎烈文，史置之不理。吴等人只得亲自造访，当面提出撤换要求。史直截了当答复说："感谢诸公为《自由谈》惠临赐教。我想诸公也未必愿将《自由谈》变作《不自由谈》吧。"吴等闻之色变而去。据说蒋介石曾找史谈话，蒋说："把我搞火了，我手下有一百万兵！"史量才冷冷地回答："我手下也有一百万读者！"1934年11月13日下午，史量才遭国民党军统特务暗杀，终年五十四岁。

陈布雷劝徐铸成做官，加入国民党。徐说："参加一政治组织，等于女人决定选择对象，此为终身大事。我对政治素不感兴趣，愿抱独身主义。"

蒋介石曾想拉拢王造时，以为己用。他通过王的江西同乡、国民党元老李烈钧及中央政治大学教授、青年党领袖左舜生出面邀请，王造时婉言谢绝，既不上庐山，也不去南京。蒋不甘心，又派刘健群到上海，软硬兼施企图逼王造时就范。刘健群威胁说：“蚊子嗡嗡叫有什么用呢？只要举手一拍就完蛋了。”王造时回敬说：“对国家大事发表意见是每个公民的权利。”

章太炎晚年，外患日亟。他在讲学时着重宣讲“行己有耻”，议论时政。蒋介石让章的金兰兄弟张继出面，劝“大哥当安心讲学，勿议时事”，章太炎十分生气，他说：“吾老矣，岂复好摘发阴私以示天下不安？……吾辈往日之业，至今且全堕矣，谁实为之？吾辈安得默尔而息也？”“五年以来，当局恶贯已盈，道路侧目。”“栋折榱崩，吾辈亦将受压。而弟欲使人不言，得无效厉王之监谤乎？”

1938 年抗战时期，傅斯年对国民党高层的腐败非常愤慨，他直接上书给蒋，历数时任行政院院长的孔祥熙的诸种贪赃劣迹。蒋不理睬，他便再次上书，态度更坚决。国民参政会也成了他抨击孔的舞台，使得社会同愤，舆论哗然。蒋不得已设宴请傅，问傅对他是否信任，回答信任。蒋说：“你既然信任我，那么就应该信任我所任用的人。”傅说：“委员长我是信任的，至于说因为信任你也就应该信任你所任用的人，那么，砍掉我的脑袋我也不能这样说。”

1940 年，因拒绝参加国民党，俞颂华离开重庆到香港。他说："我们所珍重的是名节……名利身命，粪土而已！"香港沦陷后，他在友人的店中当管账员。在日机的轰炸下，他坦然地对朋友说："吾人所重者，志节。身命土苴耳。今其试验时矣。"

1945年秋，戴笠陪同梅乐斯去东南视察，故意绕道去他的家乡江山县。他们到达一处农家门前停车，下车后，一位老农连忙招呼儿孙们为他们搬出桌椅，叫人冲茶。戴很得意，为表示亲近，他用家乡话和老农交谈起来，满以为会受到更大的欢迎。谁知他的家乡话一出口，老农便问他贵姓，等他说出之后，老农马上大声对他家人说："我道是什么人，原来是戴春风，不要冲茶了。桌椅给我搬进去！"弄得戴笠无法应付，也不知如何叫翻译向梅乐斯解释。随从们责问老农，老农很干脆地说："别的人我们还愿意招待一下，戴春风他自己清楚，他在我们家乡干过什么。他的母亲还住在家里，他敢把我怎样，他还要不要娘？"原来戴笠年轻时为江山县有名的恶棍，家乡人恨之入骨。他虽然发迹了，但有骨气的人始终看不起他。

20世纪50年代，陈寅恪向中国科学院提出两个要求："允许中国史研究所不宗奉马列主义，并不学习政治。""请毛公或刘公给一允许证书，以作挡箭牌。"

1957年，文化部副部长刘芝明要新凤霞跟她的右派丈夫吴祖光离婚，刘说："吴祖光是一个政治上的坏人。"新凤霞说："你们认为他是坏人，我认为他是好人，他对我没坏啊。"

1966年开始的“文化大革命”进入高潮以后，“打倒陈（毅）、姬（鹏飞）、乔（冠华）”的大标语贴满了外交部大院。在外交部的“内部运动”中，乔冠华被造反派批斗多次。有一个时期，他还被迫在北京饭店一侧的王府井街头叫卖小报，形销骨立。乔冠华被揪走以后，有一天他偷偷打电话问龚澎：“造反派逼我写东西怎么办？”龚澎坚定地说：“不要写任何东西，你要是写了，就不要进家门。”

1973年10月，“批林批孔”活动展开。在全国政协学习会上，人们逼梁漱溟表态。八十岁高龄的梁侃侃而谈，从阐述中国文化入手，肯定孔子在中国文化史上的历史地位和学术上的成就，他说：“林彪是不是要走孔子之路、行孔孟之道？我却不敢相信。我不认为林彪是受害于孔子。”“我的态度是：不批孔，但批林。”他的话，完全跟“中央文革”唱反调。消息传开，轰动北京城。全国政协的“批林批孔”发展成了“批梁”。从1974年3月至9月，大小批判会开了100多次。他每会必到，认真倾听，处之泰然，会议的间隙居然还打太极拳。到了9月底，政协开了一次总结性的“批梁”大会。主持人再三要求他谈谈对批判会的感想，他只说了一句话：“三军可夺帅也，匹夫不可夺志！”让主持人目瞪口呆。

马寅初的倔强是出了名的。马寅初常对人说：“言人之所言，那很容易；言人之所欲言，就不太容易；言人之所不敢言，就更难。我就言人之所欲言，言人之所不敢言。”

狂狷第十二

1906 年 7 月，东京留学生开会欢迎章太炎获释出狱到日本。章在欢迎会上说：“大凡非常的议论，不是神经病的人断不能想，就能想，亦不敢说。遇着艰难困苦的时候，不是神经病的人断不能百折不回，孤行己意，所以古来有大学问成大事业的，必得有神经病，才能做到……为这缘故，兄弟承认自己有神经病，也愿诸位同志，人人个个，都有一两分的神经病。”“章疯子”由此有据。

康有为有《草堂示诸子》诗云：“圣统已为刘秀篡，政家并受李斯殃。大同道隐礼经在，未济占成易说亡。良史莫如两司马，传经只有一公羊。群龙无首谁知吉，自有乾元大统长。”

梁鼎芬曾问章太炎：“听说康祖诒欲做皇帝，真的吗？”章答说：“我只听说他想做教主，没听说想做皇帝；其实人有帝王思想，也是常事；只是想做教主，未免想入非非！”梁为之大骇！

韩衍生活清贫，有时穷得靠典当衣物度日。高语罕后来回忆说："先生家住百花亭，一室萧然！他被刺时，还是穿着我的一件旧绸棉袍。""家徒四壁，瓮中只余糙米三升。"韩把自己的事业和生活戏称为："讲地狱学，作天台游。"有一年春节，他在绿云楼贴出"盘古第二，乞丐无双"的对联。

章太炎在东京办《民报》时，陈独秀曾去拜访。章的弟子钱玄同、黄侃在座，听到客来，只好躲入隔壁的房里去。主客谈起清朝汉学的发达，列举戴、段、二王诸人，多出于安徽江苏，不知怎么一转，陈独秀忽而提出湖北，说那里没有出过什么大学者，主人也敷衍说，是呀，没有出什么人。这时黄侃在隔壁大声说："湖北固然没有学者，然而这不就是区区；安徽固然多有学者，然而这也未必就是足下。"主客闻之索然扫兴，随即别去。

新文化运动时，柳亚子响应反孔言论，主张"非孝"，说父子应以兄弟相称。他写诗给儿子柳无忌："狂言非孝万人骂，我独闻之双耳聪。略分自应呼小友，学书休更效尔公。"他还进一步主张废除伦常，在一首诗中说："共和已废君臣义，牙慧羞他说五伦。种种要翻千载案，堂堂还我一完人。"

袁世凯做总统后，以礼贤下士自居。他曾派专使迎王闿运到北京，接见时，命秘书以车恭迎。王闿运穿戴了清代官服蟒袍补褂而入。当汽车抵总统府大门时，其时尚存一牌楼叫"新华门"，王问袁秘书："此何门邪？"告以乃新华门。王说："我观之似新莽门也。"及见袁世凯，袁说："现已民国矣，老先生何以仍作清服？"王笑答："你穿西式服装了，乃夷服也，我着满洲服装，亦夷服也，彼此彼此。”

1915 年，袁世凯加紧复辟帝制的活动。章太炎写信痛斥袁违背就任总统时的誓词。袁接信后，大为震怒，想杀掉他，但恐为舆论所不容，自我解嘲说：“章太炎是疯子，我何必跟他认真呢？”章疯子外号，从此驰名天下。袁死后，章获释南下，云南名士赵藩（成都武侯祠名联作者，素有“病翁”之称）送给他七绝诗一首：“君是浙西章疯子，我乃滇南赵病翁。君岂真疯我岂病？补天浴日此心同。”章太炎对此诗甚为欣赏，晚年常读与人听。

章太炎被袁世凯软禁时，以为自己再无恢复自由的希望，就写了一封很沉痛的信，给他夫人汤国梨女士，信中提到两件事：一是“我死了以后，国粹便中断了”；二是“先人窀穸未安，为莫大憾事”。

陈独秀说：“我只注重我自己独立的思想，不迁就任何人的意见，我在此所发表的言论，已向人广泛声明过，只是我一个人的意见，不代表任何人。我已不隶属任何党派了，不受任何人的命令指使，自作主张自负责任，将来谁是朋友，现在完全不知道。我绝不怕孤立。”

胡适在北京大学讲学时，常与黄侃同宴会。有一次，胡适偶然谈起墨学，黄季刚（黄侃）立即骂道：“今之讲墨学者，皆混账王八。”胡默然无语。过了一会儿，黄侃又说：“就是胡适之尊翁，亦是混账王八。”胡适大怒，谓其辱及先人。黄侃至此大笑说：“且息怒，吾试君耳！吾闻墨子兼爱，是无父也，今君有父，何是以言墨学？余非詈君，聊试之耳。”举座哗然欢笑。

陈翔鹤说，郁达夫跟他们多次逛胡同。郁的方法，是一条胡同、一个班子地慢慢看，先点若干班子的名，然后挑一个姑娘到她屋子里坐坐，或者一个也不挑。有一次，他对一个姑娘说：“让我抱抱吧，我已经有五六个月不亲近女人了！”这个姑娘就向他的怀里坐下去。

杨步伟曾说：“我就是我，不是别人。我是五尺一，不是五尺四。”她少时即“胆大妄为”，上家塾时，启蒙老师说：“孔子曰：‘割不正不食。’”她在饭桌上批评孔夫子浪费东西：“他只吃方块肉，那谁吃他剩下的零零碎碎的边边呢？”结果，父母一顿臭骂，骂她对圣人不恭。她还捉弄先生：“赵钱孙李，先生没米。周吴郑王，先生没床。冯陈褚卫，先生没被。蒋沈韩杨，先生没娘。”被长辈斥为没有规矩的“万人嫌”。

1926 年，陶行知为中华教育改进社起草《改造全国乡村教育宣言书》，提出口号：“要筹募一百万元基金，征集一百万位同志，提倡一百万所学校，改造一百万个乡村。”

唐兰博学。民国时期，他在天津家馆任教之余，还给天津《商报》办学术性副刊，稿件全由他一人包办，用不同笔名发表，内容涉及经学、小学、诸子、金石、校勘以及诗词等。吴其昌曾对他壮语：“当今学人中，博极群书者有四个人，梁任公、陈寅恪、一个你、一个我！”

邓之诚性情狷介，对同辈人多所臧否，在课堂上经常说：“城里头有个胡适。”他对学问要求甚严，常说：“研究学问每年都要有所长进。”

鲁迅的脾气是很倔的。曾有鲁迅不愿见者上门求见，鲁迅让保姆告诉来人说他不在，来人却声称他亲见鲁迅回了家才来敲门的，鲁迅大怒，大声向保姆说：“你去告诉他：说我不在是对他客气！”夏衍曾回忆说，鲁迅不喜欢田汉。一次，内山完造在一家闽菜馆欢迎日本左翼作家中的领袖人物藤森成吉，鲁迅、茅盾、田汉、夏衍等人都在座，田汉对藤森成吉大谈自己与日本唯美主义“恶魔派”作家谷崎润一郎的交情。鲁迅很反感，低声对夏衍说：“看来，又要唱戏了。”他起身退席，给田汉一个很大的难堪。

华罗庚读初二时，国文老师是胡适的崇拜者，要学生读胡适的作品，并写读后心得。分配给他读的，是胡适的《尝试集》。华罗庚只看了胡适在《尝试集》前面的“序诗”，就掩卷不看了。那序诗是：“尝试成功自古无，放翁此言未必是。我今为之转一语，自古成功在尝试。”他的“读后心得”说：“这首诗中的两个‘尝试’，概念是根本不同的，第一个‘尝试’是‘只试一次’的‘尝试’，第二个‘尝试’则是经过无数次的‘尝试’了。胡适对‘尝试’的观念尚且混淆，他的《尝试集》还值得我读吗？”

梁实秋听梁启超演讲，见任公走上讲台，打开他的讲稿，眼光向下面一扫，然后是他的极简短的开场白，一共只有两句，头一句是：“启超没有什么学问——”眼睛向上一翻，轻轻点一下头：“可是也有一点喽！”

黄侃在中央大学教书时，最初尚受尊敬，后来朱骝先（朱家骅）做校长，朱是党国机要，无暇顾及对他的礼貌，黄勃然大怒，说是师道沦亡，一定要卷行李滚蛋。国文系再三挽留，朱骝先也亲自出马挽留，他还不肯，写信给他的学生们：“……但既已恳辞于前，又复勉留于后，直视去就如儿戏，诸生何取焉？‘慎尔优游，勉尔遁思’，诸生爱我，当为我咏也。”

郭沫若和郁达夫编辑《创造季刊》，销路不好，他们去问时，书店老板很冷淡地答复他们：“二千本书只销掉一千五。”他们二人很伤感，立刻跑到街上喝酒，连饮三家酒店，还没大醉。走在上海平滑如砥的静安寺路上，时有兜风汽车飞驰而过，郁达夫突然跑向街中间，向着一辆飞来的汽车，以手指做手枪状，大呼道：“我要枪毙你们这些资本家。”郭沫若则伤心两人是“孤竹君之二子”。

闻一多父母为其在乡下娶妻，使得闻极为不满。但诗人的怨愤发泄完了，叛逆的情绪宣泄够了，他还是尊重礼法，服膺传统，仅以“必须改造他那乡间的新婚妻子”，作为他不得不维系这桩非心甘情愿婚姻的条件。他跟父母说："……我为大人牺牲，是我应当并且心愿的，如今唯敢求于两大人者，只此让我妇早归求学一事耳。大人爱子心切，当不致藐视此情也……如两大人必固执俗思，我敢倡不孝之名，谓两大人为麻木不仁也！"

陈梦家是闻一多的学生，同样不修边幅，二人相处颇为相得。有一次，闻写一短简给陈，称之为"梦家吾弟"，陈回称他为"一多吾兄"，闻一多大怒，把他大训了一顿。在这种礼节方面，闻一多是不肯稍予假借的。

熊十力狂妄。殷海光拜访他，谈起冯友兰、胡适和金岳霖。熊十力对三位学人都不放在眼里，他说胡适的科学知识不如"老夫"，冯友兰不识字，金岳霖所讲是戏论。听罢此语，即使对熊十力盛气凌人已有所闻的殷海光也感意外。

1941年圣诞节，日本军队袭入香港。经过九死一生的挣扎，梁漱溟终于逃脱虎口。他乘船逆西江而上进入广西。安全抵达国统区以后，他在给儿子的信中写道："前人云：'为往圣继绝学，为万世开太平。'此正是我一生的使命。《人心与人生》等三本书要写成，我乃可以死得，现在则不能死。又今后的中国大局以至建国工作，亦正需要我，我不能死。我若死，天地将为之变色，历史将为之改辙，那是不可想象的、万不会有的事。"这一番话，遭到了包括熊十力在内的许多人讥评，而梁漱溟却回答他的朋友说："狂则有之，疯则未也。"

叶浅予自学成才，对学院派言论敏感。他与徐悲鸿初次见面，徐无意中给他留下狂傲自大的印象。徐认为，中国画的造型基础是素描，要改造革新中国画非得从素描写实入手，而当时中国画坛上，能画素描的只有两个半人：一个是蒋兆和，一个是他自己，还有半个是梁鼎铭。叶浅予听了很不舒服。

冒效鲁为人狂傲，逾于其父。他每次读家父诗文，必指摘之，连说不通不通，老人亦只能默认而已。因其国学造诣深厚，故敢如此。凡有自命不凡文人雅士者，以诗文就正时，他至多读三行，就会说好好，然后退还给人了。有一年，冒求太极名家乐幻智为之医病，乐以气功治愈后，二人畅谈虚字语助词，乐云："读通《论语》，虚字也通了。"冒效鲁自此称乐老师不已，并对人说："斯人非徒以拳术鸣也。"

王实味到延安后，做了特别研究员。当时延安物资匮乏，特别研究员的待遇相当高。毛泽东每月拿五元津贴，王实味可拿到四元半，比当时边区政府主席林伯渠还多半块。当时边区棉布缺乏，大家都穿土布，从外面买来的少量斜纹布做的衣服，主要是给领导、学者穿，这就是当时的"干部服"，作为特别研究员的王实味也享受这一待遇。1941 年冬季，发棉衣时，王因瘦削，没领到合适的干部服，他就跟着范文澜在中央研究院从前山吵到后山，从山下闹到山上，最后范把自己的一份给了王才平息风波。王实味只要了帽子，因为范文澜个子大，他的衣服王根本不能穿。

塞克为延安四怪之一。毛泽东曾派李卓然上门邀请塞克到毛住处晤谈，被塞克拒绝，原因是：有拿枪站岗的地方他不去。这事很快传开来，后来邓发劝他说："去吧，不去不好的。"邓发还主动愿意陪塞克一起去，这样塞克就同意去了。在去杨家岭的路上，有相熟的人笑问："塞克同志，你去杨家岭吗？"塞克听了很不好意思。

冼星海拙于言辞，表面看近于木讷，内心热情似火。他到了延安，跟周围环境时时发生冲突。有时，他无处发泄，就将隔壁人家飞来的小鸡打得满屋乱飞，他负气地对人说："保证我吃鸡，否则一行也写不出。"

抗战胜利后不久，胡秋原给美国驻华大使赫尔利写信，抗议"美国不应为了自己的利益而牺牲中国领土的主权完整"。赫尔利邀请他面谈，胡到了大使馆把赫尔利驳得体无完肤，赫氏就顾左右而言他。胡秋原打断他说："如果大使先生没有其他问题的话，我要告辞了！"赫恭敬送胡出门，说："胡先生，你是我见到的中国人中，罕见的勇者。"胡答："不对，像我这样的中国人多得很，只是大使先生在酒会或宴会上少见而已。"

李敖的名言之一便是："中国的白话文，五十年来和五百年内，前三名是李敖、李敖、李敖。"他自称：有话直说，有屁直放，小心求证，当仁不让。他为自己做广告说："嘴巴上骂我吹牛的人，心里都为我供了牌位。"

叶公超有名士风范，他做“外交部部长”时，笑呵呵地公开宣布：“我一天只看五件公文，其他的都不必送上来了。”而他被蒋介石训斥后，回到部里必定训斥“司长”。有人说：“他的脾气一天有如春夏秋冬四季，你拿不准去见他时会遇到哪一季，大家凭运气，可能上午去看时还好好的，下午就被骂出来了。”

“雷震案”之后，在公开场合下，殷海光常常独自不语，见到一些老友时，脸上也显得一片“冷漠”。傅乐成有一次与之谈及“雷震案”，殷海光只说了一句：“怎么得了啊！”这时他的心情，正像当年在西南联大那个寒夜中长吟李白的那首诗一样，“拔剑四顾心茫然”，颇为绝望。后来殷海光生病，傅乐成与杜维运去医院看他，“他只是微笑，不发一言；继而维运兄也上前搭讪，态度仍是一样，弄得我们十分尴尬”。离开医院，傅乐成无奈地对杜维运说：“你看他像不像苏格拉底？”

“文革”后，萧军复出。他在讲话中说：“我是30年代的人物，想不到三十年来竟埋在土里……从1949年起，我就被埋在土里了，现在从土里爬出来，东北老乡叫我‘出土文物’，我是会说话的出土文物……”老年萧军仍爱打抱不平，一次朋友父子都被街上流氓所欺，被打得头破血流。萧知道后，怒不可遏，带了两个小伙子，对着打人的流氓家门连续叫骂，要他滚出来，见个高低，否则，就不是他老子的“种”。打人者缩了头没出来，老朋友竟也再没受到欺负了。萧军说，对于狼和咬人的狗只能用棍棒教训它们，而不能礼让；对于流氓，就应该比流氓更流氓些。他信奉一句俗语：有理讲倒人，无理打倒人。

聂绀弩在文怀沙家看见钱锺书送文的诗作，其中有“非陌非阡非道路，亦狂亦侠亦温文”一联，第二天就送来了题赠钱锺书诗一首：“诗史诗笺岂易分，奇思妙喻玉缤纷。倒翻陆海潘江水，淹死一穷二白文。真陌真阡真道路，不衫不履不头巾。吾诗未选知何故，晚近千年非宋人。”钱看后颇为欣赏，以为聂有王船山的风味，并为聂绀弩诵出王诗：“六经责我开生面，七尺从天乞活埋。”

钱锺书拒绝新闻界采访，他的名言是：“假如你吃了个鸡蛋，觉得好吃，这就行了。何必要看生蛋的鸡是什么模样？”他也从不做寿。在他八十岁要过生日时，家中的电话一度闹翻了天。学士通人，亲朋好友，机关团体，纷纷要给他祝寿，他所在的中国社会科学院还准备为他开一个纪念会或学术讨论会，但钱一律坚辞。对这类活动，他早已有言在先：“不必花些不明不白的钱，找些不三不四的人，说些不痛不痒的话。”

识见第十三

徐继畬著有《瀛寰志略》。老友郭嵩焘读后认为，徐赞美西方言过其实，刻意夸大其词。后来郭出使欧洲，方知其言非虚，感叹道："徐先生未历西土，所言乃确实如是，且早吾辈二十余年，非深识远谋加人一等乎？"

光绪戊寅（1878），曾纪泽奉简出使英法大臣，召对时，言及教案。曾氏谓："中国臣民，常恨洋人，不消说了。但须徐图自强，乃能有济，断非毁一教堂，杀一洋人，便算报仇雪耻。"西太后说："可不是吗？我们此仇，何能一日忘记，但是慢慢要自强起来。你方才的话说得很明白，断非杀一人，烧一屋就算报了仇的。"

庚子事变后，袁世凯访荣禄。两人对"立宪""练兵"做过一番深谈。袁氏归后，对心腹说："满员中止一荣中堂，而暮气已甚。余则非尸居，亦乳臭耳，尚何能为？"荣禄则对同僚说："此人有大志，吾在，尚可驾驭之。"

王韬说："见世之所称为儒者，非虚骄狂放，即拘墟固陋，自帖括之外，一无所知，而反嚣然自以为足，及出而涉世，则忮惟险狠，阴贼乖戾，心胸深阻，有如城府，求所谓旷朗坦白者，千百中不得一二。”

陈范初掌《苏报》，以妹夫，也是朋友的汪文溥为主笔，他自己和儿子陈仲彝编发新闻，兼写论说，女儿陈撷芬也“打横而坐”，编小品、诗词之类副刊。包天笑称之为“合家欢”。在“思以清议救天下”的陈范手里，《苏报》成为上海重要的中文日报。康梁变法失败后，康有为由维新转向保皇，陈对汪文溥说：“中国在势当改革，而康君所持非也，君盖偕我以文学饷国人，俾无再如迷途。”《苏报》言论从此转向革命。

潘祖荫、翁同龢（字叔平）都以好士知名。潘为人朴实，翁则客气，潘真率，翁则一味蔼然，虽其门下士子亦无不答拜，且多下轿深谈者。潘祖荫对王伯恭说：“翁叔平虽然做了皇上的老师，其为人专以巧妙用事，不可全信之也。”“吾与彼皆同时贵公子，总角之交，对我犹用巧妙，他可知矣。将来必以巧妙败，君姑验之。”他后来又说：“翁叔平实无知人之才，而欲博公卿好士之名，实愚不可及。”

蔡元培任民国教育总长时，范源濂任次长，他们办教育的方法相对立。范说：“小学没有办好，怎么能有好中学？中学没有办好，怎么能有好的大学？所以我们的第一步，当先把小学整顿。”蔡元培说：“没有好大学，中学师资哪里来？没有好中学，小学师资哪里来？所以我们第一步，当先把大学整顿。”两人意见合起来，就是由小学至大学，没有一方面不整顿。

近代中国，奇女子无数。晚清有吴孟班者，人称“女中杰也，有大志，娴文学，通西语”。她曾经“有身，自堕之”，其丈夫为之惊骇，吴说：“养此子须二十年后乃成一人才，若我则五年后可以成一人才。君何厚于二十年外之人才，而薄于五年内之人才？且君与我情非能尽父母之责任者，不如已也。”

李宗吾考察中外古今的历史，发现从古及今的大人先生们没有一个人脱出厚黑范畴之外。最初的灵感来自三国英雄。他说，曹操的特长全在心黑，他杀孔融，杀杨修，杀董承、伏完，又杀皇后、皇子，什么都不畏惧，真是心黑到了极点。刘备的成功全靠脸皮厚，依附这个依附那个，而且生平善哭。他们一个心肝最黑，一个脸皮最厚，并为双绝，谁也奈何不了谁。而孙权呢，心黑比曹操差一点儿，脸皮比刘备薄一点儿（比常人还是厚多了），于是三人谁也降服不了谁，只能将天下一分为三。他以此为起点发明了厚黑学，并自封厚黑教主。别人问他为什么骂人，他就说：“我哪里敢骂人？我是在骂自己。”

张伯苓比较了美国与德国“一战”时的交战情况：“比起来德国是整齐，美国是散漫，然而美能胜德，其中不无原因。德国人为机械的，其脑筋为兵官，其灵魂为国，为大皇帝，为国魂；美国人则一人算一个，如不打即不打，打则手脚打，脑筋亦打，灵魂亦打。这个分别，一个是机械的，一个是主体的，德国人是有头有户，美国人则纯然是民主精神，个人都为头，组织起来则整然有序，散之则各自为主。”

林琴南古文情调的译述倾倒过一代人，本人却有怪脾气。他曾九谒崇陵（德宗陵），自称“清室遗民”，而又是赞成共和制度的一人。民国初立，他毅然剪去辫发以为诸老倡。民国六年（1917）张勋复辟，他劝告同乡人陈宝琛、郑孝胥，说是此举不仅足以危害国家，且足以危害清室。对自己矛盾的行为，他解释说：“我中过举人，已受前清功名，所以自觉是一个遗民了，我承认我的思想太落伍，但做人的方法不可不如此。”

1914年3月15日，河南宝丰人白朗在起义的布告中说：“我国自改革以来，神奸主政，民气不扬。虽托名共和，实厉行专制。本都督辍耕而太息者久之。因是纠集豪杰，为民请命。”并提出要“逐走袁世凯，以设立完美之政府”。

1917年，胡适从美国留学回来，他在横滨渡船时看到张勋复辟的消息，大为感慨地说：“看来中国根本的问题不是一个制度问题，而是人的素质、文化观念问题。”他决心回国以后二十年不谈政治，只谈用文艺重新塑造国民的灵魂。

1918年4月，新民学会成立不久，会员中一些有抱负的青年，积极组织到法国勤工俭学。毛泽东为此进行了多方面的活动，但在启程前几天，他告诉大家，他决定不去法国。毛在给周世钊的一封信中，对此解释说：“我觉得实在没有‘必要在什么地方’的理，‘出洋’两个字，在好些人只是一种‘迷’。中国出过洋的总不下几万乃至几十万，好的实在很少。多数呢？仍旧是糊涂，仍旧是‘莫名其妙’，这便是一个具体的证据。我曾以此问过胡适之和黎劭西两位，他们都以我的意见为然，胡适之并且做过一篇《非留学篇》。”

1919年年初，王光祈怀疑英美的资本主义制度“究竟与大多数人的幸福有无关系”。他对朋友说，这些国家“造成一种世界无敌的财阀，一般平民生活于这种财阀之下，与我们生活于军阀之下同是一样痛苦”。他理想的社会，“是宜在个人自由主义之下，为一种互助的、自由的、快乐的结合”。

冯至听鲁迅讲课，感到鲁迅对历史人物的评价跟传统的说法很不同。如谈到秦始皇，鲁迅说：“许多史书对人物的评价是靠不住的。历代王朝，统治时间长的，评论者都是本朝的人，对他们本朝的皇帝多半是歌功颂德；统治时间短的，那朝代的皇帝就很容易被贬为‘暴君’，因为评论者是另一个朝代的人了。秦始皇在历史上有贡献，但是吃了秦朝年代太短的亏。”谈到曹操时，他说：“曹操被《三国演义》糟蹋得不成样子。且不说他在政治改革方面有不少的建树，就是他的为人，也不是小说和戏曲中歪曲的那样。像祢衡那样狂妄的人，我若是曹操，早就把他杀掉了。”

孙中山曾说：“我向英国和美国求救，他们站在河岸上嘲笑我，这时候漂来俄国这根稻草，因为要淹死了，所以抓住它。美国和英国在岸上大喊，千万不要抓住那根稻草。”

周作人看重历史，他说：“我虽不大有什么历史癖，却是很有点儿历史迷的。我始终相信《二十四史》是一部好书，它很诚恳地告诉我们过去曾如此，现在是如此，将来要如此。”周作人对群众也失去信心了，他说：“我是不相信群众的，群众就只是暴君与顺民的平均罢了。”

蒋廷黻对军阀不满，问丁文江：“这些人搞政治会产生什么好结果？”丁文江责备他说：“廷黻，你不懂军人。你没有资格责备他们，我了解他们，他们很多是我的朋友。我可以告诉你，如果他们中任何一个有你那样的教育程度，他们一定可以，而且绝对可以比你对国家有贡献。”

张国焘曾和陈独秀为党务争吵。一次，陈独秀气愤地对张国焘说：“你为何向马林提出劳动组合书记部的计划和预算，对于工作人员还规定薪给，这等于雇佣革命。中国革命一切要我们自己负责的，所有党员都应无报酬地为党服务，这是我们所要坚持的立场。”张国焘冷笑说：“我看你虽然不赞成无政府主义，却脱不了无政府主义的影响。”陈独秀更生气了：“我怎样是无政府主义者？”

丁文江主张直接干预、改良政治制度。他说：“我们中国政治的混乱，不是因为国民程度幼稚，不是因为政客官僚腐败，不是因为武人军阀专横——是因为‘少数人’没有责任心而且没有负责能力。”胡适支持丁文江，打破了不谈政治的誓言，“我实在忍不住了”，他在北京大学做“好人政府主义”演讲：“好人不出头，坏人背了世界走。”

1923年，蒋百里与龚浩回北京。途经徐州，蒋忽然若有所感：“将来有这么一天，我们对日作战，津浦、京汉两路必被日军占领。我们国防应以三阳为据点，即洛阳、襄阳、衡阳。”龚听了这个神话般的怪论，觉得蒋太敏感，自忖“将来中日两国开战，无论怎样，我们的半壁江山不会沦于敌手”。

顾维钧以为中国的事情难办，尤其外交难办。内政的对象是人民，外交的对象是与国。在内政上有时可以开大价钱，可以开空头支票，反正人民无知无力，对你也莫可如何。至于外交，那就得货真价实，不能假一点儿，不能要大价钱，否则就会自讨没趣，自食其果。他曾说：“中国的外交，从巴黎和会以来，我经手的就很多。所犯的毛病，就是大家乱要价钱，不愿意吃明亏，结果吃暗亏；不愿意吃小亏，结果吃大亏。”在某些外交事件中，群众情绪激昂，喊出了“宁为玉碎，不为瓦全”的口号。顾维钧对这一点最为反感。他说：“一个民族，一个国家，是子孙万代的事。我们这一代的人，只能当这一代人的家，哪里能当子孙万代的家？个人还可以‘玉碎’，一个民族，是‘玉碎’不得的。”

陈独秀最后一次被捕，替他做辩护的律师是甲寅派首领古文家章士钊。其辩护词随后在上海《申报》发表，标题是：“党即国家乎？”章士钊说，陈独秀“非危害国家也，国民党不能代表国家，是为二物。陈氏反国民党，不反国家，何危害民国可言乎”？

1931 年年底，朱家骅被任命为教育部部长。他掌管全国文教，颇有建树。他的信念是：“我们教书的今天参加中枢政治，至少要为文教方面做点儿事。”他注重教育改革，努力促进中国教育制度的现代化，他说，高等教育“应求充实，勿事铺张，必须提高研究学术之程度，并注意于实用人才之培植”；中等教育“应切合社会需要，救济国民生计”，同时，“对于成年文盲之充斥，须力谋扫除”。

1932 年，许德珩出狱不久，杨杏佛找到他，要他参加民权保障同盟。许说：“我自己的人权都保障不了，还保障人家的民权？”杨杏佛答说：“我们就是需要你这样的人来保障民权。”

1933 年，离柔石等“左联五烈士”被杀害已整整两年，当时的报章都不敢载这事。《现代》杂志编辑施蛰存后来回忆说，鲁迅的名文《为了忘却的记念》，“曾在两个杂志的编辑室里搁了好几天，编辑先生不敢用，才转给我”。施也“有点踌躇”“不敢决断”，“请老板张静庐先生拿主意。张读后沉吟不决，考虑了两三天，毅然决定：上！那理由是：一舍不得鲁迅这篇异乎寻常的杰作被扼杀，或被别的刊物取得发表的荣誉；二经仔细研究，这篇文章没有直接触犯统治者的语句，在租界里发表，顶不上什么大罪名”。

傅斯年曾对胡适说：“我们自己要有办法，一入政府即全无办法。与其入政府，不如组党；与其组党，不如办报。”“我们是要奋斗的，唯其如此，应永远在野，盖一入政府，无法奋斗也。”

鲁迅去世后，叶公超花了几个星期的时间，把鲁迅的所有作品重读一遍。叶赞扬说：“我有时读他的杂感文字，一方面感到他的文字好，同时又感到他所‘瞄准’（鲁迅最爱用各种军事名词）的对象实在不值得一颗子弹。骂他的人和被他骂的人实在没有一个在任何方面是与他同等的。”胡适责怪叶公超说：“鲁迅生前吐痰都不会吐在你头上，你为什么写那样长的文章捧他？”叶说：“人归人，文章归文章，不能因人而否定其文学的成就。”

张学良自知发动西安事变是闯祸，是做错事，他曾说，那是东北人鲁莽、捅娄子的性格所引起的。不过，他也同意当年王芸生对他发动西安事变的评价。王芸生在《大公报》上这样说：“明白的人不用辩，糊涂的人辩什么？”“换了任何人都会这样做！”

蒋百里曾说，中国民族夙非以武力见长，民族历史不以武功著称；但每从自卫上发出力量来，亦能战胜强敌，也就是说中国不能打侵略战争，而长于自卫。“七七事变”后，蒋百里常说：“打不了，也要打；打败了就退，退了还是打；五年、八年、十年总坚持打下去；不论打到什么天地，穷尽输光不要紧，千千万万就是不要向他妥协，最后胜利定归是我们的。你不相信，你可以睁眼看着；我们都会看得见的，除非你是一个短命鬼。”蒋的话几乎是传诵一时。

抗战初期，朱家骅主政浙江。日军占领杭州前，国民党为实行“焦土抗战”，曾准备焚毁杭州。朱家骅极力反对，他多次对下属说：“外面焦土抗战的风气很盛，一旦杭州撤退时，你们一定要防止。”并布置人手严防，使该计划未得实施。朱家骅认为这地方上的财产总还是中国的，不能将自己的城市付之一炬。

1938年8月，胡适写信给周作人，说他梦见苦雨斋中吃茶的老僧飘然一杖天南行，“天南万里岂不大辛苦？只为智者识得轻与重”。周作人答说：“老僧始终是个老僧，希望将来见得居士的面。”

王陆一系“三原才子”，于右任的得力助手。孙中山奉安南京时，征哀词，应者数百，唯王的哀文膺选，受世人称赞。他后来被选为国民党中央执行委员、秦晋监察使，不幸英年早逝。不少人提出为王立碑纪念，时值抗战国难，关中复又大旱，饥民载道，看到老百姓如此凄惶，于右任对倡议者说：“还是省几个钱，让百姓多喝几碗粥吧！”

1941年5月，《大公报》获得美国密苏里大学新闻学院颁发的奖章，这是一个世界性的荣誉。张季鸾在《本社同人的声明》中说：“中国报，有一点与各国不同。就是各国的报是作为一种大的实业经营，而中国报原则上是文人论政的机关，不是实业机关。这一点，可以说中国落后，但也可以说是特长。”

雷海宗认为，中国知识分子在太平盛世可靠皇帝与团体间无形的组织维持自己的势力，天下一乱，他们就失去自立自主的能力，大权就转移到流氓的手中。士大夫最多守成，无应付局面的能力。乱世士大夫的行为几乎都是误国祸国的行为。从东汉末年的党祸、宋朝的新旧党争直到明末的东林党，“都是在严重的内忧或外患之下的结党营私行为。起初的动机无论是否纯粹，到后来都成为意气与权力的竞争；大家都宁可误国，也不肯牺牲自己的意见与颜面，当然更不肯放弃自己的私利。各党各派所谈的都是些主观上并不诚恳、客观上不切实际的高调”。

陈寅恪说：“综观史乘，凡士大夫阶级之转移升降，往往与道德标准及社会风习之变迁有关。当其新旧递嬗之间季，常呈一纷纭错综之情态，即新道德标准与旧道德标准，新社会风习与旧社会风习并存杂用。各是其是，而互非其非也。斯诚亦事实之无可如何者。虽然，值此道德标准社会风习纷乱变易之时，此转移升降之士大夫阶级之人，有贤不肖拙巧之分别，而其贤者拙者，常感受苦痛，终于消灭而后已。其不肖者巧者，则多享受欢乐，往往富贵荣显，身泰名遂。其何故也？由于善利用或不善利用此两种以上不同之标准及习俗，以应付此环境而已。”

开罗会议，蒋介石夫妇对英国不援助中国的老底看穿。蒋在日记中说：“开罗会议之经验，英国决不肯牺牲丝毫利益以济他人……英国之自私与贻害，诚不愧为帝国主义楷模也。”

张季鸾看重记者的作用，他对徐铸成说：“成熟的记者应该是第一等的政治家，美国的总统候选人不是有许多做过记者的吗？”他又说：“我们报人不可妄自菲薄，报人的修养与政治家的修养实在是一样的，而报人感觉之锐敏、注意之广泛或过之。”

张季鸾以国士自许，他对王芸生说：“只要不碰蒋先生，任何人都可以骂。”

晏阳初说：如果你想在教育上或其他领域内提倡新思想和新制度，那就最好不要介入政治，这样，你才有做实验的绝对自由，这是能充分发挥自己智慧的唯一方法，否则，你就会由于放弃原则而失败。

唐德刚认为，胡适论政是“以小常识谈大问题”，他说，胡适对民主政治是只求“形似”而忘其神：“胡先生的政治言论在理论上和实际上都是相当空泛的，甚至是一些没有经过‘小心求证’的‘大胆假设’！”唐最不满胡适的是他并没有自己的思想，只满足于对杜威等西方人士的介绍，“胡博士在思想上的成就，应该与马（克思）、杜（威）两博士三分天下，才算好汉！……胡博士不此之图，而却在马、杜两博士之间，搞‘拉一派、打一派’的勾当，那就未免低首下人，自暴自弃了”。

1962年，杨振宁跟父母在日内瓦见面，当时杨在美国，很少知道中国的实际情形。杨父说中华人民共和国使中国人真正站起来了，从前不会做一根针，今天可以制造汽车和飞机；从前常常有水灾、旱灾，动辄死去几百万人，今天完全没有了；从前文盲遍野，今天至少城市里面所有小孩都能上学。从前……今天……正说得高兴，杨母打断了他的话说：“你不要专讲这些。我摸黑起来去买豆腐，排队站了三个钟头，还只能买到两块不整齐的，有什么好？”

台湾学术界主流曾对钱穆有“牢不可破的成见”，而杨联陞对钱却极为推重，说：“钱先生的中国学术思想史博大精深，并世无人能出其右。”杨认为，钱穆的《朱子新学案》提纲，“胡适之恐怕是写不出来的”。

贾植芳跟胡风感情极深。胡风逝世之后，他极为悲痛，在追悼会上号啕大哭，不能自制。但他认为，胡风有忠君思想，并为此所累。他挽胡风联说：“焦大多嘴吃马粪，贾府多少有点儿人道主义；阿Q革命遭枪毙，民国原来是块假的招牌。”

沈从文访问美国人，老朋友钟开莱对他说：“你在《从文自传》中写杀人，让犯人掷筊决定生死，说犯人活下来的机会占三分之二（阳筊、顺筊：开释；阴筊：杀头），那不对，应该是四分之三（阳筊一，顺筊二：一阴一阳与一阳一阴；阴筊一）。”

阿城说：我的许多朋友常说，以中国大陆无产阶级“文化大革命”的酷烈，大作家大作品当会出现在“上山下乡”这一代，我想这是一种误解，因为无产阶级“文化大革命”的文化本质是狭窄与无知，反对它的人很容易被它的本质限制，而在意识上变得与它一样高矮肥瘦……又不妨说，近年评家说先锋小说颠覆了大陆的权威话语，可是颠覆那么枯瘦的话语的结果，搞不好也是枯瘦，就好比颠覆中学生范文会怎么样呢？

1993年，张五常陪弗里德曼来中国，去了成都，与当时的四川省省长聊天。弗里德曼非常善辩，张五常认为他是20世纪最伟大的辩论家之一，可是省长先生驳倒了他。弗里德曼说：“如果你想把老鼠的尾巴砍断的话，不要慢慢地一截截地砍，一下砍掉就行了。长痛不如短痛嘛。”省长反驳说：“亲爱的教授，您知道我们中国的老鼠是不同的，它们有很多不同的尾巴互相缠在一起，您先砍哪一根？”弗里德曼没有办法回答他的问题。张五常说，他当时只是翻译，不想让教授难堪，所以没有说话。他的答案是：把所有的尾巴都一同砍掉。

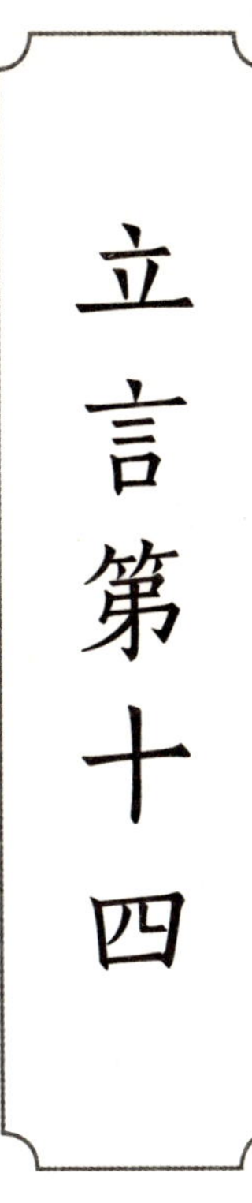
立言第十四

王照说：“中国之大，竟寻不出几个明白的人，可叹可叹！”

曾国藩在家书中说：“吾辈读书，只有两事。一者进德之事，讲求乎诚正修齐之道，以图无忝所生；一者修业之事，操习乎记诵词章之术，以图自卫其身。”

王茂荫是晚清朝中为数不多的精通经济问题的官员，他敏锐地认识到货币的价格和价值相分离的特征，并上升到“以实论虚”的理论高度，即坚持货币的金本位。他是《资本论》中唯一提到的中国人。他有一句名言：“官能定钱之值，而不能限物之值。钱当千，民不敢以为百；物值百，民不难以为千。”

孙家鼐所说：“中学有未备者，以西学补之；中学有失传者，以西学还之。”

在《盛世危言》中，郑观应专设一章谈论商战。他说：“习兵战不如习商战。”“兵之并吞祸人易觉，商之掊克敝国无形。我之商务一日不兴，则彼之贪谋一日不辍。”

张之洞说："旧者因噎而食废，新者歧多而羊亡。旧者不知通，新者不知本。不知通，则无应敌制变之术；不知本，则有菲薄名教之心。"

1907年，陕西留学生党松年等人在东京创办《秦陇》杂志，请张凤翙写稿。张说："你们这些醋桶子用笔杆子革命，我们军人革命，要用枪杆子。"一笑了之。

袁世凯自挽："为日本去一大敌，看中国再造共和。"

1916年11月8日，蔡锷溘然长逝，年仅三十四岁，去世前口授蒋百里代写遗电："一、愿我人民、政府协力一心，采有希望之积极政策；二、意见多由于争权力，愿为民望者以道德爱国；三、在川阵亡将士及出力人员，恳饬罗、戴两君核实呈请恤奖，以昭激励；四、锷以短命，未克尽力民国，应行薄葬。"

孙中山遗嘱："余致力国民革命，凡四十年，其目的在求中国之自由平等。积四十年之经验，深知欲达到此目的，必须唤起民众，及联合世界上平等待我之民族，共同奋斗。现在革命尚未成功，凡我同志，务须依照余所著《建国方略》《建国大纲》《三民主义》及《第一次全国代表大会宣言》，继续努力，以求贯彻。最近主张开国民会议及废除不平等条约，尤须于最短期间，促其实现，是所至嘱！"

辜鸿铭说："华夏文化的精神在于一种良民宗教，在于每个妇人都无私地绝对地忠诚其丈夫，忠诚的含义包括帮他纳妾；每个男人都无私地绝对地忠诚其君主、国王或皇帝，无私的含义包括奉献出自己的屁股。”

鲁迅说：“凡是愚弱的国民，即使体格如何健全，如何茁壮，也只能做毫无意义的示众的材料和看客，病死多少是不必以为不幸的。所以我们的第一要著，是在改变他们的精神……”

林纾曾说：“古文之不当废，吾知其理，而不能言其所以然。”

王国维说：“无高尚伟大之人格，而有高尚伟大之文章者，殆未之有也。”

李大钊说：“人生最大的快乐，莫过于在最艰难的时候改造国运。”

丁文江最恨靠政治吃饭的政客，他说：“我们是救火的，不是趁火打劫的。”

陈光甫说：“天地间事物有重于金钱者，好感是也。能得一人之好感，远胜于得一人之金钱。”“上天不负苦心人，为社会服务，利在其中矣。”

张作霖被日本人炸伤，临死前对卢夫人说：“我受伤太重了，两条腿都没了（其实他的腿并没有断），恐怕不行啦！告诉小六子（张学良乳名）以国家为重，好好地干吧！我这臭皮囊不算什么，叫小六子快回奉天。”

顾颉刚说，中国的古史是一篇糊涂账，两千年来随口编造。时代愈后传说中的中心人物愈放愈大。如舜在孔子时只是一个“无为而治”的圣君，到《尧典》里就成了一个“家齐而后国治”的圣人，到孟子时就成了一个孝子的模范。顾称这种现象为“层累地造成的中国古史”。

梁漱溟认为，中国文化之伟大非他，只是人类理性之伟大。中国文化的缺欠，却非理性的缺欠，而是理性早启、文化早熟的缺欠。

王国维遗言：“五十之年，只欠一死。经此事变，义无再辱。我死后当草草棺殓，即行藁葬于清华茔地。”

鲁迅批评借保存国粹而维护专制政治的“国粹派”，他说：“我们要保存国粹，须得国粹也能保存我们。”

何键曾把“铲共”“清乡”作为湖南省的中心任务。他把全省划为二十二个团防区，各区设指挥一人，大都以县长兼任，并以清乡反共的成绩作为考核县长的主要标准。他说：“当县长就要不怕杀人，婆婆妈妈当什么县长！任用县长就要看这一条。”

许春草有个理想，就是要求正义如大水滔滔，公平如江河滚滚，畅流无阻在祖国大地之上。他原是个泥水工，参加过辛亥革命、讨伐袁世凯、讨伐陈炯明、抗日等各个近代史上重要的斗争。他有几句名言，一曰：人民反对暴政不必向政府备案；二曰：有公愤无私仇；三曰：不与魔鬼结盟，不与罪恶击掌；四曰：对付外国侵略，有钱出钱，有力出力，无钱无力出命，“我出命”。

张爱玲说：“出名要趁早呀！来得太晚的话，快乐也不那么痛快。”

鲁迅死前在病榻上完成散文《死》，并在该文稿上立下了著名“遗言”：一、不得因为丧事，收受任何人的一文钱。二、赶快收殓，埋掉，拉倒。三、不要做任何关于纪念的事。四、忘记我，管自己的生活——倘不，那真是糊涂虫。五、孩子长大，倘无才能，可寻点小事情过活，万不可去做文学家或美术家。六、别人应许给你的事物，不可当真。七、损着别人的牙眼，却反对报复、主施宽容的人，万勿和他接近。

顾维钧曾反复阐述他对于外交谈判的一个基本原则，即否定全胜论。顾说：“每一个中国知识分子都记得一句古话：‘宁为玉碎，不为瓦全。’换句话说，坚持原则比只顾局部利益为好。我一向把这句话看作是在个人一生中的宝贵箴言，因为一个人的生命是有限的。但这项箴言不适用于外交，因为国家是永存的，不能玉碎，一个外交家不能因为必须坚持原则而眼看着他的国家趋于毁灭不顾。”

陈果夫在江苏任内，进行了许多改革，如“教育改革”，开办职业学校和“女子生活学校”“医政学院”。他力主禁烟，却对娼妓较为宽容。他说：“娼妓在不能根本解决以前，既无法使之不存在，与其名禁而实不禁，不如管制地开放，对社会道德、民族健康乃至于娼妓本身的痛苦，倒要好些。”

蒋百里说：“国家观念在中国人向来不够明强，作为一个国家的中央若非一代开国之时，亦往往力量不强。而保卫时地方倒能发挥出较大的力量，因而有时一个新的有生命的力量常从地方（民间）兴起来。”

陈寅恪说：“我侪虽事学问，而决不可倚学问以谋生，道德尤不济饥寒。要当于学问道德之外，另谋求生之地，经商最妙。”

夏承焘评论陈寅恪时说：“著书有三种：最上，令读者得益；其次，令此学本身有发现；其三，但令读者佩服作者之博学精心。陈君之书，在二三之间。”

1931 年，梅贻琦在清华大学的就职演说中说：“一个大学之所以为大学，全在于有没有好教授。孟子说：‘所谓故国者，非谓有乔木之谓也，有世臣之谓也。’我现在可以仿照说：‘所谓大学者，非谓有大楼之谓也，有大师之谓也。’”

冯友兰说，英美及西欧等国人之所以是“智”“富”“强”者，并不因为他们是英美等国人，而是因为他们是城里人；中国人之所以是“愚”“贫”“弱”者，并不是因为他们是中国人，而是因为中国人是乡下人。

郁达夫谈鲁迅之死：“没有伟大的人物出现的民族，是世界上最可怜的生物之群；有了伟大的人物，而不知拥护、爱戴、崇仰的国家，是没有希望的奴隶之邦。”

张荫麟说：“写中国通史永远是一种冒险。”他认为，“一切超于个人心智以外之前定的历史目的与计划皆是虚妄”；“历史之探索，乃根据过去人类活动在现今之遗迹，以重构过去人类活动之真相。无证据之历史观直是谵呓而已”。

1937年，傅雷为翻译的《约翰·克利斯朵夫》写下献辞：“真正的光明决不是永没有黑暗的时间，只是永不被黑暗所掩蔽罢了。真正的英雄决不是永没有卑下的情操，只是永不被卑下的情操所屈服罢了。所以在你要战胜外来的敌人之前，先得战胜你内在的敌人；你不必害怕沉沦堕落，只消你能不断地自拔与更新。”

张申府对“大同”的理解：“个人主义之极致，即是大同之极致。大同之极致，即是个人主义之极致。故此个人主义为大同个人主义。解释群与己之纠者，在于是。”“自由之要义在独立。”

张自忠给冯治安留下临阵遗嘱说：“无论做好做坏，一定求良心得到安慰，以后公私均得请我弟负责。由现在起，以后或暂别，或永离，不得而知。”

抗战时期，钱穆在西南联大撰写《国史大纲》。他特地提出应把“我国家民族、已往文化演进之真相，明白示人，为一般有志认识中国已往政治社会文化思想种种演变者所必要之智识”，作为修撰新通史的必备条件；并昭示国人树立一种信念，任何一国之国民，“对其本国以往历史略有所知者，尤必附随一种对其本国以往历史之温情与敬意”。

闻一多说：“秩序不在我的能力以内。”

抗战时期，蒋介石曾向侍从室的唐纵说：“在现今之世，不善英文，不能立足。”

“二战”末期，罗斯福总统提出了著名的四大自由。晏阳初补充了一条，就是人民要有“免于愚昧无知的自由”。

罗振玉挽自己说：“毕世寝馈书丛，得观洹水遗文，西陲坠简，鸿都石刻，柱下秘藏，抱残守缺差不幸；半生沉沦桑海，溯自辛亥乘桴，乙丑扈跸，壬申于役，丁丑乞身，补天浴日竟何成。”

晏阳初说：“富有的人民和富有的国家必须认识到，只有当贫穷的人民和贫穷的国家满足了，你们才是安全的。你把这叫作明智的自身利益也可以。”

贺麟说："如果把民族复兴理解为单纯的经济振兴，则不唯忽略事实，也不明复兴的要旨，事实上，任何民族复兴的关键还是主体精神价值的张扬。"

卢作孚自杀前，留下一纸遗书，只有两行字："把家具还给民生公司，好好跟孩子们过。"

顾颉刚说："让我盲目崇拜一个人就像让我训斥一个仆人一样困难。"

雷海宗说："中国知识分子一言不发的本领在全世界的历史上，可以考第一名。"

吴浊流说："我们的青年，相反地视固有文化等如垃圾，不值一文，放弃而不读，其结果产生无根的思想，像浮萍一样，风一来就摇动，可左可右可前可后，这样的现象从哪一角落来看，都是同样的，因为他们没有根，就不能根生大地，也不能根深蒂固发育起来。"

张伯苓先生曾言："我不给孩子留财产，我给他们留德。"有人说，举目四望，当世已无教育家。

冯友兰曾说，我们现在所处的世界，在表面看起来，似乎很不注重哲学，但在骨子里，我们这个世界是极重视哲学的。走遍世界，在大多数国家里，都有他所提倡及禁止的哲学。在这一点我们可见现在的人是如何感觉到哲学的力量，每一种政治社会制度，都需要一种理论上的根据，必须有了理论上的根据，那一种政治社会组织，才能“名正言顺”……世界上有许多的国家，都立一种哲学，以为道统，以正人心，息邪说，距诐行，放淫辞。

梁思成说：“我们有传统习惯和趣味：家庭组织、生活程度、工作休息，以及烹饪、缝纫、室内的书画陈设、室外的庭院花木，都不与西人相同。这一切表现的总表现曾是我们的建筑。”

吴清源说：“围棋本身不是一个武的东西，而是文的，是文化。围棋跟政治没有关系。”

黄仁宇以“大历史观”名闻海内外，他以为中国落后是因为不能“在数字上管理”：“数字管理也可称为经营上的管理。在一些社会中，许多事情不能通过金钱、金融的方式来管理，彼此的关系不能以金钱、资金等数字化概念来描述，这就是不能用数字管理的社会，如中国明末的农业社会。印度农村社会也是如此，不依金钱交易关系，而按照种姓制度，以种姓分工来管理。现今世界上不少地区，将社会习俗与宗教融为一体，实行宗教式的管理，如印度教流行的印度社会，伊斯兰教的中东和北非社会等，也都属于不能实行数字管理的社会。欲实行数字上的管理必须废除特权、社会隔绝情况。”

张中晓说：“在黑暗之中，要使自己有利于黑暗，唯一的办法是使自己发光。”

殷海光说："自古至今，容忍的总是老百姓，被容忍的总是统治者。"

聂绀弩有诗："文章信口雌黄易，思想锥心坦白难。"

吴大猷在台湾"中央研究院"期间，不止一次地说物理学原理："无限（倍数）的无限小的总值仍是无限小。"

殷海光在病中遗言里说："我现在才发现，我对中国文化的热爱，希望能再活十五年，为中国文化尽力。"

顾准说："当人们以烈士的名义，把革命的理想主义转变为保守的反动的专制主义的时候，我坚决走上彻底经验主义、多元主义的立场，要为反对专制主义而奋斗到底！"

杨振宁说："我一生最重要的成就是帮助克服了中国人觉得自己不如人的心理。"

北岛说："在没有英雄的时代里，我只想做一个人。"

穆旦诗："这才知道我全部的努力，不过完成了普通的生活。"

沈从文临终前，家人问他还有什么要说，他回答道："我对这个世界没有什么好说的。"

路遥常说："靠写小说挣稿费赚钱，就和靠卖血赚钱一样。"

陈映真说："左派的退潮不是我一个人的遭遇，而是全世界的情况……我始终认为，只要资本主义的内部矛盾没有解决，只要资本主义不是人类最后的答案，人类就留下了对于社会主义选择的可能性。"

汪曾祺说："人总要把自己生命的精华都调动起来，倾力一搏，像干将、镆铘一样，把自己炼进自己的剑里，这，才叫活着。"

王小波说："对一位知识分子来说，成为思维的精英，比成为道德精英更为重要。"

钱锺书曾对李慎之说："西方的大经大典，我算是都读过了。"他的名言是："东海西海，心理攸同；南学北学，道术未裂。"

李泽厚给宗白华的《美学散步》写序，开首句为："八十二岁高龄的宗白华老先生的美学结集由我来作序，实在是惶恐之至：藐予小子，何敢赞一言？"

冯友兰临终前，说了最后一句关于哲学的话："中国哲学将来一定会大放光彩，要注意《周易》哲学。"

苇岸在《大地上的事情》序言中说："在这个世界上，我觉得真正的作家或艺术家，应是通过其作品，有助于世人走向尧舜或回到童年的人。"

唐德刚说："中国的近代史就如过三峡，非两百年不为其功，现在已快出峡，再有三四十年，中国的近代化发展就能走出坦途。"此为他一生治史之结论："三峡论"。

赵复三说，如果要用一个词来表述20世纪中国知识分子的心路历程，他想不出一个比"心碎"（Heart-brokenness）更恰当的。

代言第十五

曾国藩爱写挽联，以至于他给活人生挽。活人忌讳死，他就偷偷地写。某年新春，好友汤鹏到曾府拜年，被延入书房聊天，看见砚台下压着几张纸，以为是新作诗文，便要拿来看看，岂料曾死死护住，怎么也不给看，汤抢将过来，原来是包括他本人在内的十几位曾氏好友，一一被曾“敬挽”一番的挽联稿。汤大怒，拂衣而去，自此断交。而江忠源笃于友道，有客死京城的朋友，他一定想法送友人尸骨返乡。时人撮合二人行迹，说是“江忠源包送灵柩，曾国藩包作挽联”。

左宗棠挽曾国藩：“谋国之忠，知人之明，自愧不如元辅；同心若金，攻错若石，相期无负平生。”

李鸿章挽曾国藩：“师事近三十年，薪尽火传，筑室忝为门生长；威名震九万里，内安外攘，旷世难逢天下才。”

左宗棠为陶澍撰联：“春殿语从容，廿载家山，印心石在；大江流日夜，八州子弟，翘首公归。”

郑孝胥挽张勋："使我早识公，救败岂无术；犹当歌正气，坐得桑榆日。"

张勋死，王雨辰挽说："江西只有两个人：不幸李烈钧败亡！更不幸这位大帅死亡矣！这怎么得了啊；在下要问一桩事：是从前清朝好呢，还是活在民国好呢？咦，恐怕难说吧？"

赵尔巽在清朝即有人望，国变后他出任编撰《清史稿》的总裁，开始以史家眼光看待时局。张勋死，他写挽联："英雄成败皆千古，师友交期尽九原。"

章太炎挽孙中山："孙郎使天下三分，当魏德初萌，江表岂曾忘袭许；南国是吾家旧物，怨灵修浩荡，武关无故入盟秦！"

杨度挽孙中山："英雄作事无他，只坚忍一心，能全世界能全我；自古成功有几，正疮痍满目，半哭苍生半哭公。"

陈炯明挽孙中山："唯英雄能活人杀人，功罪是非，自有千秋青史在；与故交曾一战再战，公仇私谊，全凭一寸赤心知。"

李大钊挽孙中山："广东是现代思潮汇注之区，自明季迄于今兹，汉种孑遗，外邦通市，乃至太平崛起，类皆孕育萌兴于斯乡；先生诞生其间，砥柱于革命中流，启后承先，涤新淘旧，扬民族大义，决将再造乾坤；四十余年，殚心瘁力，誓以青天白日，满地红旗，唤起自由独立之精神，要为人间留正气。中华为世界列强竞争所在，由泰西以至日本，政治掠取，经济侵凌，甚至共管阴谋，争思奴隶牛马尔家国；吾党适丁此会，丧失我建国山斗，云凄海咽，地黯天愁，问继起何人，毅然重整旗鼓；亿兆有众，唯工与农，须本三民五权，群策群力，遵依牺牲奋斗诸遗训，成厥大业慰英灵。”

陈炯明之死，吴稚晖挽以联曰：“一身外竟能无长物，青史流传，足见英雄有价；十年前所索悔过书，黄泉送达，定邀师弟如初。”

朱执信不幸遇害，孙中山闻讯极为悲痛，“如失左右手”。陈独秀在挽联中称誉说：“失一执信，得一广东，得不偿失；生为人敬，死为人思，死犹如生。”

于右任写陈其美诗：“十年薪胆余亡命，百战河山吊国殇。霸气江东久零落，英雄事业自堂堂。”

1916年10月31日，黄兴在上海病逝。蔡锷在日本接到噩耗，致挽联说：“以勇健开国，而宁静持身，贯彻实行，是能创作一生者；曾送我海上，忽哭公天涯，惊起挥泪，难为卧病九州人。”

梁启超挽康有为联：“祝宗祈死，老眼久枯，翻幸生也有涯，卒免睹全国陆沉鱼烂之残；西狩获麟，微言遽绝，正恐天之将丧，不仅动吾党山颓木坏之悲。”

蔡元培挽梁启超：“保障共和，应与松坡同不朽；宣传欧化，不因南海让当仁。”

陈少白挽梁启超：“五就岂徒然，公论定当怜此志；万言可立待，天才端不为常师。”

徐志摩的父亲徐申如挽子联：“考史诗所载，沈湘捉月，文人横死，各有伤心，尔本超然，岂期邂逅罡风，亦遭惨劫；自襁褓以来，求学从师，夫妇保持，最怜独子，母今逝矣，忍使凄凉老父，重赋招魂。”

王国维挽沈曾植联：“壮志竟何为，遗著销烟，万岁千秋同寂寞；音出凄久断，旧词在箧，归迟春早忆缠绵。”

陈寅恪挽王国维联：“十七年家国久魂消，犹余剩水残山，留与累臣供一死；五千卷牙签新手触，待检玄文奇字，谬承遗命倍伤神。”

赵元任挽刘半农联：“十载唱双簧，无词今后难成曲；数人弱一个，教我如何不想他。”

厚黑教主李宗吾去世后，任瑞如挽说：“教主归冥府，继续阐扬厚黑，使一般孤魂野鬼，早得升官发财门径；先生辞凡尘，不再讽刺社会，让那些污吏劣绅，做出狼心狗肺事情。”

李坚白挽李宗吾说："寓讽刺于厚黑，仙佛心肠，与五千言先后辉映；致精力乎著述，贤哲品学，拟廿四史今古齐名。"

蔡元培挽鲁迅联："著作最谨严，岂唯中国小说史；遗言太沉痛，莫做空头文学家。"

1942 年，陈独秀去世，陈铭枢挽曰："谤积丘山，志吞江海，下开百劫，世负斯人！"

戴笠飞机失事身死，章士钊挽说："功在国家，利在国家，平生读圣贤书，此外不求成就；谤满天下，誉满天下，乱世行春秋事，将来自有是非。"

林徽因去世后，金岳霖挽说："一身诗意千寻瀑，万古人间四月天。"

蒋介石挽胡适联："新文化中旧道德的楷模，旧伦理中新思想的师表。"

冯友兰挽梁漱溟："钩玄决疑，百年尽瘁，以发扬儒学为己任；廷争面折，一代直声，为同情农夫而执言。"

启功挽梁漱溟："绍先德不朽芳徽，初无意，作之君作之师，甘心自附独行传；愍众生多般苦谛，任有时，呼为牛呼为马，辣手唯留兼爱篇。"

修辞第十六

左宗棠以狂出名。一次与曾国藩议事，二人不和，曾说："季子自鸣高，与我心期何太左！"左对曰："藩臣身许国，问君经济有何曾？"

左宗棠曾题神鼎山一联："神所凭依，将在德矣；鼎之轻重，似可问焉。"左将此联派专人送胡林翼转曾国藩，请共同删改，试探胡、曾二人意向。胡拆看后，一字不动，加封转曾，曾将"似"改为"未"，原封退胡，胡拆阅，在笺尾加了两句："一似一未，我何词费。"曾以一字之改表明未有问鼎之意。

曾国藩打下南京以后，劝其称帝者不少。一天晚上，曾国藩审完李秀成后，入卧室休息，三十员将领集于前厅，要求接见。曾国藩问九帅（其弟曾国荃）来了没有，等抱病的曾九帅来后，曾良久不语，后命左右取来大红笺纸，挥毫写下"倚天照海花无数，流水高山心自知"的对联，掷笔而去。众人咋舌、叹息、点头，木然呆之。曾国荃始愤然，继则凛然，对众人说，谁敢有什么话说，此事我一人承担。众人听后才散去。

丘逢甲“六岁能诗，七岁能文”，年仅十四岁由父亲陪同到台南参加院试，得到主考官丁日昌的赏识。丁出上联“甲年逢甲子”，丘对以“丁岁遇丁公”，因此被丁赠以“东宁才子”（台湾才子）的美誉。

1898年4月，康有为在广东会馆发表演讲：“吾中国四万万人，无贵无贱，当今在覆屋之下，漏舟之中，薪火之上，如笼中之鸟，釜底之鱼，牢中之囚，为奴隶、为牛马、为犬羊，听人驱使，听人宰割，此四千年中二十朝未有之奇变。”他说：“今日人人有亡天下之责，人人有救天下之权！”

辛丑议和，李鸿章与张之洞意见分歧，李说：“香涛（张之洞号）做官数十年，犹是书生之见耳。”张之洞反唇相讥：“少荃（李鸿章号）议和三次，遂以前辈自居乎？”当时文人认为这是一副绝对，妙趣天成。

慈禧为废光绪，曾向各省督抚发密电征求“废立”意见。两江总督刘坤一立刻回电反对，说出了日后流传甚广的名言：“君臣之义已定，中外之口难防。”

翁同龢贵为朝廷大臣、光绪帝师，收藏字画丰富。他因参与“维新变法”，被慈禧太后开缺回到原籍江苏常熟。由于经济来源断绝，为养活一家老小，他被迫出售字画、古籍善本。数年之中，珍藏日少。万般无奈之下，翁同龢不得不出售“镇宅之宝”——《长江万里图》，他在诗中伤心叹道：“箧中图画都捐尽，卖到长江万里图。”

1904 年，慈禧七十大寿，章太炎写下一副对联，传诵一时：“今日到南苑，明日到北海，何日再到古长安？叹黎民膏血全枯，只为一人歌庆有；五十割琉球，六十割台湾，而今又割东三省，痛赤县邦圻益蹙，每逢万寿祝疆无。”当时山河破碎，大厦将倾，而朝廷为祝寿仍然要大庆，仍然要收重物，故章如此说。当时在湖北的辜鸿铭也口占一首《爱民歌》：“天子万年，百姓花钱；万寿无疆，百姓遭殃。”

清末，段祺瑞带兵去打汉口的革命党，他忽然带头给朝廷打来一个电报，说什么兵力单薄，粮草缺乏，劝皇上退位。这一来把清朝给交待了，成立了民国，袁世凯当了大总统，段祺瑞当上陆军总长，执掌全国兵权。世人称段：“三句话就把清家皇上推倒了。”

袁世凯叛国，帝制自为，文人顾鳌、记者薛大可首先称臣。有人以《水浒传》王婆说西门庆语对两人名，字字工整：顾鳌薛大可，潘驴邓小闲。

张勋复辟，黎元洪避难日本使馆。段祺瑞“再造共和”，继任总理，他亲至日本使馆谒黎，请其复职。黎以此次明令张勋率兵入卫，酿成巨变，应负全责，愧对国人，决心下野。黎通电语极痛切，系出于饶汉祥之手。此君长于骈体。通电之末，有警句云：“岂有辞条之叶再返林柯，附溷之花重登衽席。心肝俱在，面目何施！”

辜鸿铭说：“男人是茶壶，女人是茶杯，只见一个茶壶倒多个杯里，未见多个茶壶往一个杯里倒水。”

“一战”期间，段祺瑞政府从日本借参战款，也练了“参战军”，却未曾派过一兵一卒去参战。他本意是练兵打内战，故时人说他对外是“宣而不战”，对内是“战而不宣”。

1919年5月9日晨，蔡元培悄然离京赴天津，随即南下上海、杭州。离京前，他曾留下一则《启事》，10日即在《北京大学日刊》刊出，他写道：“我倦矣！‘杀君马者道旁儿’，民亦劳止，‘汔可小休’，我欲小休矣。北京大学校长之职，已正式辞去，其他向有关系之各学校、各集会，自5月9日起，一切脱离关系。特此声明，唯知我者谅之。”

20世纪20年代初，一部分留法的中国学生，趁战后德国马克大幅度贬值之机，纷纷到德国去“享受低价马克之福”。李金发为了改变一下自己的环境，亦于1922年冬与林风眠等人结伴而行，一起到柏林游学去了。当时德国正处于经济极为困难的“凶年”，他们则是一群去“享受低价马克之福”的“食客”，李金发就把写于德国的第二本诗集题名为“食客与凶年”。

1921年年底，张作霖拥立亲日派的梁士诒组阁。梁与日本密商山东问题，答应用日本借款“赎回”胶济铁路，并同意将该路作为中日“合办”。吴佩孚得知后立即痛骂梁内阁“卖国媚外”，张作霖则公开指责吴佩孚作乱，破坏统一。两派冲突渐趋激烈，指责电报你来我往，其中吴佩孚驰电回击张作霖说：“大诰之篇，入于王莽之笔，则为奸说；统一之言，出诸盗匪之口，则为欺世。”

张宗昌能诗，其一《笑刘邦》曰：“听说项羽力拔山，吓得刘邦就要窜。不是俺家小张良，奶奶早已回沛县。”其诗中“奶奶”应读作“奶奶的”，以骂娘的话入诗，真是狗肉将军本色。其二,《俺也写个大风歌》：“大炮开兮轰他娘，威加海内兮回家乡。数英雄兮张宗昌，安得巨鲸兮吞扶桑。”起句妙，足以流传后世。末句开始转文，估计是经过了文人修改，“吞扶桑”实际上是句当时流行的空话。

1925 年 2 月，陈诚指挥炮兵连参加第一次东征，在关键的棉湖战役中发挥了作用，使战局转危为安。他自己说：“我的炮兵连只有几尊旧式七五山炮，炮弹少得可怜，但每发必中，似有神助。”当别人称赞他立下战功时，他谦虚地说：“我当时并没有把握，也许是总理在天之灵保佑着我们。”

陆小曼对徐志摩说：“你不是我的茶壶，你是我的牙刷。茶壶可以公用，牙刷不能公用。”

张伯苓办南开大学，初期困难重重。在经费的筹措问题上，主要靠个人捐款，但私人有能力捐款者，多不是有社会良好声望之人，如政客曹汝霖、军阀杨以德就给南开捐助很多，学生因此抗议，反对曹、杨为学校董事，认为不能以校董换取捐款，否则有损南开名声，张伯苓说："美丽的鲜花不妨是由粪水浇出来的。"

林语堂撰联自说："两脚踏东西文化，一心评宇宙文章。"世称其为"幽默大师"，他曾举释迦、基督、孔孟、老庄之言来阐释幽默精义，说是："我们人都是有罪的，但我们也都是可以被宽恕的。"

1930 年 2 月，中原大战一触即发。吴稚晖劝冯玉祥放弃干戈，冯亲拟一电报致吴："南京吴稚晖先生：顷接先生之电，回环读之，不觉哑然失笑。假如玉祥不自度量，复先生一电，文曰：'革命数十年的老少年吴稚晖先生，不言党了，不言革命了，亦不言真理是非了。苍髯老贼，皓首匹夫，变节为一人之老狗，立志不问民众之痛苦，如此行为，死后何面目见先总理于地下乎？'岂不太好看乎？请先生谅之。冯玉祥寒日。"

吴佩孚到北平后，华北局势日趋严重，驻北平国民党高级负责人经常有所更动。从张学良、何应钦、黄郛到宋哲元都按月给他一定的生活费。1933 年 1 月段祺瑞南下时，蒋介石拟派人迎吴南下，因吴表示不愿而止。当时上海商会电箴吴保持晚节，吴有皓电回答说："生平期关、岳、文、史，春秋内外之义，尤所兢兢。旧京寄迹，殊服异俗之宾，从未一入门庭。"

“一二·九”运动期间，陈伯达指导学生起草文告。清华大学救国会发布《告全国人民书》，其中有传诵一时的警句：“安心读书吗？华北之大，已经安放不下一张平静的书桌了！”即为陈伯达所加。

邵元冲到广西游玩，见李宗仁、白崇禧，私谈后特到西安见蒋，恰好碰上西安事变。别人住在招待所平安无事，独邵大为恐慌，跳窗出去，被士兵开枪打死。南京报纸说他“闻蒋委员长有难，特越窗赴救，政府待以国葬之礼”。

抗战前，七君子被捕。在法庭上，审判长问王造时：“被告王造时你们主张建立一个统一的抗敌政权，是不是要推翻现政府呢？”王是威斯康星大学政治学博士，答说：“审判长先生，你把政府跟‘政权’混为一谈了！政府，乃国家行政机关，是国家机构的组成部分。政权，则是指国家权力，亦即统治阶级实行阶级统治的权力，由军队、警察、法庭、监狱等暴力保证其实现……审判长先生，你所问的政权推翻某政府，这样的问题就是逻辑混乱，概念错误！”

郭沫若劝周作人离开北平，写《国难声中怀知堂》，文章说：“如可赎兮，人百其身！”“知堂如真的可以飞到南边来，比如就像我这样的人，为了掉换他，就死上几千百个都是不算一回事的。”郭说日本人信仰周作人的比较多，假使他“到南边来”，“用不着要他发表什么言论”，就是对日本人的一服“镇静剂”。

抗战期间，爱国华侨陈嘉庚向重庆提议：“敌未退出我国土即言和当以汉奸国贼论。”此议由国民参政会第二次大会通过，并被后人誉为“古今中外最伟大的一个提案”。

张友鸾有“新闻奇才”之称，他曾有《杨将军不写九宫格》文，记杨虎城西安事变后遭囚禁的生活：“将军获遣三四年，以生龙活虎之人，在花朝日夕之时，处穷乡僻壤之地，苦闷无聊，可以想见。左右因便进言：何不以习字为功课！习字能养性，得静中之乐也。将军深嘉纳之。于是集白羊之毫，折九宫格子，日书百十字。初患格小字大，字正格斜；积旬日，及稍稍有规矩，颇以自喜。左右有谀之者曰：佳哉，将军几入格矣！将军闻言，忽有所感，则大怒，裂其纸，并墨砚而碎之。左右方惊无所措。将军乃慨然云：我人已在格子里，愁苦不可解，今并我字亦入格耶？我固有罪，我之字无罪也，我何必使字失自由？从此将军不复习字，苦闷无聊，遂一如往昔。”人称“这样的文字，可与《史记》媲美”。

抗战期间，蒋介石对新闻记者称赞宋美龄，说她的价值相当于20个师。

苏青著有《结婚十年》，其为人既不革命也不女权，她要的是妇权——家庭主妇的正当权益。其妇权主义纲领仅将圣人名言句逗移前一字：“饮食男，女人之大欲存焉。”

“二战”中，甘地与英、印政府矛盾一度激化，与尼赫鲁等人被捕，蒋介石多次呼吁双方和解。由于甘地绝食，生命垂危，蒋致电在美国的宋美龄，要她“面商罗斯福总统，从速设法切劝英国政府立即释放甘地先生，以确保联合国为民主、为人类作战之信念”。罗斯福对印度总督说：“无论如何不能使甘地先生绝食而亡。”印督答称：“如彼欲死，似无办法。”宋美龄插手，使英国政府极为恼火，向外长宋子文抗议，宋答说：“这件事不足为奇，因为蒋夫人是位妇女，说话时会感情重于理智。”

顾维钧的态度非常雍容，从来没有疾言厉色。他对人总不称“你”而称“您”。他说：“在外交上讲话，一定得有礼貌。例如，知道对方不会同意自己的意见，而话一定得这样说：‘我相信您一定会同意我的意见吧。’”

抗战期间，文化界人士聚会重庆。一天，曹立庵陪柳亚子和郭沫若在重庆街头小饮，酒至半酣，柳亚子乘兴对郭沫若说道：“才子居然能革命。”郭一听心领神会，立即含笑回敬一句：“诗人毕竟是英雄。”吟罢二人相视大笑。

夏济安与卞之琳是同事，过从甚密，日记中颇多涉及卞的恋爱情感生活。如1946年2月1日：“卞在补牙齿，酒后发牢骚云：少年掉牙自己会长，中年脱牙没法长全；少年失恋容易补缺，中年失恋才真悲伤。张某某之脱离他，对他真是一大打击，痛苦不过偶然表露一下。”

1948年，国民政府结束训政，举行全民大选，竞选活动激烈。于右任参选，其人书法闻名国内外，连夜赶写了近千幅“为万世开太平”的条幅，准备分赠大选代表，以示亲切和拉拢。记者问他参选有何后盾，于答：“我有条子。”记者大吃一惊，于恒无私产，何来金条？原来是指其赶写的条幅。

20世纪50年代，大陆大批胡适。在一座谈会上，与胡适有关系的几位老先生不得不“批判”，沈尹默讲话最妙，他说一次去看胡适，胡正在写文章，但见案头满是打开的书，边看边写，沈说：“这哪里是做学问的样子？”

周恩来在外交上有极大的天分，他口才敏捷。有一次，一位美国记者问周恩来：“你们中国人为什么把人走的路叫‘马路’呢？”周恩来回答：“我们走的是马克思主义之路，简称‘马路’。”美国人又问：“在美国，人们都是抬头走路，而你们中国人为什么都低着头走路？”周恩来说：“美国人走的是下坡路，当然要仰着头走，而我们中国人走的是上坡路，当然要低着头。”

“反右”后，章伯钧跟储安平聊天说：“我现在只能读读老杜。杜诗的版本我已收集四十多种。看来，‘少读李白，老吟杜甫’很有道理。”接着又说：“我这里搜集了许多版本不错的英国诗集，有莎士比亚、拜伦、雪莱等大家之作。普希金的英文版诗歌也是全的，四卷本，插图也好。你今天拿些去吧，也不必还我。诗可读，也可译。”储安平摇头说：“英国诗歌的高贵优美之处，在于常伴有一种沉重的悲哀和深谙世道的智力。比如，谁也没有见到汉姆莱特父亲的亡灵，但谁都相信这个丹麦王子的悲哀。从前读来，是受其熏染，现在读来，情何以堪？”章伯钧激愤无比：“对我们的处分，哪里是戴上一顶帽子？我们的生命力正在受到侵犯。”

20 世纪 60 年代初，章诒和与母亲李健生在莫斯科餐厅吃西餐时，遇见聂绀弩。其时的服务员都很神气，催她们上菜，待搭不理的，还从眼角看人。聂生气了，对李章二人说：“什么叫养尊处优？还用查字典吗？她们的脸就是注解。凡掌管食品的人，都是养尊处优的。”在等着上菜的时候，李健生问聂的工作情况。聂说：“眼下的工作单位好极了。”李问：“好在哪儿？”聂回答说：“我都和孤家寡人（溥仪）在一起了，你说这个单位（全国政协文史资料研究委员会）还不好？”

1976 年 10 月 21 日，北京 150 万军民举行了声势浩大的“打倒王张江姚四人帮”的庆祝游行。郭沫若的打油诗流传全国：“大快人心事，揪出四人帮。政治流氓、文痞，狗头军师张，还有精生白骨，自比则天武后，铁帚扫而光……”

陈光甫说：“银行是一针见血的组织。”“上海银行是苦出身。”“银行一事是为耐劳守苦者终身之职业，但绝非吾人投机发财之地。”

冰心晚年，当人问起她的近况，她总是平静地说：“我是坐以待毙。”既是毙，也是指币，表示她坐等稿费的来临。

有人问美国越战纪念碑设计者林璎："你认为人们会喜欢你的设计吗？"这个年轻的女子没有正面回答这个问题，而是说："他们会被感动。"

于省吾说："在读书人中，我是有钱的；在有钱人中，我是有学问的。"

启功常有妙语，他的"自叙"称："检点平生，往日全非，百事无聊。计幼时孤露，中年坎坷，如今渐老，幻想俱抛。半世生涯，教书卖画，不过闲吹乞食箫。谁似我，真有名无实，饭桶脓包。偶然弄些蹊跷，像博学多闻见识超。笑左翻右找，东拼西凑，繁繁琐琐，絮絮叨叨。这样文章，人人会作，惭愧篇篇稿费高。从此后，定收摊歇业，再不胡抄。"

启功又有自撰墓志铭："中学生，副教授。博不精，专不透。名虽扬，实不够。高不成，低不就。瘫趋左，派曾右。面微圆，皮欠厚。妻已亡，并无后。丧犹新，病照旧。六十六，非不寿。八宝山，渐相凑。计平生，谥曰陋。身与名，一齐臭。"

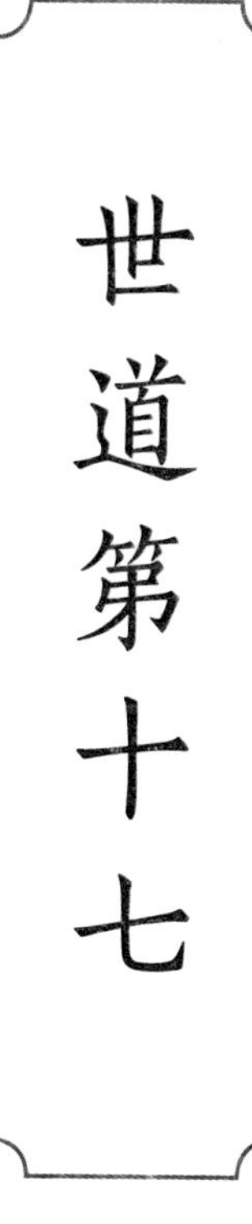

世道第十七

甲午战争前，中国和日本在朝鲜进行较量。中国作为朝鲜的宗主国，在保护方面措置失宜，使日本得寸进尺。清军从朝鲜退到辽东，屡战屡败，屡败屡退。当时有歌谣讽刺说："文官三只手，武官四只脚。"

徐大椿作《道情》说："读书人，最不济。烂时文，烂如泥。国家本为求才计，谁知变作了欺人计。三句承题，两句破题，摆尾摇头，便是圣门高弟，可知三通四通是何等文章，汉祖唐宗是哪朝皇帝？案上放高头讲章，店里买新科利器，读得来肩背高低，口角嘘唏，甘蔗渣嚼了又嚼，有何滋味？辜负光阴，白白昏健一世。就教他骗得高官，也只是百姓朝廷的晦气！"

维新变法失败，袁世凯以两面派手段得到慈禧赏识，升官发财。当时社会上曾有民谚，语曰："六君子，头颅送。袁项城，顶子红。卖同党，邀奇功。康与梁，在梦中。不知他，是枭雄。"

清末，京城流传顺口溜说："太医院的药方，翰林院的文章，都察院的奏章，光禄寺的茶汤，銮仪卫的刀枪，金鱼池的婆娘。"

讥讽它们中看不中用。

清末以来，中国人被骗、被拐去海外做苦力者无数，这些人被称为“猪仔”，有如今日偷渡客一样。当时闽粤人的孩子，到了十六岁，为父兄的便特别戒严地吩咐说：“行路时须警惕着，提防别人拐你去卖猪仔！”倘若子弟出外不返，或一时失踪，第一个判断必定是说：“哼！又被人拐去卖猪仔了！”

晚清时候，袁世凯、张之洞、岑春煊为最具实力的封疆大吏，陈夔龙说：“时论南皮屠财，项城屠民，西林屠官。三屠之名，流传几遍中外。又谓南皮有学无术，项城有术无学，西林不学无术。”

清末宣统初年的时候，曾流行一首《十字清》，谣云：“清受天命，十传而亡。”查清廷由顺治而历康熙、雍正、乾隆、嘉庆、道光、咸丰、同治、光绪以迄宣统，确为十传，又有宣统拆字谣：“日宣三德，历算三统。”解云：“‘宣统’二字，皆暗合三数，而‘统’字又类‘绝’字，清祚其至宣统而绝乎？”果真宣统三年而绝。

清末国运衰微，光绪想提拔有气节的大臣主政以应时艰。乙未年殿试，阅卷大臣把前十名考本进呈，光绪只是走一下形式，随便看一下，然后仍按原名次宣布。四川人骆成骧名列第十，光绪看诸人多平庸话语，而骆卷中有“主忧臣辱，主辱臣死”之句，激动之下，大笔一挥，将其置为第一名，气节状元由此诞生。待武昌起义各省独立，官员纷纷上书逼宫之际，隆裕太后在劝退书中看到了骆成骧的名字，忍不住号啕大哭：“如此有气节之臣都已变心，我大清王朝气数尽矣！”

良弼留学东京士官学校，亲见革命风潮之烈，归而语满人大佬说：“不用害怕，这些人每月给他们数万金银，赏一顶戴，他们就会闭口了。”黄远庸说袁世凯是良弼的徒弟，其车夫与一车夫当街吵架，站岗巡警云：“得了，得了，知道吗？现在是共和时代，大家对付着罢了。”黄以为对付之思想亦是专制教育之体现，说这位巡警是袁世凯的徒弟。

民国代替了王朝，似乎翻开了中国历史新的一页，但社会混乱，政治腐败不见减少，且更严重。其间尤以袁世凯篡权窃国“八十三天皇帝梦”最为丑恶，其时有对联说：“民犹是也，国犹是也，无分南北；总而言之，统而言之，不是东西。”

袁世凯称帝后，孙中山再举革命，各省纷纷独立。当袁之心腹湖南都督汤芗铭也宣布独立时，李宗仁恰好去见袁，见袁“仰望神气，大失常态，面带愁容矣”。不数日，袁就病死。时人有“扶运六君子（杨度、孙毓筠、严复、刘师培、李燮和、胡瑛），催命二陈汤（陈宧、陈树藩、汤芗铭）”之说。

清末民初，张元济主持商务印书馆编译所。除以编撰教科书为重点外，对于一般图书则注重西方文化思想的译介，如严复译的《天演论》等思想名著。这些思想像野火一样，燃烧着许多少年人的心血，“天演”“物竞”“淘汰”“天择”等术语，都渐成了报纸文章的熟语，成了爱国志士的口头禅，许多人用这些名词做自己或女儿的名字，原名胡洪骍的胡适，也从“物竞天择，适者生存”中取“适”字做了自己的表字和笔名。

辛亥革命后，汉人剪除辫子成为去旧图新的标志。张勋顽固，清帝退位后仍表示忠于清室，所部禁止剪辫，被称为“辫帅”。1917年6月14日，张带领数千“辫子军”开进北京；7月1日，张勋拥溥仪复辟。这一下，京城很多剪辫子者都慌了，有歌谣云：“不剪辫子没法混，剪了辫子怕张勋。”一时间，有假辫子风行北京城。谁知，真假辫子风行仅12天，北洋政府总理段祺瑞组织的“讨逆军”便攻入北京，宣统皇帝溥仪再次宣布退位，一场闹剧很快收场。又有歌谣云：“宣统回了朝，秃头要开瓢。宣统跑了，秃头好了。”

1919年6月，陈独秀被捕后，全国各地各界函电交驰，施行救援。其安徽乡人也不甘人后，识与不识，皆为之说话。反对白话文的桐城派古文家马通伯、姚叔节等，认为陈“所著言论或不无迂直之处。然其学问人品亦尚为士林所推许”，吾等“与陈君咸系同乡，知之最稔”，恳请准予保释。安徽省省长吕调元也说：“怀宁陈独秀好发狂言，书生积习。然其人好学深思，务乞俯念乡里后进，保全省释。”六年后，胡适跟陈独秀提及时还念念不忘：“在那反对白话文学最激烈的空气里，居然有几个古文老辈肯出名保你，这个社会还勉强够得上一个‘人的社会’，还有一点人味。”

罗文干出任王宠惠好人内阁中的司法部部长，时被政敌陷案，发生有名的金法郎案，吃了一次莫须有的官司。当时北京东城警察署署长去捕人，到罗的住宅，罗极为镇定，只是问："拘票在哪里？"署长出示总统手谕，罗仍亢声答辩："手谕不是拘票，总统无权捕我！"结果仍为警察署署长强挽以去。

五卅运动时，上海死了很少的人，却激起了大规模的运动。到第二年，北京"三一八"惨案传到上海，瞿秋白叹息说："在这退潮时候，屠杀案是不能激起广大群众运动的！"果然，惨案死了更多的人，却只得到各地空泛的抗议。

1934年，由熊式辉和杨永泰提议，蒋介石在南昌发起以"恢复中国固有道德"求得"民族复兴"的"新生活运动"。宣扬"礼义廉耻，国之四维，四维不张，国乃灭亡"，以及"忠孝仁爱信义和平"。时人有嘲讽此事者，撰对联——上联：一二三四五六七（意"忘八"）；下联：忠孝仁爱礼义廉（意"无耻"）。

抗日战争前夕，王芸生曾在一篇文章中说："傅孟真先生有一次对我说，他想写一篇'中国官僚论'。他说，中国向来臣妾并论，官僚的作风就是姨太太的作风。官僚的人生观：对其主人，揣摩逢迎，谄媚希宠；对于同侪，排挤倾轧，争风吃醋；对于属下，作威作福，无所不用其极。"对于傅氏高论，王芸生深有同感，因此才把它写入文章。王说："这道理讲得痛快淋漓。这段官僚论，的确支配了中国历史上大部分的人事关系。"

1938年，随着日军的迫近，广州的沦陷迫在眉睫。当时主持广东省市军政大计的余汉谋、吴铁城、曾养甫等要员完全束手无策，以致小报上曾出现了这样的笑话：“余汉无谋，吴铁失城，曾养无谱。”

抗战结束，劫收开始。当时沦陷区流传不少关于劫收的民谣：“河里漂来的（乘轮船前往的）不如地里滚来的（附近坐汽车去的）；地里滚来的不如天上飞来的（乘飞机去的）；天上飞来的不如地下钻出来的（原来就在那里与汉奸打成一片的特务），地下钻出来的又不如坐着不动的（指摇身一变的汉奸自劫自收比什么都快）。”

1946年，台湾省所征税款提高了五十八倍。据说有一位老人向税务官质问：“你们把清朝政府将台湾割让给日本五十年的税金都一起向我们要吗？”当时人形容为“狗去肥猪来”，日本人是狗，中央政府委派的贪官则是肥猪。又说：“前门刚赶走了狼，后门又蹿进了猪。”

1949年11月，北京公安局一夜之间把全市224家妓院全部封闭，组织妓女学习劳动技艺，使其成为自食其力的劳动者。妓女们自编自演活报剧，唱道：“千年的冰河开了冻，万年的枯树发了青。旧社会把人变成鬼，新社会把鬼变成人。”

柳亚子在故乡有稻田千亩，中华人民共和国成立后政府征粮触动其财产。其乡间戚友为无法交纳征粮款，纷纷致函请亚老向政府说情者，柳皆置之不理。1950年冬，柳亚子在《跋中山先生墨宝后》一文中，就正在进行的土改所触及自身的利益发出了“有代价补偿”的感慨：“余虽土改后丧其田户，以滥竽充数中央人民政府委员，故月得大米若干，犹不虞冻馁。”

“大跃进”期间，杨献珍到河南调查。当时的河南省，据报纸报道，样样都好得了不得，小麦卫星、玉米卫星、钢铁卫星，一个一个放，好不热闹。某卫星公社小麦亩产吹到 7320 斤。杨到下边一看，卫星全是假的，人人普遍营养不良，患有浮肿病，还饿死了不少人。当时河南“假大空”名正言顺，干部的基本功就是要学会弄虚作假，在河南省党代会上，一个县委书记发言说：“不虚报，就不能鼓足群众干劲；不虚报，就不能促进‘大跃进’的形势；不虚报，就与群众脸上无光荣……”杨献珍跟河南省委辞行时，省委书记觍着脸说：“我们的缺点很多，就是浪漫主义多了一点儿。”杨说：“浪漫主义百分之九十九，现实主义百分之一。”

吴祖光到北大荒劳改，时值“大跃进”，农村的荒唐事层出不穷，亩产粮食万斤、十万斤地吹。因为说实话倒霉，人们均以沉默对待，至多在亲朋好友之间议论。新凤霞去河北农村劳动，亲眼见公社干部们如何指挥社员连夜把几亩地的麦子移到一块田里，点上大灯，开起风扇猛吹（怕密不透风，闷坏麦子），然后向上吹牛说密植带来了丰收。回到城里，她把老舍当作好友，将此事告诉老舍，老舍忙叮嘱她：“你千万别跟人说呀！”

20 世纪 50 年代，章伯钧带女儿向陈半丁拜师学画，章问陈最近在做些什么，陈答：“我在‘大跃进’。”章困惑不解：“画家怎么‘大跃进’？”“画家的‘大跃进’，就是把画越画越大。”陈指着自己的画桌说，“这张桌子够大了吧？不行，不够大，要画更大张的，我就挪到地上画。后来，这样画也不行了……我就搬到院子里画。”陈半丁说：“因为‘大跃进’，我也是第一次知道这个院子的尺寸。‘跃进’到最后，院子有多大，我的画就有多大了。”章又困惑不解了：“这样大的画，该如何画呢？”陈答：“脱了鞋，站在纸上、蹲在纸上或趴在纸上画。西南角画它一棵松，东北角涂它一架藤，松枝旁边添石头，藤蔓底下开菊花……至于这幅画的全貌，我也难知。因为画完以后，我家无法张挂。我自己也不知道什么地方可以悬挂这样的画。”

“文革”波及澳门，该地华人组织了一个斗争委员会，何贤是其领导人之一，他们与澳葡当局对抗。斗争委员会联合抵制所有的葡萄牙人，葡萄牙人到了理发店，会被告知：“不行，你们是葡萄牙人。你们自个理吧。”他们去餐馆，侍应生拒绝为他们服务：“你们回家吃去吧。”可怜的总督束手无策，一度想卷铺盖走人。他说：“我已经受够了，如果他们不希望我们待在这儿，那好，我们走人好了。”但斗争委员说：“要走，想都别想了。除非你支付赔款并向我们道歉，否则我们是不会放你走的。”

1967 年元月，《红旗》杂志发表姚文元的长篇大论《评反革命两面派周扬》。胡风在四川服刑，有人让他揭露周扬，被胡拒绝。胡风对自己的论敌周扬如此被打倒很是感慨，他向梅志说：“真是一代不如一代，这哪里是讲文艺思想，简直是胡说八道！想不到姚蓬子的儿子居然评起周扬来了！”

“文革”中，李金发的诗被批为“反动”，其难解的意象和奇异的形式被认为只是为了掩饰颓废反动的内容。李金发在美国答痖弦说，这些人“已不是20世纪的人的头脑”，他们“没有丰富的想象力去消化这些幻想材料”。

1972年，戴乃迭被释放，杨宪益先于她出狱。戴回到家中，看见杨宪益已经整理好房间，在她的桌子上放了一瓶白兰地，戴说：“好久不见，没想到你还没有改变过去的颓废毛病。”杨宪益说：“是支部书记指示这样做的。”

1975年，“四人帮”批邓小平时说：“宁要一个没文化的劳动者，不要一个有文化的剥削者、精神贵族；宁要社会主义的草，不要资本主义的苗；宁要社会主义的低速度，不要资本主义的高速度；宁要社会主义的晚点，不要资本主义的正点。”

1981年10月，韩先楚回湖北红安家乡吴家嘴村。村前有一汪水塘，一座山岗，一棵百年大枫树，树冠遮天蔽日，乡人常于此集会。韩先楚的车停在树下，乡亲簇围如堵。一七十岁老汉头戴破毡帽，身披破棉袄，脚蹬破草鞋，见韩下车大叫：“祖宝（韩小名）。”韩急上前，当胸一拳：“陈尊友，你还没死啊！”老汉说：“你小子官当大了，不认人了。”韩先楚仔细打量儿时好友说：“你小子，咋球搞的，几十年了还是这个老样子！”老汉说：“你这个官咋球当的，几十年了还让我这个样。”

邓小平南方视察后，高阳、唐浩明的历史小说流行起来，市井谣传：“经商要看《胡雪岩》，做官要看《曾国藩》。”

敬畏第十八

肃顺对满人暴戾，对汉人谦恭。他曾对人说："咱们旗人浑蛋多，懂得什么？汉人是得罪不得的，他们那支笔厉害得很。"故其受贿，亦只受旗人，不受汉人也。汉人中有才学者，必罗致之，曾国藩、胡林翼之握兵柄，亦皆肃顺主之。辛酉政变，肃顺被捕，亦与其得罪满人戚贵有关。

天津教案发生后，清政府立刻命令曾国藩火速查办。曾知道洋人难缠，临行前给儿子写好遗书，准备以死赴任。到任后，曾国藩屈从洋人意思，先后逮捕八十多人，一时舆论大哗，不少人指责他"畏葸辱国"，还有人说他媚洋害民。曾自己也感叹："内疚神明，外惭清议。"

1898 年，章太炎因参与维新被通缉，逃往日本占领下的台湾，任《台北日报》记者。俞樾耿耿于心。后来章太炎剪辫子，发表系列仇满言论，更为俞樾所不能容忍。1901 年，适逢章太炎到苏州东吴大学任教，来拜望老师，俞樾借此怒斥道："闻尔游台湾，尔好隐，不事科举，好隐则为梁鸿、韩康可也。今入异域，背父母陵墓，不孝；讼言索虏之祸毒敷诸夏，与人书指斥乘舆，不忠。不孝不忠，非人类也，小子鸣鼓而攻之可也！”对于这段痛骂，章太炎一方面搬出顾炎武，从经学角度进行辩驳；另一方面写下《谢本师》一文，表明自己的政治态度，并毫不客气地责问其师：“何恩于虏，而恳恳遮蔽其恶？”

陈独秀幼年从祖父读书，祖父管教严厉，动辄将其痛打，母亲经常为此落泪。陈独秀后来说：“母亲的眼泪，比祖父的板子着实有权威，直到现在，我还是不怕打，不怕杀，只怕人对我哭，尤其是妇人哭。”

民初，逐僧毁寺渐成风潮。滇军师长李根源亲自督军上山，指名捉拿虚云。虚云只身往见。李根源责问：“佛教何用？”虚云答说：“自古立国皆以政教并化，政能治身而不能治心，唯教能治心；心为万物之本，本得其正，何身之不治？”李为之折服。

梁漱溟年轻时曾想做和尚。当少年中国学会请他做宗教问题演讲时，他准备讲稿不如意，不得不放下笔，随手翻阅《明儒学案》。在《东崖语录》中忽然见到“百虑交锢，血气靡宁”八个字，不觉心凉，顿时头皮冒汗，默然有省，遂由此决定放弃出家之念。

张作霖在孔子诞辰的时候，会脱下军装，换上长袍马褂，跑到各个学校去，向老师们打躬作揖。张作霖说：我们是大老粗，什么都不懂，教育下一代，全亏诸位老师偏劳，特地跑来感谢。

章太炎被袁世凯软禁在龙泉寺，陆建章负责执行。陆说袁曾手示八条保护太炎，如饮食起居，用款多少不计；说经讲学文字，不禁传抄；毁物骂人听之，物毁再购；早晚派人巡视，恐生意外；等等。陆建章对人说："太炎先生是今之郑康成。黄巾过郑公乡，尚且避之。我奉极峰命，无论先生性情如何乖僻，必敬护之；否则并黄巾之不如了。"

当新文化运动后，举世趋新若骛的时候，周作人却看到了时代大潮之下的憧憧鬼影。周不断地谈起历史这门学问，他说："天下最残酷的学问是历史。它能揭去我们眼上的鳞，虽然也使我们希望千百年后的将来会有进步，但同时将千百年前的黑影投在现在上面，使人对于死鬼之力不住地感到威吓。"

冯玉祥逼宫后，接管清室宝物。张作霖闻讯大怒，急想染指故宫宝物。1928 年 5 月，北伐军兵临城下，张调动数百辆军车，准备把故宫博物院的宝物择其贵重者全部运往沈阳。交通银行经理叶恭绰往见张说："大帅差矣！人家一向造冯玉祥的谣，说他逼宫盗宝，但无确实证据，说说而已。如今大帅调用数百辆大车公然入故宫搬取宝物，则将来人们就会说盗宝的是张大帅而非冯玉祥了。"张闻言恍然大悟，连声说："我几乎上了大当，快把车子撤去。"

韩复榘曾视察青岛大学，由青岛市市长沈鸿烈陪同。沈市长介绍时说："主席，这是我们自己的学校，你不必客气，有什么指示，尽管吩咐。"出人意料的是韩主席没有什么指示，他只嘿嘿了两声之后慢条斯理地说："我没有什么话说，各位老师都教得很好、很好、很好。"

韩复榘的山东省政府成立不久，就开各厅处预算审查委员会。为使收支相符，有人提议削减教育经费，全体赞成，教育厅厅长何思源坚决反对，两下争执甚为激烈。话到激昂处，何思源说："这不是我个人的事，事关后代青年。主席要我干，就得这样；不叫我干，我就走路。"结果韩复榘表示绝不减少教育费，以后每年还得增加，韩说："绝不欠你的教育费，你放心吧！"

西安事变后，张学良力排众议，要送蒋介石回南京。张相信蒋以领袖人格做的口头承诺，决定亲自送蒋。他说，蒋介石是领袖，"有领袖的人格，有可靠的信用，有崇高的尊严。我们这次发动事变，对他打击太大。我们说抓就把他抓起来，说放就叫他一走了事，他还成什么领袖？还成什么体统？这使他以后怎么做人、怎么办事？"所以负荆请罪，挽回蒋的领袖威望，"我必须亲自送他回去，使他能够保持威信和尊严，好见人，好办事，不致使他感到难堪，不致对我们再存怨恨和戒心"。

卢作孚实业救国，虔敬无私。抗战时，他有一次病倒，家人想买一只鸡给他吃，却无钱作罢。他到美国为公司借款时，晏阳初也在美国为乡村学院筹募捐款。晏对卢说："作孚，外国人很注重衣冠，你这样不修边幅，恐怕会吃亏。"于是带卢去做西装，教卢打领带。卢学会后，晏阳初又说："阁下这个头，外国人看，会以为是一个和尚。"卢于是再听劝告，留起长发，用心学梳头。

1941 年，张大千跋涉八千里，到达敦煌。到千佛洞那天，天还没亮，他迫不及待地提灯入洞探视。原定计划是到那里观摩三个月的，第一天过后，他对人说："恐怕留下来半年都还不够。"张观察千佛洞时发现，千佛洞在坐西面东的山崖上，早晨有阳光射入，再加上气候干燥，毫不潮湿，所以洞内的内藏能长达数百年而不损坏。不过，三百多个洞窟之间，路径却崩坏了，他一面探洞观画，一面修路开道："老实说，我到敦煌之初，是抱着莫大雄心去的，可是巡视了千佛洞之后，眼见每洞由顶到底，都是鲜明的壁画，瞠目惊叹之余，真是自觉渺小。"

段锡朋父女游明孝陵，天蓝云白，段锡朋却让女儿看树下泥筑的土屋和半死的老牛。"看着他们穿什么，住什么，"段说，"大多数人就这么活着的。这是我们这辈的过错，也就是你们的责任了。"

1947 年年初，徐铸成拒绝政府投资 10 个亿控制《文汇报》的意图，当着陈立夫、吴国桢、宣铁吾、潘公展等人的面，说"《文汇报》是用我的墨汁喂大的""不接受任何方面的津贴和政治性投资"。话谈到最后，上海警备司令宣铁吾对徐铸成说："佩服佩服。老实说，我本来以为你是共产党的。听了刚才一番话，才知道你是血性爱国的好汉；今天这个场面，你能顶下来，真不容易。我宣铁吾对不起你，曾封了你们七天门；今后，你再怎么骂，我要是再动手，不是人养的。"徐铸成回答说："言重了，我只是凭良心办报而已。"

1960 年，中南海怀仁堂上演郭沫若新编历史剧《蔡文姬》，这是一部为曹操翻案的戏。罗点点回忆说，散戏之后，大家正在退场，一位将军对他旁边的人半开玩笑地大声说："曹操如果像郭老写的这样好，我就介绍他入党。"

1979 年，庞薰琹在过了长达二十二年的右派生活后，获得平反。在平反大会上，画家上台讲话，他大声朗诵一首自己刚写的诗，没有怨言，没有悲伤，庞薰琹要表达的是对党的一片忠诚。但在 1985 年庞薰琹临终弥留之际，画家一度产生错觉，他听见医院走廊上传来很响的说话声，以为又有人来揪斗他，顿时脸色发白，心惊胆战。

于右任赠蒋经国：计利当计天下利，求名应求万世名。

1995 年，作家邓贤在他的鸿篇巨制《落日》中说："如果我们这一代人曲解了历史，现在纠正还来得及。"他在另一部历史反思著作《大国之魂》里说："历史可以忘却，但不应篡改。"

信念第十九

章太炎说："我死后，华夏文化亡矣！"

林则徐被流放。临行前，他将在广东时所译之《四洲志》《澳门月报》《粤东奏稿》以及西方的炮船模型图样，统统交给魏源。魏以关山路远之词劝林保重，林说："善始者不必善终，如不出逆料，则徐此生无能为也，寄意丹青，徒发清议而已。唯愚兄所托著书之事，望贤弟刻意为之，务使大清臣民早开智慧，舍此则无可御侮矣！"

曾国藩认为，洪秀全的太平天国拜上帝，不仅是他的敌人，也是全民族的敌人。他在《讨粤匪檄》中骂洪秀全最激烈的一句话是："举我中国数千年礼义人伦，诗书典则，一旦扫除荡尽，此岂独我大清之变，乃开辟以来，名教之奇变，我孔子、孟子痛哭于九泉，凡读书识字者，又乌可袖手安坐，不思一为之计耶？"

1860年，清廷因同文馆之设而发生了一次重要的政治辩论。恭亲王和李鸿章等人主张设同文馆，教习士子学西文。反对的代表人物为负一时清望的大学士倭仁。倭仁坚信：“立国之道，尚礼义，不尚权谋；根本之途，在人心，不在技艺。”恭亲王嘲讽他说：“以忠信为甲胄，礼义为干橹等词，谓可折冲樽俎，足以制敌之命，臣等实未敢信。”

熊成基在失败被捕“招供”时说：“各国革命之历史，皆流血多次，而后成功。我此次失败也，普通社会中人不知附和也。推其不能附和之原因，盖因自由之血尚未足耳。比如草木，不得雨露，必不能发达。我们之自由树，不得多血灌溉之，又焉能期其茂盛？”

徐锡麟，字伯荪，绍兴人，以排满革命为职志，到安徽谋差，得巡抚恩铭信任，任警察学堂总办。徐因此伺机刺杀恩铭，被捕后被恩铭卫士分食心肝。有人问徐：“恩抚台待你不薄，何故如此？”徐锡麟说：“恩待我是私交，我对他是公义，私交何得胜过公义？我一死而已，不必多言！”

秋瑾在被捕前得知徐锡麟失败的消息时，没有乘机逃走，她对来劝她离开者说：“我怕死就不会出来革命，革命要流血才会成功……我不入地狱，谁入地狱？”

张勋复辟期间，陈宝琛极为活跃。他对溥仪说：“独孤臣孽子，其操心也危，其虑患也深，故达。”使溥仪感到惊奇的是他在处理黎元洪问题上表现出的激烈态度，陈当时脸色铁青，几乎失去了控制地对溥仪说：“梁鼎芬见黎元洪力劝他离开总统府，遭到拒绝，他这样拒不受命，请皇上赐他自尽吧！”溥仪以为过分了：“民国对我不是也优待过吗？我刚一复位，怎么能就赐黎元洪死，这是绝不应该的。”陈气呼呼地说：“他岂但不退，还公然拒绝梁鼎芬劝告，赖在总统府不走，乱臣贼子、元凶大憝，焉能与天子同日而语？”

1918年11月10日，梁巨川在北京投湖自杀，遗书说：“吾因身值清朝之末，故云殉清，其实非以清朝为本位，而以幼年所学为本位。吾国数千年先圣之诗礼纲常，吾家先祖先父母之遗传与教训，幼年所闻以对于世道有责任为主义，深印于吾脑中，即以此为本位，故不容不殉。”凸现了其“必将死义以救末俗”的志愿。梁的自杀，在当时引起了很大的震动，新、旧两派的人物都对他为道德理想献身的精神表示极大的敬意。

1918年，邵飘萍创办《京报》，他的理想就是办一份独立的报纸，不依附任何政治势力。他相信新闻记者是“社会之公人，是居于统治者和被统治者之外的第三者”。对于他的捍卫言论自由，冯玉祥给的评价是：“飘萍一支笔，胜抵十万军。”

陈其美有一口头禅：“丈夫不怕死，怕在事不成。”除此之外，他为人题词书赠还爱写以下一类壮词：“死不畏死，生不偷生。男儿大节，光与日争。道之苟直，不惮鼎烹。渺然一身，万里长城。”“有万夫不当之慨，无一事自足于怀。”

民国时期，冯友兰曾给洋人讲《庄子》。有一天，他走进一个叫恒石安的外国人的办公室，没头没脑地对人家说：你们西方人总想找个你们可以停下来做最后结论性的发言的地方。然而，天下没有最后结论，天下也没有停顿。《易经》第六十四卦，也即最后一卦是，未济，“尚未完成”！

五四运动时，李大钊年仅三十岁，这位年轻的教授说：“只要你心中的光明不灭绝，世间的黑暗终有灭绝的一日，试看将来的环球，必是赤旗的世界！”

杜威、胡适和蒋梦麟三人曾到北平西山游玩，他们无意中看到一只屎壳郎推着一个小小的泥团上山坡。它先用前腿来推，然后又用后腿，接着又改用边腿。泥团一点一点往上滚，快到上面时忽然滚回原地，屎壳郎则紧攀在泥团上翻滚下坡。它又从头做起，重新推着泥团上坡，结果仍遭遇挫败。它一次接一次地尝试，但是一次接一次地失败。胡适和蒋梦麟都说，它的恒心毅力实在可佩。杜威却说，它的毅力固然可嘉，它的愚蠢实在可怜。

丁文江是胡适的朋友，但他常说：“不要上胡适的当，说改良政治要先从思想文艺下手。”他强调：“要认定了政治是我们唯一的目标，改良政治是我们唯一的义务。不要再上人家的当，说改良政治要从实业教育着手。”丁文江责备胡适说：“你的主张是一种妄想：你们的文学革命、思想改革、文化建设，都经不起腐败政治的摧残。良好的政治是一切和平的社会改善的必要条件。”

1920 年 7 月，林巧稚以优异的成绩从厦门女子师范学校毕业了。父亲林良英问她毕业后打算做些什么。她说想考协和医科大学。“协和？那得几年？”“八年吧。”林巧稚故意说得很轻巧。继母在一旁大声嚷起来：“啊，八年？那得多少钱啊！”“每年总要四五百个大头（银圆）吧。”林巧稚嗫嚅着低下了头。“上大学干什么？女孩儿家，嫁个好人家才是真的！你现在已经快二十的人了，再上八年学，还嫁给谁呀？”继母说。林巧稚倔强地回答：“那我就不嫁，一辈子也不嫁！”

王世杰、李四光等人与蔡元培谋划在原武昌高等师范学校的基础上筹设武汉大学。李四光为武大选中偏僻荒凉的罗家山（后取闻一多建议改为今名“珞珈山”）和狮子山一带为校址，王世杰受任为武汉大学校长，他对国民政府宣称：“要我当校长，就不是一个维持武大现状的校长。武大不办则已，要办就应该是一个新的、国内一流水准的大学。武汉位居九省通衢，如同芝加哥之于美国，武大应与此重要地位相称。”王后来很看重自己对武大的拓荒之功，曾希望在自己的墓碑上刻“武汉大学校长”衔。

由于跟北伐军许崇智产生矛盾，许春草对武装革命大大失去信心。从 1923 年起，他就不再参与国民党的活动，基本上同国民党脱离关系，回头来致力于民众运动。日本特务及台湾流氓多次阴谋暗杀，许春草毫不畏惧。他从来都不携带自卫手枪，更没有保卫人员。有一次，朋友来告：台湾公会会长陈长福接受任务，非杀许春草不可，劝许谨慎。许春草说：“人的性命在上帝掌中，陈长福无法害我。”

费巩年轻时学成回国曾取道苏联，朋友问他对苏联的印象，他说：“总的印象还不错，有不少新鲜的东西，但我不喜欢强制人们必须去接受某一种思想，把思想也标准化。我希望把道理给人民讲清楚，由人民自由来比较和选择。”朋友说：“你是个典型的自由主义者！”费巩回答说：“不管你说我是什么主义，我酷爱这种自由的气氛，我相信每个人自己都长着一个脑子，他们有判断好坏是非的能力。”

鲁迅去世前说：“欧洲人临死时，往往有一种仪式，是请别人宽恕，自己也宽恕了别人。我的怨敌可谓多矣，倘有新式的人问起我来，怎么回答呢？我想了一想，决定的是：让他们怨恨去，我也一个都不宽恕。”

蒙文通年轻时曾请教何拔儒：“先生，主流历史学派不理解你，你如何想？”何拔儒淡然笑说：“历史不是一次就写定的，谁写在最后，谁写得最好。”何讲了自己在留学期间听到的许多故事：发现集合论的康托尔、发现非欧几何的罗巴切夫斯基、发现群论的伽罗瓦，都是世界级的大数学家；康托尔、罗巴切夫斯基很年轻就获得了教授头衔，但是他们产生了新创见后，不被自己的老师、朋友、亲人、同事所理解，并备受打击，被逼疯、被逼死或被逼去参加决斗。这种现象也许长期难以改变，因此他愿意埋名乡里，多做些具体事，以等待明天。

抗战时期，梁思成和林徽因为躲避日本人的轰炸，跟着营造学社到四川李庄住了一段时间。有一天，有人问林徽因：“如果日本人打到四川你们怎么办？”林徽因特别平静地回答：“中国读书人不是还有一条老路吗？咱们家门口不就是扬子江吗？”

“皖南事变”后，叶挺被捕。他在狱中以“六面碰壁居士”写诗说：“为人进出的门紧锁着，为狗爬走的洞敞开着，一个声音高叫着：爬出来吧，给你自由！我渴望着自由，但也深知道，人的躯体哪能由狗的洞子爬出！我只能期待着，那一天地下的火冲腾，把这活棺材和我一齐烧掉，我应该在烈火和热血中得到永生。”

20 世纪 50 年代初，陈寅恪对自己的学生汪篯说：“你要把我的意见不多也不少地带到科学院。碑文你要带去给郭沫若看。郭沫若在日本曾看到我的王国维诗。碑是否还在，我不清楚。如果做得不好，可以打掉，请郭沫若来做，也许更好。郭沫若是甲骨文专家，是‘四堂’之一，也许更懂王国维的学说。那么我就做韩愈，郭沫若就是段文昌。如果有人再作诗，他就做李商隐也很好。我的碑文已经传出去，也不会湮没。”

作为大出版家，王云五跟张元济不同。张是纯粹的夫子，搞出版仍关注一个“学”字；王云五不然，他着眼于一个“商”字，有人说他是世界上最理想的出版商。他自承：“出版事业犹如开饭馆，要饭馆出名，必须有名厨，厨子比老板还重要。他要拥有支配全饭馆饮食的全权，才能端出来精彩的菜肴，以飨食客。出版家最好是读书人，书读得博，不一定要专，这样才能推出各类可读的书。”

陈寅恪认为，没有自由思想，没有独立精神，即不能发扬真理，即不能研究学术，一切都是小事，唯此是大事。他还说："中国自今以后，即使能忠实输入北美或东欧思想，其结局当亦等于玄奘唯识之学，在吾国思想上既不能居最高之地位，且亦终归于歇绝者。华夏之文化，历数千载之演进，后渐衰微，终必复振。"

1962 年夏，李万春带着内蒙古京剧团进京汇报演出。章诒和受父母命前去登门拜望，告辞时，李万春一家人把章送到大门口。李万春握着章诒和的手说："回去给令尊大人问好，给令堂大人问好，再替我问候黄（琪翔）副主席和李（伯球）主任！"所问候的四人是中国农工民主党的四大右派。李万春的右派帽子与发配内蒙古，皆源于此。章诒和听了李万春的话，大为感动，一下子哭了。李万春不知所措，李的夫人李砚秀在一旁劝慰说："别难过，戏班的人都是萍水相逢，讲的就是互不嫌弃。"

1965 年秋，世界级应用数学大师、清华九级学长林家翘到芝加哥大学演讲时，在清华九级物理系毕业获得过美国气象学会最高奖的郭晓岚家中做客。当他见到清华校友、历史学家何炳棣时，说："咱们又有几年没见啦，要紧的是不管搞哪一行，千万不要做第二等的题目。"何炳棣认为，林先生的话代表了清华精神。

殷海光说："生长在这样一个时代，像我这样的一个知识分子，可以说极有价值，也可以说极无价值。就纯粹的学术来说，我自问相当低能，丝毫没有贡献可言。就思想努力的进程而论，我则超过胡适至少一百年，超过唐（君毅）、牟（宗三）至少三百年，超过钱穆至少五百年。个中的进程，我自己知道得很清楚。这些知识分子在种种幌子之下努力倒退，只有我还在前进不已。”

雷震在狱中没有低头屈膝。在写给儿女的信中，雷震说：“我是缔造中国历史的人，我自信方向对而工作努力，历史当会给我做证明。”

熊十力在无限孤独的暮年哀叹：“人生七十，孑然一老，小楼面壁，忽逢十祀。绝无向学之青年，后顾茫茫……”即令如此，这位中国现代新儒家最富原创性的奠基人，仍然寄望于未来：“吾国人今日所急需者，思想独立、学术独立、精神独立……游乎广天博地之间，将为世界文化开出新生命。”

金庸当年在香港办《明报》，执笔写社评，预测时局（特别是在“文革”时期），每每中的。有人问他奥秘何在，他轻松回答：“我读《资治通鉴》几十年，一面看，一面研究。”“《资治通鉴》令我了解中国的历史规律，差不多所有中国人也按这个规律的。”

1980 年 11 月，林同济在加州大学伯克利分校演讲“对中国人心灵的寻求”。他对观众如此致意——“容我这样说吧：中国人认为，一旦你自己和宇宙挂联起来，你就变成某种神圣的事物。你对宇宙做出了终极忠诚的承诺，你和上帝而不是和牧师聚合了，这就是中国之道。”

成舍我十六岁时立下志愿：“办一份真正独立的报纸。”他从事新闻业近八十年，坚信“新闻是第四种权力，是监督政府的力量”。

王小波在谈到何以写杂文时说，他认识很多明理的人，但他们都在沉默之中，因为他们都珍视自己的清白。但他以为，伦理问题太过重要，已经不容他顾及自身的清白。

王小波说，他小时候有一段很特别的时期。有一天，他父亲对他姥姥说，一亩地里能打三十万斤粮食。结果是，老太太跳着小脚叫了起来：“杀了俺俺也不信！”

由于身患重病，苇岸在医生和亲友的反复劝说下，被迫像吃药一样地开了荤，一度中断了坚持一辈子的素食。为此，他在临终前深表愧悔，让妹妹记下他最后的遗言：“我平生最大的愧悔是在我患病、重病期间没有把素食主义这个信念坚持到底（就这一点，过去也曾有人对我保持怀疑），在医生、亲友的劝说及我个人的妥协下，我没能将素食主义贯彻到底，我觉得这是我个人在信念上的一种堕落，保命大于了信念本身。”

自觉第二十

从鸦片战争到戊戌变法，半个多世纪里，中国人对世界一无所知。先知是少而寂寞的。徐继畬在鸦片战争后不久即认识到，“瀛寰”之中，最大的国家是俄罗斯，最强的国家是英吉利，它们对中国的威胁最大，而最有希望的国家是“米利坚”。徐希望中国向美国学习，他称赞华盛顿说：“按华盛顿异人也……开疆万里，乃不僭位号，不传子孙，而创为之推举之法，几于天下为公，骎骎乎三代之遗意。其治国崇让善俗，不尚武功，亦与诸国异。”他说，美国合众以为国，疆土万里，不设王侯，不循世袭，国事付之民议，此乃华盛顿“创古今未有之局”，“泰西古今人物，能不以华盛顿为称首哉”！

王闿运好言霸王之学，据说曾多次劝曾国藩自立称帝。曾以其书生徒托空言，虽以礼接待，而不接纳其人其言。有一次，王侃侃而谈，曾国藩低头不语，但以手蘸茶水在案桌涂画，曾有事外出，王探头看见桌上写了许多“妄”字，遂明了自己在曾心中的印象。

1898 年，曾朴认识了陈季同将军后，方知西洋文学的源流派别和重要作家的杰作。他曾劝林琴南（畏庐）用白话翻译外国的“重要名作”，但林听不懂他的劝告。后来曾朴对胡适说：“我在畏庐先生身上不能满足我的希望后，从此便不愿和人再谈文学了。”

容闳家贫，在别人资助下才接受了启蒙教育。后随美国友人到美学习，交付不起学费时，学校向他提条件，要他毕业后从事传教活动，他拒绝说：“我是中国人，我应择最有益中国者为之。”毕业后，他又谢绝友人的挽留，回到国内，他说：“我要以西方之学习，灌输于中国，使中国趋于文明富强之境。”

李鸿章母亲精明能干，她特别“多产”，共生了六子二女。生计窘迫的李文安大感烦恼，写诗发牢骚：“难得多累怨丁添，烦碎高堂问米盐。”她听了以后把眼一瞪：“我教孩子发奋读书，长大后都能成为栋梁之材，哪还怕什么贫穷？”她天生一双大脚，嫁到李家，下田劳作，立下汗马功劳。

姚公鹤说：“租界中外人公共建筑所在，每不准华人之擅入，喧宾夺主，无过于此……唯此事并无国际强弱之关系，乃国民教育之关系。闻昔时外人并无此项禁令，历见华人一入公共地方，折花驱鸟，糟蹋地方，无所不为，于是跑马场首以营业公司名义，禁止华人之涉足。今门首高标英文于木牌，所云‘狗与华人不准入内’是也。公园禁止华人于理较欠圆转，不得已，就苏州河浜，南自白大桥起，另建华公园，为华人游息之所。此项公园建筑，远不逮西公园，然尚必派捕照料，故树木尚少攀折。呜呼！教育不普及，又曷怪公益之心薄弱耶！”

康有为写出《大同书》后，秘不示人。他解释说：“方今为据乱之世也，只能言小康，不能言大同，言则陷天下于洪水猛兽。”

孙中山请杨度加入新成立的同盟会时，杨度拒绝说：“吾主张君主立宪，吾事成，愿先生助我，先生号召国民革命，先生功成，度当尽弃其主张以助先生。努力国事，期在后日，勿相妨也。”

陈独秀不同意无条件的爱国主义，他说：“国家者，保障人民之权利，增益人民之幸福者也。不此之务，其国家，存之无所荣，亡之无所惜。”又说：“保民之国家，爱之宜也；残民之国家，爱之也何居？”

沈曾植说：“学士者，国之耳目也，今若此，则其谁不盲从而蹎蹶也。且学者，礼之所出，礼也者，国人之准则也。若今学士，可谓无学，国无学矣，而欲质之以礼，其可得欤？”

1901年，罗振玉在刘鹗家第一次见到甲骨文这种古物，欣喜异常。他惊叹之余，自许道：“汉以来小学家若张、杜、扬、许诸儒所不得见也。今山川效灵，三千年而一泄其密，且适我之生，所以谋流传而悠远之，我之责也。”

陈独秀说："若夫博学而不能致用，漠视实际上生活上之冷血动物，乃中国旧式之书生，非20世纪新青年也。"

1915年，孙中山与宋庆龄在日本相爱。孙中山反对纳妾，认为需征求卢夫人意见，同意离婚才好办。于是，孙写信给卢，申明离婚的理由。卢夫人在信上写了一个“可”字，同意离婚。卢对人说，对孙先生，“我确实帮不了手，我常识唔够，更唔识英文。我又缠脚，行走也不方便，我怎样可以帮先生呢”。

陈独秀曾有“万恶孝为首”之说，社会上一度宣传说他组织了“讨父团”。1921年，陈炯明问他有关“讨父团”的事情，陈独秀回答说："我的儿子有资格组织这个团体，我连参加的资格都没有。"

在频繁的野外调查与学术行政的改进实践中，丁文江对政治之于各项事业的高度相关性有了深切的体认。但朋友们对他热衷政治很是不解。有一次，丁文江对李济解释说："你们老问我为什么恋着政治问题不舍，不集中全力做科学的工作。你看，政治不澄清，科学工作是没法推进的，我们必须先造出一种环境来，然后科学工作才能在中国生根。"科学的发展既然与政治密不可分，丁文江这样的行动主义者自然就有了努力问政的理由。

1923年，丁文江说出“少数人”的话："我们中国政治的混乱，不是因为国民程度幼稚，不是因为政客官僚腐败，不是因为武人军阀专横，是因为‘少数人’没有责任心，而且没有负责任的能力。”他说：“只要有少数里面的少数，优秀里面的优秀，不肯束手待毙，天下事不怕没有办法的。”“中国的前途全看我们‘少数人’的志气。”

王国维说他自己：“余之性质，欲为哲学家则感情苦多而知力苦寡，欲为诗人则又苦感情寡而理性多。”“哲学上说，大都可爱者不可信，可信者不可爱，余知真理，而余又爱其谬误。”

鲁迅终生的工作是要揭示国民性，他曾说：“要画出这样沉默的国民的魂灵来，在中国实在算一件难事，因为，已经说过，我们究竟是未经革新的古国的人民，所以也还是各不相通，并且连自己的手也几乎不懂自己的足。”他有名言：“哀其不幸，怒其不争。”他有诗说自己：“灵台无计逃神矢，风雨如磐暗故园。寄意寒星荃不察，我以我血荐轩辕。”

孙中山到北京后病势加重，无法讨论统一计划。北京协和医院的医师均告束手，张静江、胡适之向他推荐中医，但他不愿服中药。孙中山说，他本身是医生，他知道现代医药束手时，中医的确有时也能治好疑难病症。他说：“一只没有装罗盘的船也可能到达目的地，而一只装了罗盘的船有时反而不能到达。但是我宁愿利用科学仪器来航行。”朋友们仍然一再劝他服中药，他不忍过于拂逆朋友的好意，最后终于同意了。但是这只没装罗盘的船却始终没有到达彼岸。

郁达夫敏感。在北伐胜利的欢呼声中，他就怀疑革命投机者，引发左右的攻击。国共分裂后，他又直率地对美国记者和好友徐志摩说：“我不是战士，只是作家。”这使他遭受更猛烈的攻讦，革命同志鄙薄他乃至反目，“左联”除了他的名，他长时间被扣上“革命意志消衰”的帽子。

赵元任曾对西方人说：“我们中国人也得在现代过人的日子，我们不能一辈子穿了人种学博物馆的衣服，预备你们来参观。”

鲁迅从不以为在上海“亭子间”的写作会脱离社会，他说：“这也是生活。”“外面的进行着的夜，无穷的远方，无数的人们，都和我有关。”

华罗庚到清华大学的第二年升任助教。初中学历当助教，破了清华先例，而且是教授会一致通过的。再一年半升讲师，然后当了两年研究员。1936 年，他二十六岁，到英国留学，就读最著名的剑桥大学。但他不愿读博士学位，只求做个 Visitor（访问者）。因为做访问者可以冲破束缚，同时攻读七八门学科。他说：“我来剑桥，是为了求学问，不是为了得学位的。”直到后来，他拥有的唯一的一张文凭，就是初中毕业文凭。

翁文灏、蒋廷黻、吴鼎昌等人“出山”（离开学界）进入政府做官，胡适曾用杨万里“在山做得许多声”的诗句，劝他们回来致力于文化教育工作。蒋廷黻说：“我个人的去留无关宏旨，这也未必就是理想的‘出山’机会；但我认为，如果非要等到理想的时候再‘出山’，‘恐怕大事已去矣’。”

任鸿隽曾对新入学的学生说："我记得民国十四年'五卅事件'闹得最盛的时候，某大学的墙壁上，贴满了'打倒英国'和'直捣英伦'等标语。我不晓得我们笼统才不满十万吨的海军，有什么方法能够打到伦敦去。我们记得民国十七年'五三'的事件，我们学生界的标语，是要'枪毙田中'。果然田中可以由我们枪毙，又何至于有'济南惨案'。最近'九一八'事变之后，我们学生界的主张，有组织'东亚大同盟''联合东亚弱小民族'等等。我不晓得东亚弱小民族在哪里，怎么能组织起来抵抗强日。"

杜月笙识字不多，却有一句名言："不识字不要紧，但不能不识人。"

《中国史纲》是张荫麟的代表作。他在抗战时期的《自序》中说："在这抱残守缺的时日，回顾过去十年来新的史学研究的成绩，把它们结集，把它们综合，在种种新史观的提警之下，写出一部新的中国通史，以供一个民族在空前大转变时期的自知之助，岂不是史家应有之事吗？"

1942年10月6日，弘一法师完全断食，只饮开水，仍勉强给人写字。10日下午，他勉强起来，写"悲欣交集"四字，交给侍疾僧妙莲。13日下午7时3刻，法师西逝。此前他早已写好致夏丏尊的遗书："丏尊居士文席：朽人已于　月　日迁化，曾赋二偈，附录于后。君子之交，其淡如水。执象而求，咫尺千里。

问余何适，廓尔忘言。华枝春满，天心月圆。谨达不宣。音启。”遗书的月日，都空着，他示寂后，由侍疾僧补填。

西南联大开学，殷海光选了郑昕的“哲学概论”。郑在德国留过学，对康德哲学有很深的造诣，当他发现殷海光也来听他的课时，就对殷说：“你不用上我的课，下去自己看书就好了。”于是，殷海光就不再来上课了，他在下面看书自学，期末还得了这门课的最高分数。他选金岳霖的逻辑课，金岳霖对他说：“我的课你不必上了，王宪钧刚刚从奥国回来，他讲的一定比我好，你去听他的吧！”

1949 年 1 月，傅作义召集北平的学者名流开会。徐悲鸿说：“北平是一座闻名世界的文化古城，这里有许多宏伟的古代建筑……希望傅作义将军顾全大局，服从民意，使北平免于炮火摧毁。”康有为年逾花甲的女儿康同璧慷慨陈词：“北平有人类最珍贵的文物古迹，这是无价之宝，绝不能毁于兵燹。”

吴稚晖曾说自己：“我不过是一个闯进大观园的刘姥姥。官场如戏场。戏班里有副对联：‘悲欢离合，开场日即收场日；男女老少，看戏人即做戏人。’蔡元培的大学院长被挤掉，胡汉民、李济深被关押差点儿送掉性命，这不是真刀真枪吗？黄埔系、CC系、政学系、亲日派、英美派、蒋家天下陈家党，相互倾轧，明争暗斗，还轮得上我这刘姥姥吗？挤也挤不进去！……有人说我清高，谈不上，我是小人。还有人说我玩世不恭，也不对，我是‘正世有恭’啊！”

有人问顾维钧，在中国政府权力处于风雨飘摇中，他何以能够左右逢源，官运亨通。顾维钧回答说：“问题很简单，我从不介入派系之争。我的活动纯以国家民族利益为依归。凡是有益国家的事，我必尽绵薄之力，反之，有害的事，我宁愿挂冠而去。”

1969 年，殷海光去世。在他辞世之前完成的《海光文选·自叙》一文中，他说：“……我近年更痛切地感到任何好的有关人的学说和制度，包括自由民主在内，如果没有道德理想作原动力，如果不受伦理规范的制约，都会被利用的，都是非常危险的，都可以变成它的反面。民主可以变成极权，自由可以成为暴乱。自古以来，柏拉图等大思想家的顾虑，并不是多余的。”

雷震在狱中可以看报，但是报纸被切割得厉害，很多地方都成为天窗。雷震抗议，监狱方面说：“有问题的新闻你没权利看。”雷震说：“就算你们说得对，可是你们一切割，背面那一块没问题的也给切掉了，那一块我有权利看啊！”监狱方面就改用墨来涂抹，不再切割了。这种做法只是掩耳盗铃，重要的新闻，还是可以“补”上。雷震举例说：“李宗仁投共的新闻给切割了，可是过几天看到白崇禧责备李的新闻，就可以推断出那天被切割的新闻是什么了。”

陈寅恪在《赠蒋秉南序》中说自己：“默念平生，固未尝侮食自矜，曲学阿世，似可告慰友朋。”

殷海光口述遗嘱，在遗憾对不起太太和孩子两事后说：“在我的思想快要成熟时，我怕没法写下来，对苦难的中国人民有所贡献。对青年一辈，可能没法有一个最后的交代。《思想与方法》《中国文化的展望》只是一个开始，何况我又一直在改变和修正我自己的思想。我若死在台湾，希望在东部立个大石碑，刻着‘自由思想者殷海光之墓’，身体化灰，撒在太平洋里，墓碑要面对太平洋。”

赵树理抨击时事，往往以幽默的语言出之。有一个时期，很多作品对农村情况多粉饰夸张，他到乡下住了一阵后，回来做报告，说农村的情况不像许多作品描写的那样好，农民还很苦，城乡差别还很大，他举例说：“我这块表，在农村可以买五头毛驴，这是块‘五驴表’！”他因此受到批评。

“文革”初期，孙冶方坐牢之前，曾与顾准一起住牛棚，一起劳改。顾准对孙冶方说：“反正我是受了这么多罪，再也不要连累你了。我的手上没有血。”

梁思成说：“一个东方古国的城市，在建筑上，如果完全失掉自己的艺术特征，在文化表现及观瞻方面都是大可痛心的。因为这事实明显地代表着我们文化的衰落，至于消失的现象。”

有人说，冯友兰的哲学著作一直含有“应帝王”的成分，随时代政治风气变化而相应改变。但在《中国哲学史新编》第七卷里，一切功利的浮影消融殆尽。经历了多年的反复与自我批判，作者晚年的心境平和中正，他说自己接近了“海阔天空我自飞”

的状态，他也相信中国哲学必将走过四边形期的混乱状态而大放光彩，走到“仇必和而解”的全新天地中。

1986年，晚年的王瑶如此认识鲁迅：“鲁迅先生是真正的知识分子。什么是知识分子？他首先要有知识；其次，他是‘分子’，有独立性。否则，分子不独立，知识也会变质。”

钟开莱对沈从文说：“数学研究到达一定境界，就像文学创作中写抒情诗。”沈从文因此写道：“表达一抽象美丽印象，文字不如绘画，绘画不如数学，数学似乎又不如音乐。”

柏杨青年、壮年多有不幸，他在晚年回忆时说：“我并不认为我是天下最受苦的人。绝大多数中国人都比我更受苦，这是民族的灾难、时代的灾难，而不是某一个人的灾难。回顾风沙滚滚的来时路，能够度过这些灾难，我比更多的中国人要幸运得多，这使我充满感恩之情。”

林风眠命运坎坷，备受歧视冷落。20世纪50年代初，法籍妻子携女离去，林孑然一身，困窘不堪。花甲之年，他被无端关进监狱，以画家之手去打石头、印毛巾。晚年，林移居到香港，度过一生中少有的自由舒心日子。他画出多幅动人心扉的芦雁、瓶花、仕女，同时也创作出《基督》《痛苦》《恶梦》。林风眠说：“我像斯芬克斯，坐在沙漠里，伟大的时代一个一个过去了，我依然不动。”

成舍我说：“你要享有自由，你就得用行动来证明自己配得上‘自由’这两个字；你要享有自由，你就得与那些不让你自由的力量周旋到底。”

陈岱孙在北京大学为他举行的九十五岁寿辰上说：“在过去几十年中，我只做了一件事，就是一直在学校教书。”

教化第二十一

章太炎少时受外祖朱有虔启导，在其十一二岁时，朱即讲《东华录》，说夷夏之防不可不严。章问："以前的人有谈过这种话没有？"朱说："王船山、顾亭林已经谈过，尤其是王氏的话，真够透彻，说道'历代亡国，无足轻重；只有南宋之亡，则衣冠文物亦与之俱亡了'。"章说："明亡于清，反不如亡于李闯。"朱答："现在不必作此说。如果李闯得了明的天下，闯虽不是好人，他的子孙却未必都是不好的人，但现在不必作此说。"

姚学塽极为赞赏魏源的悟性。魏源要拜姚为师，姚不允，辞道："你他日定然在我之上，我又如何为你之师？"魏源说："师学识渊博，又具极其宽容之治学之境，当为我之师。"姚说："心在而已，何必如此斤斤而计？"

胡林翼年轻时才华崭露，在著名循吏陶澍幕府格外受到青睐，后来成为陶的女婿。胡在陶任两江总督期间，徜徉于秦淮河温柔乡中，陶氏严禁僚属冶游，只是不责备胡林翼，并且说："润芝（胡林翼号）他日为国宣劳，将无暇晷以行乐，今之所为，却是预偿以后之劳累的。"胡林翼后来任湖北巡抚，戎马倥偬，军书旁午，力疾从事以至于死。

沈葆桢少时胆子极小，夜里听见猫叫都害怕。沈母教以儒家道德观念，问："你敬仰历朝历代的忠臣孝子吗？"葆桢回答："当然敬仰。"沈母随即举例说古代忠臣孝子九死一生、万折不挠的故事："你知道他们的胆子从哪来的吗？"沈葆桢说："他们天生大胆。"沈母说："不对，因为他们做人做事都堂堂正正，心里想的都是如何孝敬父母、报效国家，所以胆子就大了。"沈母随后经常有意让沈葆桢独自往返阴森可怕的地方，一来二去，沈葆桢的胆子也就练大了。

张寿波幼时天资聪颖，过目能诵，二十四岁时中广东省乡试第七名举人。光绪二十年（1894）赴北京，联名"公车上书"。戊戌政变后，其母吴太夫人教训他说："大易，天地闭，贤人隐。汝犹未解耶？汝务近名，不务蓄德，非先世之志也！宜再求学，以补汝短。"张于是东渡日本求学，后声誉日隆，所到之处，声响非凡。时国事鼎沸，张又投红十字军，其母斥曰："一代废兴，劫运难测，丝棼难理，纲绝难举，汝宜安分，毋戾祖宗之遗教也！"张因此收心。

康、梁神离貌也不合时，康有为曾访周善培，问周说："我真佩服你，言必称赵先生。你为什么那样服从赵先生呢？"周知南海恨任公不服从他，就答复说："赵先生只同我讲学问，学问的道理是方的，我无法违背他，只有服从他；你同任公变法以前也是讲学问的，变法以后，就专讲政治，政治的道理是圆的，你有你的办法，他有他的办法，自然他对你就有从有违。还有一个重点：我做官是做的我的官，不是替赵先生做官。我做了六年官，赵先生从来未向我要过一个钱、荐过一个人。你对任公是否如此，请你反省一下。”康有为听了很不满意。

鲁迅的童年是很寂寞的，他是长子，负担着光大家庭门楣的重任。但对爱的渴求成为他深厚的人道主义底色。没有游戏，也没有相应的读物，当长妈妈踩死了伴他读书生活的隐鼠，他愤怒了，公开向长妈妈诘问，并从此对长妈妈产生了憎恶。他憎恶长妈妈，还因长妈妈总爱向人群中“切切察察”，总限制他的走动，拔一株草，翻一块石头，都要管束。但是，当长妈妈用蓝布衫为鲁迅包回他渴望已久的四本绘图《山海经》，他一下子把长妈妈敬若神明，以前谋害隐鼠等怨恨，全都消失了。多年以后，鲁迅在《阿长与〈山海经〉》中纪念长妈妈：“仁厚黑暗的地母呵，愿在你怀里永安她的魂灵！”

徐世昌少时家贫，其母刘氏系桐城派刘大櫆的后代，颇有修养，教子很严。一次，徐世昌与弟世光见桌上有三块糕点，都争着要多吃一块。刘氏大怒，掷糕点于地，不准他兄弟俩吃，说：“你们如果从小就不兄友弟恭，长大了怎么办？”

程潜少时，学习刻苦。每当夜深人静，万籁俱寂，程潜伴如豆油灯，摇头晃脑，朗朗出声。一夜，月悬中天，程潜正襟危坐，一遍又一遍地诵读《诗经》，恰逢屋檐下一小偷驻足，贼盗为程潜抑扬顿挫之声所迷，禁不住扑哧一笑。后来，此小偷对乡里一农民说："程家的后生读得真认真，将来定有出头之日。"

穆藕初年少胆小、精神颓唐。十三岁时，寄居在穆家的一位袁姓少年，习画颇有所得。一天，穆父把袁氏少年的画给他看，问他可知是谁人所作，穆藕初茫然不知。穆父慨然："竖子，汝年已长大，尚昏蒙若此！幼年不知自立，日后何以为人？"还喃喃自语道："袁氏何福，有此佳子弟，其令人羡煞。"穆藕初"闻父言，面赤耳热，汗流浃背，咋舌者逾时。退后羞愤至泣，因发愤图自立，冀餍老父深切之期望"。

罗振玉为培养翻译人才，开办了东文学社。一次，他在一同舍学生扇头上看到一首咏史诗："千秋壮观君知否？黑海西头望大秦。"罗对此很欣赏，他认为写诗的青年会有大出息，于是开始关照写诗的王国维。在王生活困难之际，罗振玉包他学费，让他在社内兼职，使其无后顾之忧。

黄侃跟章太炎在东京住了三年多，一直埋头苦读，不时向章请益。但他跟章甚久，始终没有"拜师"的形式，章太炎很以为奇。到黄决定回国，向章求临别赠言，章太炎说："你要拜一个好老师常常指教你才好。"他问："什么人好呢？"章说："到北京找刘申叔（师培）吧！"他答："暂时尚不想去北京。"章说："浙江孙诒让也好！"他答："不想到浙江。"章说："陈伯陶在南京，你可去找他！"答："南京恐怕也去不了。"章说："那么怎么办呢？万不得已，就是我勉强点吧！"这时，黄侃才认真地磕了一头，算是拜了师。

于右任少时丧母，家贫，父亲于新三在外经商，由伯母抚养。稍长，父亲回来，用心督促儿子学业。遇到必背课文，儿子背诵一遍，他跟着背诵一遍。且背书时如师生礼仪，肃然异常。右任背书时，须先给父亲作一个揖；父亲背书时，将书本端正地放到桌案上，儿子站立一旁，父亲向书本恭恭敬敬地作一个揖，而后背诵。“一灯如豆下苦心，父子相揖背章文”的情景在当地传为佳话。

林长民、林徽因父女喜欢文学与艺术，林徽因对人说她是父亲唯一的知己。其父女关系非同寻常，“中郎有女”，林长民生前常以此自喜，但他也曾慨乎言之：“做一个天才的女儿的父亲，不是容易享的福，你得放低你天伦的辈分先求做到友谊的了解。”

溥杰年少时，生活养尊处优，曾无意中在窗玻璃上写了“小米半斤”四字，为其母发现，大发雷霆，严厉地责备了溥杰一顿，主要理由是：计算粮食，有失身份。

丁文江出生于江苏泰兴的一个士绅家庭，其幼年所受教育完全是为将来走科举道路做准备。他十三岁时，“出就学院试”，适遇知县龙璋，“龙大叹异，许为国器，即日纳为弟子，并力劝游学异国以成其志。而赴东留学之议，乃自此始”。

程潜参加同盟会后，从事革命，举凡辛亥、讨袁、护法诸役，莫不为民前驱，其乡人庆之，其母则说：“男儿以身许国，除暴安良，分内事耳，何以庆之？”为绩而不辍，人复劝休止，则又说：“人贵自食其力耳，吾不欲以身暴人。”

1920年，在上海国民党总部工作的孙铁人在《大汉报》上读到他昔日的学生聂绀弩的诗作，大为惊异，马上致信报社总编、好友胡石庵："此生颇有文才，但尚需开阔视野，这样才不致埋没乡间。"他邀请聂绀弩去上海，聂由此走进了革命和文化的队伍。

沈从文十八岁时到北京来谋生，他住在一会馆的小亭子间里写小说。冬天到了，凉快透顶，下大雪时，没有炉子，身上只两件夹衣，他就用旧棉絮裹住双腿，双手发肿、流着鼻血地写小说。郁达夫去敲门："哎呀……你就是沈从文……你原来这么小……我是郁达夫，我看过你的文章，好好地写下去……我还会再来看你……"郁看吃饭时间到了，邀请沈从文去附近吃了顿饭，内有葱炒羊肉片，结账时，一共约一元七角。饭后二人回到小亭子里谈了一会儿，名作家告辞，留下他的一条浅灰色羊毛围巾和吃饭后找回的三元二角多零钱。沈从文伏在桌子上哭了起来。

徐子明在北京大学执教时，过从较密的同事有辜鸿铭、黄侃、刘师培等人。黄侃想请好友教儿子英文，不过先要考考老师，遂抓起一把头皮屑问，这玩意儿英文叫什么。徐子明应声曰："dandruff！"黄去查过字典不误，才笑称徐在小学英文上下过功夫，始放心让儿子就学。

1924年，梁漱溟离开北京大学，有人问他原因，他说："因为觉得当时的教育不对，先生对学生毫不关心。"他认为，先生应与青年人为友。所谓友，指的是帮着他们走路；所谓走路，指的是让包括技能知识在内的一个人全部的生活往前走。"教育应当是着眼一个人的全部生活，而领着他走人生大路，于身体的活泼、心理的朴实为至要。”

蒋百里曾带两个孩子到德国，一个乡下老太太对他说：“儿女求学固属重要，但比这个更重要的是教给他们重视合群生活。青年人最忌产生忧郁或孤独的情绪，学习求好了，身子却弄虚了，精神也被消磨殆尽。这种有学问的人，对国家和社会有何用处？因此之故，除求学外，父母还须注意儿女们的周围环境，让他们跟多数人在一起，多过点儿滑冰、游泳、打球的野外生活。”蒋百里提醒孩子们说：“这位老太太的话，就是课堂外极可宝贵的学问。”

顾颉刚出身于书香门第，母亲对他要求甚严。一次天落大雨，顾想借故逃学，对母亲说：“今天雨太大了！”母亲说：“你不想去了吧？就是落铁，也得去！”

钱穆幼年时聪明，家中来客，客人多出题考之，其父唯唯不答一辞。一晚客人带他出去炫示，其父亦不禁止。第二天，父子过一桥，其父问：“识‘桥’字否？”钱点头曰：“识。”问：“桥字何旁？”答曰：“木字旁。”问：“以‘木’字易‘马’字为旁，识否？”答曰：“识，乃‘骄’字。”父又问：“‘骄’字何义，知否？”钱又点首曰：“知。”其父就此挽着钱手臂，轻声问道：“汝昨夜有近此‘骄’字否？”钱穆闻言如震雷，俯首默然不语。

华罗庚从十六岁开始自修，五年后，他动手写数学论文投稿，当他的论文在上海的《科学》杂志刊登出来后，惊动了清华大学的熊庆来。《科学》杂志是当时中国在自然科学方面最权威的杂志，经常在《科学》上写文章的有李四光、竺可桢、翁文灏等名家。熊庆来看完华罗庚的文章，问周围同事："这个华罗庚是哪国留学生？"没人回答。再问："他是在哪个大学教书的？"同事们仍是面面相觑。恰好有江苏籍的教员在旁，忽然想起了他的弟弟有个小同乡名叫华罗庚，便道："这个华罗庚哪里教过什么大学，他只念过初中，听说在金坛中学当事务员。"熊惊奇不已，迅即做出决定："这个年轻人应该请他到清华来！"

王静安遗体入殓之时，清华师生去给王遗体三鞠躬以敬礼。陈寅恪与众不同，他身着袍子马褂，跪在地下叩头，且是三叩头。陈行孔孟之道，非此一端，他在国学研究院时，其学生到上海陈家去谒见其父散原老人，散原老人与一帮学生谈话，均坐，独陈先生站在一旁，并坚持到谈话完毕。

蒋梦麟小时曾作文让日文教师中川指教，里面提到"中日同文同种"的话。但他的日文老师笔下绝不留情，中川随笔批道："不对，不对，中日两国并非同种，你的国将被列强瓜分，可怜，可怜！"当天晚上，蒋梦麟为国家的前途流泪。

顾维钧虽以外交才干著称，却非常看重中文。他曾要求秘书杨玉清每天从古文中选一点儿材料抄给他，他夜晚回家去读。他对杨玉清说："一个中国人，当然应该把中文学好。一个人不能说年纪大了就不求进步。我应该学中文。你这样做，是帮我的忙。"

章乃器年轻时寻找人生出路，当他从一本薄薄的经济学教材绪论里读到“通商大埠，常位于大江大河下游”时，立马为之倾倒，赞叹其为“一切古书里找不到的知识”，从此与经济学结下不解之缘。

邓宝珊幼年丧父，因家境贫寒读几天私塾就失学了。十五岁当兵至新疆伊犁后，十分思念家中老母，可他识字太少，连一封报平安的家信也不会写。他打听到附近有一位能断文识字的老先生，就去投师求教。到了老先生家，邓宝珊恭恭敬敬地说明来意，老先生半天没表同意。老先生家里，除了老伴外，别无他人。邓见他家水缸已空，二话没说，抓起扁担，就去挑水，水缸担满了，便悄声离去。自此，邓宝珊天天来挑水，却不提拜师一事。这样挑了十几天水，老先生被感动了，找出一本《秋水轩尺牍》：“来吧，就学这个，认会一篇背一篇！”过了半个多月，在老先生的指点下，邓宝珊熟识和背会了书中 15 篇文章后，就动手给家里写出了第一封信。

戴季陶做国民政府考试院院长，唯才是举，给人以“天下人才尽入彀中”之感。有一次，因一已达分数线的学生没有被录取，戴季陶在国民会议上要求从严处分自己，蒋介石无奈只好罚扣其薪金三个月。

胡适曾对青年朋友们说：“现在有人对你们说：‘牺牲你们个人的自由，去求国家的自由！’我对你们说：‘争你们个人的自由，便是为国家争自由！争你们自己的人格，便是为国家争人格！自由平等的国家不是一群奴才建造得起来的！’”

1931年，《中学生》杂志社向鲁迅提出一个问题：“假如先生面前站着一个中学生……（先生）将对他讲怎样的话，作努力的方针？”鲁迅回答道：“请先生也许我回问你一句，就是：我们现在有言论的自由吗？假如先生说‘不’，那么我知道一定也不会怪我不作声的。假如先生竟以‘面前站着一个中学生’之名，一定要逼我说一点，那么，我说：第一步要努力争取言论的自由。”

阿炳为小道士时，师父教其吹箫，吹笛，拉胡琴，弹琵琶，学昆剧、京戏，待其极厚。一次中秋之夜，师父带阿炳到二泉茶室喝茶，师徒二人驻足二泉池畔，但见中秋之月浮漾泉池中，师父谛视良久，自言自语：“二泉啊二泉，我何时才能替你谱一首曲呢？”他告诉阿炳，惠山二泉从很远很远的古代传来，可以从中听到来自古代的声音，有“关关雎鸠”之声，有“呦呦鹿鸣”之声……

1936年6月14日，章太炎病逝。临终写道：“若有异族入主中夏，世世子孙毋食其官禄。”遗嘱止此二语，语不及私。

1937年在长沙临时大学时，蒋梦麟、张伯苓、梅贻琦三位校长巡视学生宿舍。看见房屋破败，蒋校长认为不宜居住；张校长却认为学生应该接受锻炼，有这样的宿舍也该满意了。蒋梦麟说：“倘若是我的孩子，我就不要他住在宿舍里！”张伯苓针锋相对地表示：“倘若是我的孩子，我一定要他住在这宿舍里！”梅贻琦没有表态。

晏阳初常说，“三 C” 影响了他一生，就是孔子（Confucius）、基督（Christ）和苦力（Coolies）。具体地说，就是：来自远古的儒家民本思想，来自近世的传教士的榜样和来自四海的民间疾苦的智能。

1940 年浙江大学流徙到遵义，在艰苦的流亡时期，竺可桢邀请费巩担任训导长。费巩接受了职位，同时表示：“吾不要训导长的薪俸，仍要教授原薪，一年可省出四五千元钱来，要求拿这笔省出的钱用在学生物质生活的改良上面。” 他上任后身体力行，亲自动手烧开水为学生杀臭虫。学生宿舍灯光太暗，他花费精力设计了一种亮度大而烟气小的植物油灯，拿自己的工资购买玻璃、铅皮等材料，制作了 800 多盏分发到各宿舍。学生们称之为“费巩灯”。

黄炎培对黄万里教育甚严，要点凡三：一、必须尊重农民。黄炎培说，我国自有历史以来，劳动的农民从来没有对不起他们的统治阶级。二、为人必须喷出热血地爱人！爱乃是道德的根基，所谓真善美实皆包含在爱中。三、戒骄傲。戒骄必须从内心出发，仅在形态上不虚伪犹不足道也。

1943 年，徐复观初次拜见熊十力，请教应读何书。熊氏教他读王夫之的《读通鉴论》。徐说那书早年已经读过了。熊十力不高兴地说：“你并没有读懂，应该再读。” 不久后，徐再见熊十力，说已经读完。熊问有什么心得，徐便接二连三地说出许多不太满意处。熊十力未听完便怒声斥骂道："你这个东西，怎么会读得进书！任何书的内容，都是有好的地方，也有坏的地方。你为什么不先看出它的好的地方，却专门去挑坏的；这样读书，就是读了百部、千部，你会受到书的什么益处？读书是要先看出它的好处，再批评它的坏处，这才像吃东西一样，经过消化而摄取了营养。比如《读通鉴论》，某一段该是多么有意义；又如某一段，理解是如何深刻；你记得吗？你懂得吗？你这样读书，真太没有出息！"

林海峰初履日本，吴清源在教棋之前先告诫他："追二兔不得一兔。"

1965 年除夕，胡风回到阔别十年的家，一家五口团聚。晚餐后，胡风叫女儿找出鲁迅所译有岛武郎的《与幼小者》，指出一段要晓风念："我爱过你们了，并且永远爱你们。这并非因为想从你们得到为父的报酬，所以这样说。我对于给我爱你们的你们，唯一的要求，在收受了我的感谢罢了，养育到你们成了一个成人的时候，我也许已经死亡；也许还在拼命地做事；也许衰老到全无用处了。然而无论在哪一种情况，你们所不可不助的，却并不是我。你们的清新的力，是万不可为垂暮的我辈之流所拖累的。最好是像那吃尽了毙掉的亲，贮起力量来的狮儿们一样，使劲的奋然的离开了我，进向人生去。"

陈寅恪做学问用功极苦，以致眼睛受损，不得不住院治疗。学生们自动组成看护队，轮班侍候，替陈师母分劳。陈感念之余，对梅贻宝校长说：“未料你们教会学校，倒还师道犹存。”梅贻宝后来说：“能请动陈公来成都燕京大学，是一杰作，而能得陈公这样一语评鉴，更是我从事大学教育五十年的最高奖饰。”

李政道回忆说：“我一生最重要的机遇，是在很年轻时能极幸运地遇到三位老师，束星北老师的启蒙、吴大猷老师的教育及栽培和费米老师的正规专业锻炼都直接地影响和造成我以后的工作和成果。我的一生和他们对我的影响是分不开的。而我最早接受的启蒙光源就是来自束星北老师。”束星北的另一个学生，中国原子弹与核武器的开拓者之一的程开甲院士说：“那个时代，像束星北这样集天才、天赋、激情于一身的教育学家、科学家，在中国科学界是罕见的。”

“文革”波及一切。王小波在云南插队时，有一次赶集，在买一位傣族老大娘的波罗蜜时，搁下的钱不够。那位老大娘追了过来，朝王小波大喝道：“不行啦！思想啦！斗私批修啦……”王小波当时腿就软了。

1936年5月，竺可桢任浙江大学校长，他在主持第一次校务会议时就提出要设立中国文学系、史地系和一年级不分系等议案。最后一项议案虽然讨论最久，但还是成立以郑晓沧、胡刚复、苏步青等人为首的公共科目分配委员会，将通才教育列入重要议事日程。几十年过后，苏步青担任了复旦大学校长，说：“如果允许复旦大学单独招生，我的意见是第一堂先考语文，考后就判卷子。不合格的，以下的功课就不考了。语文你都不行，别的是学不通的。”

命运第二十二

第一个提倡“自改革”的是龚自珍。他的名言：“灭人之国，必先去其史；隳人之枋、败人之纲纪，必先去其史；绝人之材、湮塞人之教，必先去其史。”广义的史，也就是国学——自己民族所传承积累的文史哲学。两百年从“自改革”出发、奋力走向西方的漫长道路上，龚自珍大约不曾预见这个历史的悖论：“去其史”者最积极的竟是中国人自己。

魏源编《海国图志》，认为攻西方侵略者的策略是：“调夷之仇国以攻夷，师夷之长技以制夷。”“未款之前，宜以夷攻夷；既款之后，则宜师夷之长技以制夷。”当其时，无人采用其思想，书传入日本后倒发挥了作用，一日本学者为此感慨：“呜呼！忠智之士，忧国著书，不为其君用，反为他邦。吾不独为默深悲，抑且为清主悲也夫！”

左宗棠年逾四十而功名无望，每自嗟叹，说：“除非梦卜复求，此生殆无幸矣。”

袁世凯做官极重下情，他说：“做一个长官，最要紧的是洞悉下情，只有这样，才能举措适当。如果受着下边的蒙蔽，那就成了一个瞎子，哪有不做错事的？”其所作所为因此得海内外赞赏，交口称其为“应变良才”。可悲的是，袁最终没逃脱受蒙蔽的宿命。

昔日东京笔战，梁启超被围剿甚烈，其中以汪精卫攻击最力。梁任公自称多泪多辩之人。不料若干年后，汪精卫亦被围剿。汪此时深有体味，亦自言为“多泪多辩之人”。

1911 年 10 月 10 日，武昌起义爆发。当晚，黎元洪亲手处决了两名准备参加起义的士兵，并威胁部属说：“谁敢造反，如此下场。”第二天，革命党人攻占武昌，急需组建军政府，要推出一位权威人物来控制局面，发号施令，就想到了黎元洪。黎拒绝说：“谁同你们造反？”当他被拥到谘议局楼上、推为都督时，仍拒绝在安民布告上签字，他说的话是：“莫害我，莫害我！”革命党人李翊东用枪逼着他的脑袋，黎仍不肯，直到三天后见革命大势已成才表示接受。后人称他是“枪口下逼出来的都督”。

宋教仁的好朋友谭人凤说过：“国民党中人物，袁之最忌者唯宋教仁。”宋死后，上海法院曾给国务总理赵秉钧发传票，传他到庭做证。对此，袁世凯非常生气，一个小小的法官，居然敢捋老虎的须子？后来干脆下令取消了各地的法院，以县知事兼理司法。宋死，其政治对手民主党党首汤化龙这样激赞他：“倘许我作愤激语，谓神州将与先生毅魄俱沉。”

顾维钧十二岁时，跟上海道尹袁观澜之子袁履登为同学。袁幕府中张衡山会看相，他说，这两个孩子皆非等闲之辈。唯履登不正，将来恐难有善终（后沦为汉奸）；维钧则一帆风顺，富贵双全。张为此把女儿许配给了顾维钧，是为顾第一次婚姻。

陈诚在黄埔军校任特别官佐。有一次，陈诚晚间访友，待到归来，已近天明，但他毫无睡意，乃索性挑灯夜读孙中山的《三民主义》。恰逢蒋介石查夜，见有人如此勤奋攻读，通宵达旦，便走向身边，问其姓名职务，陈诚毕恭毕敬作答，蒋大加赞赏："我黄埔军校中，人皆如此，何等妙哉！"自此，陈诚深为蒋青睐。

1925 年，由郑振铎介绍，李金发加入文学研究会，入会号为"149"。此后，他常参加文学研究会的聚会，见到当时的"文坛巨子"沈雁冰、傅东华、叶绍钧、夏丏尊、赵景深等人。近距离的接触，使李金发觉得，这些文坛上声名赫赫的人物，"其实都是亭子间绞脑汁的可怜寒士，若能在中学做一国文教员或与书局有关系，做一位编辑，便沾沾自喜，终身有托。文人无出路就是如此情形"。李金发因此与文艺若即若离，最终走上弃文从政从商的道路。

1925 年，陈立夫毕业获硕士学位，蒋介石召其赴黄埔军校当秘书。陈复电蒋介石，表示自己是学矿的，要找矿井，从事于矿业。蒋态度坚决，说："现在是需要你革命的时候，你还开什么矿？"陈立夫就此弃工从军。

1928年年初，因为北伐军快进入山东省，蒋介石特向中山大学要山东人随军入鲁。戴传贤就推荐何思源，写信给蒋由何带去。信写得很长，内容极力推重何。戴在信中说，近几年他的新交中，何是他最好的朋友，也是最有希望的朋友。又说何精通几国的语言文字，已经出版了好几种著作。最奇怪的，戴说，何是一个最具孝道的人。蒋看完信后，对何大假辞色。

丽尼婚后，妻子不巧怀孕。因家穷，无钱生养，走投无路之下只好买了一大包奎宁，想要打胎，没想到妻子吃了奎宁后，腹痛如绞，丽尼吓得不知所措。妻子说：“快拿笔来，我写遗嘱，不是你毒死我的！”幸好一位长辈到来，才赶紧把病人送医院抢救。

王世镗少年时即喜欢临摹龙门石刻，谓“有古拙博大之风”，后由文字学研究入手，日耽翰墨，三十年不倦。于右任偶然间得遇其书，惊问此人尚在否，得知王在汉中闲居，以鬻字糊口，大为骇诧，以为如此奇才，埋没穷乡僻壤，实国人之羞。于设法将王老先生请到南京，相见恨晚，尽出其所藏古今碑帖遗简影本以飨王世镗，并广为称誉，予王以监察院参事名义，专事书法。

鲁迅加入“左联”，与周扬等人关系不睦。鲁迅对周扬们深恶痛绝，以至在见到阔别两年多的冯雪峰时，未及寒暄，劈面就说：“这两年我给他们摆布得可以！”

西安事变后，宋美龄的出色表现大大强化了她的地位和影响力，夫妻关系也“患难见真情”。宋庆龄对埃德加·斯诺评价蒋宋两人时说：“开始并没有爱情，但是我认为现在有爱情了。美龄真诚地爱蒋，蒋也真诚地爱她。”蒋介石曾致函罗斯福说：“内子非仅为中正之妻室，且为中正过去十五年中，共生死、同患难之同志，对中正意志甚明了，当非他人所能及。故请阁下坦率畅谈，有如对中正之面罄也。”

周作人懂日本文化，曾有日本人到北京大学讲中日文化合作，周跟日本人说：“谈到中日文化合作，我没有看见日本人的文化，我倒看见他们的武化，你们都是带着枪炮来的，哪里有文化？只有武化。”抗战的时候，周留在北平，蒋梦麟示意他说：你不要走，你跟日本人关系比较深，不走，可以保存这个学校的一些图书和设备。周果然没有走，后来因汉奸罪被关押在南京。蒋常派人去看他，并送给他一些需用的东西和钱。有一次，周作人托朋友带信，说法庭要蒋的证据。他对法庭说，他留在北平并不是想做汉奸，是校长托他在那里照顾学校的。法庭问蒋有没有这件事，蒋回信证明确有其事。

1948 年年初，台大中文系主任许寿裳被暗杀后，魏建功、李霁野、李何林先后辞职返回大陆。台静农留了下来，他说：“实在是因为家眷太多，北方天气冷，先是一人一件过冬的棉衣就开销不起，台湾天气暖和，这一项开销就省下来了。”

茅以升在 20 世纪 30 年代以主持建造杭州钱塘江大桥闻名于

世，在50年代被迫检讨说：“我于1920年年初返国，自此为反动统治阶级服务……对于反动统治下的所谓建设，但求能参加促成，而不惜阿附其权势。”他甚至给自己戴上“剥削者”的帽子：“这种剥削手段，最集中地表现在钱塘江桥工程上，那都是劳动人民的血汗，我因此而得名。”

“文革”中，批斗陈景润的人宣布：“让哥德巴赫猜想见鬼去吧！1＋2有什么了不起！1＋2不就等于3吗？吃着农民种的粮食，住着工人盖的房子，有解放军战士保护着，还领着国家的工资，研究什么1＋2＝3，什么玩意儿？伪科学！”陈腾地跳上桌子，一步便迈向洞开的窗户，纵身往下一跳！命不该绝。他从三楼窗口往下跳，伸出的屋檐挡了他一下，只是大腿上擦破了点儿皮，有涔涔的鲜血冒出来。一个造反派干将，见到跳楼后平安无事的陈景润说：“真不愧是个知名的数学家，连跳楼都懂得选择角度！”

钟惦棐在干校里淘厕所特别用心，而且创造出配套工具。比如一个空罐头盒，在上面打两个眼儿，穿铁丝，挂在棍上，可淘出深坑里的粪，就是他想出来的。他淘过的厕所空空洞洞，纤尘不染。后来干校快结束了，让大家填一份履历表，其中有一项是特长和今后志愿。钟惦棐除自己的电影理论专业之外，特长填了“淘厕所”。志愿一栏中，写的是：清洁工人。

钱锺书、吴晓铃两人曾在干校里烧开水。两位是有名的大学问家。钱著有《围城》《谈艺录》《管锥编》等书，吴是中华人民共和国成立后出版《西厢记》最早注本的注者、戏剧专家。钱、吴成天围着锅炉烧水，烧得“两鬓苍苍十指黑”，到了冬天，北风老往膛里灌，水老烧不开，里头加热，外头加冷。有人不自觉，去打热水洗脸洗脚，这种时候钱、吴就会用充满“忿恨”的眼光盯着这些人！

1979年全国第四次文代会后，沈从文长期冷落的门庭重新变得热闹起来，各色各样的拜访者接踵而至，国内的报刊也开始出现重新评价沈从文文学成就的文章。与沈从文有过多年友谊的萧离解嘲似的说：“沈先生的行情正在看涨。”对这一切，沈显得平静。在谈到他的文学创作时，他总是轻轻地挥着手：“那都是些过时了的东西，不必再提起它……我只不过是个出土文物。”

聂卫平战胜日本棋手后一段时间，哪儿都找他去，领导找他，群众也找他。聚会的时候，成千上万的人围着他，他傻乎乎地笑，人家说他和熊猫一样是国宝。有人私下问他：“你的棋怎样？会不会退？这是你的根呀！”他苦笑着回答：“退倒不会退，可也不会进，我没办法呀！”

刘诗昆在香港演奏，名流会聚。刘一生坎坷，大有劫后余音之状。张五常后来忍不住对他说：“今晚我听得清楚，你的琴音比克莱本胜一筹，你当年（1958）怎么会输给他的？”刘回答说：“那时我的技巧比他好，但感情却有所不及。我在‘文革’之后才深深体会到感情是怎样的一回事！”

世纪之交，寿者荣辱。上海文坛的百岁老人，有章克标、巴金、施蛰存等人。一次李欧梵拜访施蛰存，谈到要为他贺百岁寿辰，施说："一百岁对我还有什么意义？""我是 20 世纪的人，我的时代已经过去了！"

20 世纪 50 年代，知识分子跟美国划清界限成为生存需要。时任清华大学教务长的周培源说："我是 1943 年去美国的，是我一生中最可耻的一页。"当他参加美国的研究工作时，"要回答两个带有污蔑性的问题。一个是：你是不是共产党员？另一个是：你愿否为美国政府扛枪杆？我当时就很愿意地给了美帝国主义所需要的答案，也就是背叛了我的民族，出卖了自己，换来了一年半的从飞机上掷鱼雷入水问题的研究，并参加了美国海军部的科学会议。我成了美帝国主义的工具，还自以为有名誉、有地位、恬不知耻地扬扬得意……我要控诉我自己，控诉这个丧失人民立场、甘心为美国刽子手做帮凶的所谓科学工作者"。

清华大学物理系教授葛庭燧从 1942 年起在美国做了三年和原子弹有关的研究，当时是为反法西斯服务，但到了 50 年代他把自己这段历史完全否定，不但说原子弹被反动派用来威胁人类，而且轰炸日本全无必要。抗战结束后，他脱离了军事研究，转到芝加哥大学从事金属强度的研究，研究报告都公开发表。过去他以为这是纯学术，没有什么可以追究的，但在读了《人民日报》上发表的苏联驻华大使、"哲学家"尤金的文章后，明白了一个道理：科学家生活在什么社会，就为那个社会的统治阶级服务，因此芝加哥大学的科学研究就是为美国的资本家服务，和军事工业一样。他还说“美帝国主义者对自然科学建立了最残暴的垄断和监督”，利用它来准备新的世界大战。

20 世纪 50 年代检讨时，东北地质专科学校副校长喻德渊把自己的美国老师巴尔博拉出来痛骂了一番：“国民党反动派时代，美帝国主义经常派些流氓和特务来进行文化侵略。就巴尔博这个人来说，他初在燕京大学教书，妄自为‘中国地文专家’，其实他是想尽方法来摧残中国文化，好让美帝国主义任意宰割中国……像这样的人，不但是中国的敌人，而且是学术的敌人，我们应该如何痛恨！的确我以前也痛恨他，可是当我到了美国，竟经不起他的引诱，跑到他家住了几天，那时我还发现他是一个特务，搜集了中国各省各县的县志及图表，但回国之后，仍说巴尔博与中国人‘有些感情’。”

在 20 世纪五六十年代的仇美运动中，对于来自西方的学术荣誉，知识分子们一概拒绝。如清华大学营建系主任梁思成检讨自己被美国耶鲁大学邀请去讲学，被普林斯顿大学授予名誉学位是吞下了“糖衣炮弹”，参加“联合国新厦设计团”是“不体面”的事，等等。

钱伟长先是回忆了自己一直想留洋深造的思想和回避参加共产党领导的学运，后来去加拿大留学，受到美国科学家冯·卡门的注意，邀请参加美国火箭炮的研制。他说：“我当时心里是颇为得意的，一方面以为这工作一定能引起国内的重视，而我在国内的学术地位便会提高起来；另一方面自以为对消灭德日法西斯战争，也间接地贡献力量……我完全看不到美帝国主义正在利用对德日战争扩张军备，准备侵略战争。我这四年的研究，实在是替刽子手做了磨刀利器的工作。我这带满血腥的工作，帮助美帝国主义侵略者制造了杀人的武器，给和平的朝鲜人民带来了灾难，使英勇的朝鲜人民军和志愿军增加了困难，多流了鲜血。每次报纸上提到美帝国主义的火箭炮，都使我内心增加了沉痛的犯罪感觉。"

钱伟长交代了一段他和钱学森"鲜为人知"的历史："当北平解放前一年的夏天，钱学森到清华来玩，看见我一日两餐、借贷为生的困难情况，同时谈起发展工程科学所受到的漠视和困难，他便劝我再去美国。他告诉我，冯·卡门也很关心我在国内的工作，曾告诉他假如我在中国有困难，可回加省理工大学去教书。他告诉我，在这样混乱的情况下耗费精力和时间是没有意思的。我最后便完全丧失了民族立场，可耻地同意了他的观点，自慰地说：'等革命胜利情况安定后，我们再一起回来，甚至把冯·卡门老头子也带回来，来发展中国的工程科学研究。'"

1949 年后，周作人生计无着，只能为人做翻译。1952 年，他受出版社之托，为萧萧校订高仓辉的《箱根风云录》。后来萧萧笑嘻嘻地告诉别人，周作人曾感慨系之地说："没想到我今天竟落魄到为萧萧之流校订稿子了。"

1952 年 3 月 6 日，北京师范大学校长陈垣说："我为了个人利益……二三十年来，做了帝国主义的俘虏，忠实地替帝国主义者奴役和麻醉青年，帝国主义者就通过我，稳扎稳打来在学校里做着‘太上皇’……而拿着武器，在最前线冲锋陷阵的人，却是自以为‘清高’的我。”

1952年4月5日，北京大学化学系主任傅鹰说：“我是一个多么可卑可恨的人……我的崇美思想不但使我变成敌我不分的肉喇叭，不断向同人、同学散布毒素，也使我在学校行政工作上犯了严重的错误……（我）骨头里却充满了欧美资本主义的腐朽思想和对美帝国主义的感情，我就是这样一个人。”

1957年，罗隆基被迫做检讨：“我是中华人民共和国一个有了罪过的人……我的罪过是严重的。我今天已经羞愧到无地自容的地步，我对不起毛主席、对不起领导党……我要彻底改造自己……”

1958年，王造时检讨说：“我犯罪的另一根源是个人政治野心和个人英雄主义，一贯地不靠拢党。今后决心：1. 争取半年内，粉碎自己的资产阶级思想，基本上改变立场，跳出右派泥坑。2. 争取在二年内成为资产阶级的中左派。3. 争取在三年内成为左派的知识分子。4. 争取在五年达到候补（共产）党员的政治水平。”

1969年，邵燕祥汇报自己的思想时说：“首先，敬祝我们心中最红最红的红太阳、最最敬爱的伟大领袖毛主席万寿无疆！万寿无疆！万寿无疆！！！这一周，在反省自己的罪行时，重读了伟大领袖毛主席《在延安文艺工作座谈会上的讲话》。由于自己的执行文艺黑线的‘工作’和创作中所犯的罪行，正是这两个光辉文献所一再严正批判过的许多资产阶级、修正主义文艺观点的实战，读起来分外亲切，仿佛伟大领袖毛主席、敬爱的江青同志，就站在我的面前，批评我、斥责我，促我觉悟。我惭愧，我痛恨自己辜负了毛主席的培养教育，只有脱胎换骨地改造，才有可能真正回到毛主席的革命路线上来。”

1968 年，郭小川在检讨发言中说：“在我没有检查我的严重罪行的时候，我首先向我们伟大的领袖毛主席请罪！向毛主席的亲密战友、我们的林副主席请罪！向毛主席派来的亲人——工人、解放军毛泽东思想宣传队请罪，向革命群众请罪！……我深切感到，革命群众的每一句话、每一个声音、每一个眼神，对我都有无限督促和鞭策的力量，我一定不辜负革命群众对我的挽救和教育，珍惜每一分钟、每一秒钟，用自己最大的决心狠触自己的灵魂，深挖自己犯罪的一切行为和思想，以便早日开始我的第二次生命，真正回到毛主席的无产阶级革命路线上来。”

在社会主义改造运动中，马寅初没写检讨书，而是写了篇“挑战书”，这就是发表在 1959 年第 11 期《新建设》上的《我的哲学思想和经济理论》一文中的两篇“附带声明”，其一便是“接受《光明日报》的挑战书”，他说：“我虽年近八十，明知寡不敌众，自当单身匹马，出来应战，直到战死为止，决不向专以压服不以理说服的那种批判者们投降。”其二是拒绝周恩来对他的“劝降”，他说：“这次遇到了学术问题，我没有接受他的真心诚意的劝告……因为我对我的理论有相当的把握，不能不坚持，学术尊严不能不维护，只能拒绝检讨。希望我这位朋友仍然虚怀若谷，不要把我的拒绝检讨视同抗命则幸甚。”

秦孝仪早年做过蒋介石的侍从秘书，后来当过国民党中央副秘书长。他的声名大噪乃是蒋介石遗嘱所赐，“秦孝仪承命受记”从此成为他的注册商标。遗嘱内容无论用典、用词都一度是人们茶余饭后的笑资。秦后来官至台北“故宫博物院”院长。

变异第二十三

康有为未捷前，上万言书，大谈时政，又著《伪经考》以惊鄙儒。一时王公大人群震其名，以为宣尼复生，遂呼为康圣人。礼闱既捷，声名愈大，虚声所播，光绪皇帝亦颇闻之，将为不次之擢。翁同龢窃窥上意，就力保康有为，说是“其才胜臣十倍”。又怕他日或有越规，乃加“人之心术，能否初终异辙，臣亦未敢深知”等语，以为如此言语，可以不致受过矣。

八国联军攻占北京后，对没有来得及逃跑的王公大臣公开凌辱，如御史陈璧等人，被迫去挑大粪、运石头，当时国内外报纸争相报道，蔚为奇观。怀塔布当时官居礼部尚书，是慈禧太后的姻亲，被用来拉车。一个洋鬼子坐在车上，手拉缰绳，不时用手中鞭子抽打他的脊背，啪啪作响，怀尚书回头笑说：“老爷子别打了。这条路小人一天跑几趟，不会拉错地方的。”

《辛丑条约》后，清廷下“罪己诏”，始施改革，几乎尽行康梁当年新法。而改革非但没有制止特权，反而扩大了特权，特权的扩大又导致腐败的加深。孙中山当时就说：“单单是引进铁路或欧洲物质文明的任何这类措施，由于它们打开了新的敲诈勒索、贪污盗窃的门路，反而会使事情更坏。”

袁世凯做总统后，极为提倡尊孔，他说：“孔子之道，亘古常新……如布帛菽粟之不可离。”1913年起，他连续发布了尊孔读经的命令和条例，通令全国恢复祭孔。1914年9月，他率文武百官，到文庙祀孔；12月，到天坛祭天。

田桐为人偏激。在《民报》与《新民丛报》展开激烈论战后，他认为同梁启超的争论是“无味之口角”，是降低了革命党人的“价值”，是“耻辱”，提出应以暴力手段对付之，“力不足以诛梁启超者，任之可耳”。到宋教仁要实现“政党内阁”，提议取消同盟会，与其他几个小党合组为国民党时，他力加反对，“拍案痛骂”，使会议无法进行。后见孙中山、黄兴同意，他才不再坚持，而变为国民党实现政党内阁的勇士。在国会里他是一个极为活跃的议员，发言不到三句就拍桌子、扔墨盒，大叫大嚷，被人称为“田三句”。在竞选活动中，他为拉选票到处奔走，不遗余力，甚至不惜以手枪相威逼。

1912年6月，唐绍仪辞职，陆徵祥代理总理，继而奉命组阁。他向参议院提出补充六个阁员名单，亲自到会宣布“政见”，开口便讲“补充阁员名单”好比“开菜单、做生日”，使全场哗然，成为笑柄。至于“政见”，一句话也没说。议员们对他大失所望，将他提出的人选一一否决，致使新阁流产。

自宋教仁死后，国民党议员中多数在京中寻找靠山。袁世凯在选举总统时，拿出一笔巨款交给手下，分头去向议员们收买选票，价钱是每票大洋 8000 元。据说在京的国民党籍议员，没有一个不依价出卖。武陵人钟杰坦白说，当大选时他在京闲着无事，也受袁党的熟人之托，替他们向同乡各议员去买选票，没有碰到一个人的钉子。问到覃振时，覃振很痛快地说："横竖袁世凯要当选的，收到这笔钱做亡命费也好。"

严复年轻时对清政府的昏庸颟顸大为忧虑，常对人说："不三十年，藩属且尽，缳我如老牸牛耳。"中法战争后，严复更不相信洋务派的"新政"措施能够"富国自强"，对洋务运动非常不满。李鸿章"患其激烈，不之近也"。从此，一直不受重用。直到清政府快要覆亡时，为了笼络社会名人，1909 年，清廷赐给严复文科进士出身；1910 年，海军部特授他协都统，又征为资政院议员；1911 年，授海军一等参谋官。严复长子严璩也升到二品衔的高官。一家与清廷的关系密切起来，他对革命持否定态度。辛亥革命以后，他怀念清王朝，常常发表言论，诋毁革命，认为中国人的"识度不适于共和"。

1915 年，袁世凯推行帝制后，徐世昌要求辞职。当袁劝他赞助时，他说："举大事不可不稍留回旋余地，若使亲厚悉入局中，万一事机不顺，无人以局外人资格发言为谋转圜矣，某当此时而求去，非为自身计也。"随即退居河南辉县水竹村。袁世凯称帝后，封他为"嵩山四友"之一，特许不称臣，不跪拜。

康梁革命失败后，康有为日益保守。从政治革命到君主立宪，又退到保皇，到要求定孔教为国教，到墨西哥、印度等地考察后，他自承："吾自游墨而不敢言民主共和，自游印度而不敢言革命自立焉。"

1923 年 7 月，孙中山就因寻求美国支持不得，而向《纽约时报》记者表达了他强烈的不满。同年 12 月，孙中山更因要截留广东海关关余，又遭遇英、美、法、日、意、葡等国派军舰赴广州向他示威。他终于愤然宣布："我们已不依赖西方，我们将联合俄国。"

1923 年，王造时在《清华周刊》发表文章说："对于讲学问的梁任公先生，我是十二万分的钦佩；对于谈政治的梁任公先生，我是十二万分的怀疑。"以此为国民党辩护。十年之后，王同样激烈地批评国民党，朋友说他自相矛盾，王反问："是我变了呢，还是国民党变了呢？"

胡汉民曾对张学良说，当年在总理孙中山先生面前是两个人，一个是汪精卫，一个是他。总理总是派汪精卫到外面去办外交，干这些事都得说假话呀，不能说真话。因此，汪精卫习惯了，他跟谁都说假话，而胡汉民是办内务的，得说实话，他在总理面前什么都说，结果得罪了总理。

胡适在北京大学当校长时，学生们闹学潮。学生们到办公室把胡适包围住，胡适说："你们再不离开，我一个电话打出去，你们就要被捉起来。"

1927 年 4 月 1 日，汪精卫夫妇从欧洲经由莫斯科回到上海。蒋介石对他表示了热忱的欢迎，并动员了麾下大批军政委员，反复游说汪精卫，要他留在上海“赞助清党”，切莫去武汉。其中吴稚晖甚至当场向汪精卫跪下，求其留在上海。汪躲避不及逃上楼梯，口中则连连叫道：“稚老，您乃老前辈，这样子我受不了，我受不了！”

何键以“屠夫”盛称，但他主政湖南时，宣扬孝悌忠信礼义廉耻，提倡尊孔读经。他经常到机关、学校、部队演说，认为“学生必须研究孔子经义……正其思想”，规定学校从小学到大学都要读经。

北伐完成，东北易帜，中国实现了形式上的统一。蒋介石根基稳固，开始不买元老们的账。某日，张静江约吴稚晖、蔡元培、李石曾等人聊天，对蒋发泄不满，要求大家向蒋进言。吴稚晖说：“蒋先生个性倔强，自信力极大，大家不宜进言。明知无济于事而强为之，徒引起无谓反感，实属不智之举。”吴又说：“若说句粗话，蒋先生是个流氓底子出身，今已黄袍加身，一跃而为国府主席，自然目空一切。和昔日流迹上海，为静江先生送信跑腿时，自不可同日而语。最好大家信任他，由他放手去干，不必对国事滥出主张。做得好，固然是他分内的事；做得不好，也是他的责任，免得推诿到别人身上。”

1934 年，蒋介石发起“新生活运动”，在社会上倡导“礼义廉耻”为生活标准，在学校倡导尊孔读经。戴季陶以考试院院长名义发表谈话，他说，“经书为我国一切文明之胚胎，其政治哲学较之现在一般新说均为充实”，“希望全国人士从速研究以发扬光大吾国之固有文化”。

1935 年，杜重远的《新生周刊》因一篇涉及“对日本天皇不敬”的文章而引起中日外交活动，国民政府接受了日本总领事的要求，由上海法院奉旨审判杜重远。吴铁城怕杜不出庭，事先向杜大拍胸脯：“只要你出庭，一切都易解决，万事有我负责；不然的话，引起日军干涉，问题更严重。”杜出庭受审，即被扣押。这时吴铁城又转口对杜说：“你在外面有危险，在这里（指监狱）既自由又安全。”

1936 年，胡宗南任第一军军长时，驻扎徐州。一次他的父亲从孝丰老家去看他，找到他的司令部。卫兵进去报告，胡说：“此人我不认识，叫他回去。”卫兵出来答复胡父，胡父十分诧异，对卫兵说：“你一定传错了，他是我的儿子，我是他的老子，他怎会不认识我呢？你再去对他讲，叫琴斋（胡宗南的原名）自己出来见我。”卫兵只好再进去报告，胡宗南立刻翻脸说：“哪里来的混账老头？这样无赖，快把他撵走！”随后派一心腹副官去跟踪他父亲，等副官回来报告他父亲住在哪个旅店后，胡才化装成便衣去旅店看他父亲，对他父亲说：“以后你不要随便到司令部来找我，现在给你三百块钱，你快快回家吧！”把他父亲气得要死，大骂儿子势利，一怒之下，钱也没拿，向孝丰同乡借了点儿盘缠就回了老家。

西安事变发生后，何应钦竭力主张轰炸西安城。由于冯玉祥反对，他放弃计划，但仍派飞机去西安城外轰炸。宋美龄害怕蒋介石生命有危险，劝其不进攻西安。但宋一走，何改变主意，继续命令军队向西安进攻。宋愤怒地责问："何总司令，你怎么又下令进攻了？你这不是存心要谋杀他吗？"何应钦火冒三丈："你妇道人家懂得什么国家大事，不许你管！"

20世纪40年代初，闻一多对"天天骂民国、天天要民主、更要官做"的老同学罗隆基正言厉色地指责说："历来干禄之阶，不外有二途。一曰正取，一曰逆取。胁肩谄笑，阿世取容，卖身投靠，扶摇直上者，谓之正取；危言耸听，哗众取宠，比周谩侮，希图幸进者，谓之逆取。足下盖逆取者也。"

1954年4月，吴国桢见到刚从台湾来美的胡适，两人在政治理念上相当一致。谈话中，胡适问及台湾政治犯的人数，吴回答说大约一万人。胡适说："你错了，我刚回来，我估计超过十万人。"后来，胡适再度亲近蒋介石，回到台湾并撰文为蒋辩护，甚至指责吴国桢的"背叛"。吴国桢只好公布了这段谈话。

宗白华对郭沫若有知遇、提携之恩，郭与田汉结识也通过宗白华。世人皆以为三人为知己。20世纪50年代初，舒芜到北京来，游什刹海时，遇见无所事事的宗白华，很激动地跟表兄聊天。中间问表兄："最近见到郭老没有？"宗白华叹说："唉，我这样的闲人，哪能去打扰人家'为人民服务'的时间呢？！"

潘怀素是中国农工民主党创始人之一。潘同邓演达交情很深，1930 年和邓演达在上海组织成立中国国民党临时行动委员会（中国农工民主党前身），他们在屋里开会，季方是在门外站岗放哨的。中华人民共和国成立后，季方做了中国农工民主党主席，潘怀素是布衣学者之身。有一次潘怀素去找季方，季对潘说："你以后不要再来了。"

溥仪被改造后，政府组织他和其他战犯去东北参观，他们到一户农家，主人刘大娘不知他们是何人，忆苦思甜，控诉在伪满洲国时代的悲惨生活，由蔬菜又谈到从前吃糠咽菜的时代。刘氏拉开一只瓮盖，让溥仪看里面大米。其子笑她："大米有什么可看的？"她说："现在没什么可看的，可是你在康德那年头看见过几回？"溥仪受不了，起立低头对刘氏说："您说的那个康德，就是伪满的汉奸皇帝溥仪，就是我。我向您请罪。"同去的几个伪大臣将官也站了起来："我是那个抓劳工的伪勤务部大臣……""我是搞粮谷出荷的伪兴农部大臣……""我是给鬼子抓国兵的伪军区司令……"刘氏呆住了，最后擦着眼泪说："事情都过去了，不用再说了吧！只要你们肯学好，听毛主席的话，做个正经人就行了！"

1962 年，陈虞孙率上海评弹团赴港演出，归来后，各方请他做报告者频繁。一次他与众人开会，中间他去听了一个电话，回到会议桌上，怫然不悦，厉声说："我就是想不通，一定要讲香港怎么怎么不好……"真情流露一刹那，而上台讲演仍大骂香港。

20世纪60年代初，郭世英、张鹤慈和曹天予等年轻人敏于思考，他们对时代社会感到痛苦、无能为力又想做点儿什么。他们的倾向受到父辈和公安机关的严密注视。郭世英的父亲郭沫若曾跟翦伯赞谈论孩子们的思想，并把年轻人的文字给翦看，问翦感想。翦反问郭沫若。郭答："有些像我们年轻时。"翦伯赞说："可惜时代不一样了，现在这一套不行了。"

"文革"中，吴晗和廖沫沙因被揪斗而关进一间房子，吴不时叹气，廖沫沙想开玩笑为他消愁，说："我们两个成了名角，假如我们不来，这场戏就唱不成了。"吴苦笑："我们唱的是什么戏呀？"廖想吴晗是北京市副市长，相当于古代的地方官，联想起陶渊明，说："这出戏就叫《五斗米折腰》啊！"

任继愈在"文革"中曾请求回干校劳动。他开始背粪筐时觉得不好意思，捡粪只捡牲口粪，一次碰到一堆人粪，捡不捡？他在粪边徘徊了一阵，这时，他想到毛主席这样一段教导："最干净的还是工人农民，尽管他们手是黑的，脚上有牛屎，还是比资产阶级和小资产阶级知识分子都干净。"毛主席的教导使他豁然开朗：原来不是粪脏，而是自己的思想脏。他写了一首诗表达自己改造世界观的决心："关山千重从头越，贫下中农是吾师。"

金岳霖说："我培养了只做概念游戏，不关心政治，甚至于反动的人。例如，殷福生就是我所供给所培养的一个反动分子，他现在在台湾为蒋匪帮服务。""我宣传逻辑上的纯技术观点、天才教育观点，在这一方面使我特别捧王浩，他现在仍然留在美国大学里，为美帝国主义服务。”

1978 年，安徽率先突破人民公社的集体化农业生产，搞包产到户。第二年春，《人民日报》发表读者来信，质疑包产到户，在全国范围内引起了混乱。几天之内冲垮了两万多个承包组，冲掉的承包户更多。时任省委书记的万里到全椒县检查工作，县领导汇报说：“《人民日报》的文章一播，不得了哇！乖乖，全椒上下乱套了，春耕搞不下去了，农民找公社、县委，领导吓得躲起来了……”万里说：“《人民日报》能给人饭吃？报社管饭吗？它要管饭，那行。农民不用种地，都去找它。报纸是公共汽车，他能坐，你坐不得？他能发表文章，你也能在上面发表文章！”

1979 年，作家协会通知萧乾，要他参加一个代表团访问美国。回国后，照例要做报告，讲见闻。萧乾想起过去一朋友讲了几句他国富裕的情况便受批判一事，就和妻子文洁若逐字逐句写好讲稿，斟酌字句：“这一点最好不提，那一点需要冲淡一下。”照本宣科之后，文洁若告诉他听众大多表示失望。萧乾说：“那就很好，倘若他们听了过瘾，我就该担心了。”

蒋勋在裱褙店偶然看见台静农一副对联：“燕子来时，更能消几番风雨；夕阳无语，最可惜一片江山。”在蒋眼里，台的“字体盘曲扭结，优良传统受到极大阻压的线条，努力反抗这阻压而向四边反弹出一种惊人的张力，笔画如刀，锐利地切割过茫然虚无的一片空白”，在点、捺、撇画中展露了愤怒、不屑、悲哀与伤痛。蒋深受震动，他据此认定，“书法在中国已绝不是为了礼堂享受的艺术，书法正是中国传统文人的生命美学”。

钱锺书出名后从不参加任何会议是出了名的，对雨后春笋般冒出的各种学会他也一律谢绝挂名。杨绛因翻译《堂吉诃德》而获西班牙政府颁发的大奖，西班牙驻华使馆请她，第一任大使邀请，她谢绝了；第二任大使送来正式的书面邀请，她正式地书面谢绝了；第三任大使通过社科院原院长马洪去请，她才赖不掉了。钱锺书不无得意地对人说：“三个大使才请动她！”

神伤第二十四

龚自珍说，文字缘同骨肉深。

咸丰七年（1857）十二月，英法同盟军攻陷广州城。叶名琛被捕时，随从指着河水示意他投河自尽以免遭辱，叶睁大眼睛不说话。后来，叶名琛被挟至加尔各答，被囚禁处名叫镇海楼，据说他这时“犹时作书画，自署曰‘海上苏武’，赋诗见志，日诵吕祖经不辍”。次年，叶名琛死在异乡。当时的人怒他辱国辱身，作了这样的对联来描述他：不战、不和、不守；不死、不降、不走。相臣度量，疆臣抱负；古之所无，今之罕有。

胡林翼围安庆时，为视察军情而策马登龙山，他说：“此处俯视安庆，如在釜底，贼虽强，不足忧也。”到了江滨，他看见二洋船鼓轮西上，迅如奔马，疾如飘风。胡立马变色不语，勒马回营，中途呕血，几至坠马。他前已得病，从此更重，不数月，薨于军中。盖贼之必灭，胡胸有成算，只是看见洋人势力，则国运国势国是，膏肓之症，着手为难，虽欲不忧而不可得矣。阎敬铭每与胡林翼论及洋务，胡总是摇手闭目，神色不怡者久之：“此非吾辈所能知也。”

蔡元培甲午前后为翰林学士，居京中，一直沿着旧学道路前进。甲午中日之战，为其转变的一大契机。《马关条约》签字，他写下了“可为痛哭流涕长太息者也”这样刻骨铭心之句，此后，探索救国之道，始言西学。

李鸿章总结一生：“我办了一辈子的事，练兵也，海军也，都是纸糊的老虎，何尝能实在放手办理？不过勉强涂饰，虚有其表，不揭破犹可敷衍一时。”他自称“裱糊匠”，无论怎么涂抹裱糊也徒劳无益。

吴汝纶曾东游日本考察教育。到马关春帆楼上，看到李鸿章当年谈判时坐的凳子都要比日本人矮半截，不禁悲从中来。陪同的日本友人要他留下墨宝，他大书“伤心之地”四字。

“庚子事变”期间，一批守旧离职的官员，以为民气可恃，如端郡王、刚毅等力主收抚义和团，向各国宣战，且伪造了英国公使照会，内有要慈禧不再干政、还政光绪的话。慈禧召开御前会议，光绪亦在座。侍郎许景澄见情势迫切，走近御座，竭力陈说，向英国一国开战已无把握，向各国开战，尤无理由。又说义和团不可恃，如此蛮干，恐有亡国之祸。说话间许声泪俱下，光绪听了，拉着许景澄的手大哭。慈禧大怒，高声喝道，这是什么样儿，于是决意宣战。许景澄被处死。

邹容曾说：“海内之士，莘莘济济，鱼鱼雅雅，衣冠俎豆，充牣儒林，抗议发愤之徒绝迹，慷慨悲咤之声不闻，名为士人，实则死人之不若。”

宋教仁说陈天华的爱国热忱乃是出于天性，陈每读中外历史，“于兴亡盛衰之感，则涕泗横流”。因为痛感民族危亡，陈天华写下了《猛回头》《警世钟》两本小册子，以浅显通俗的语言，将慷慨激昂的爱国热情表现得淋漓尽致，在国内特别是长江流域广为流传。1906年1月4日的宋教仁日记写道：“倒卧于席上，仰天歌陈星台《猛回头》曲，一时百感交集，歌已，不觉凄然泪下，几失声。”

1907年，杨笃生与于右任等在上海创办《神州日报》。他所写的社论和“时事小言”大胆泼辣，言人所不敢言，很受读者欢迎。时人誉之为“公之文欲天下哭则哭，欲天下歌则歌”。四年后，他为革命精神上受到刺激，传闻黄兴战死，他非常悲伤，发现章士钊跟保皇党人来往，与之决裂，精神上再度受刺激，痛苦难忍。遗书给吴稚晖：“有生无乐，得死为佳。”1911年8月5日，杨在英国利物浦海口投大西洋死。

韩衍问：“铜与铁者皆金类也。刀，何怨而断志士颈；铜，何德而铸志士像？”

孙中山说：“我中国近代文明事事皆落人之后，唯饮食一道之进步，至今尚为文明各国所不及。”

良弼被杀后，京城风云至急。赵秉钧、胡惟德、梁士诒三人入朝见隆裕皇太后，隆裕掩面泣云：“我们母子二人性命都在你们三人手中，你们回去好好地对袁世凯说，务要保全我们母子二人性命。”

1912 年 2 月，丘逢甲在南京出席临时政府会议期间患病，告假南归。2 月 25 日去世，临终之际喊道：“死后必须南向而葬，我不能忘记台湾啊！”

1917 年，蒋梦麟回国，理由是：“学成回国是我的责任，因为我已享受了留美的特权。”他后来在日本上野公园展览会上，看到中日战争中俘获的中国军旗、军服和武器时说“简直使我惭愧得无地自容”。稍后他看见日本人陶醉于对俄战争的胜利中，游行队伍绵延数里，他说：“我孤零零地站在一个假山顶上，望着游行的队伍，触景生情，不禁泫然涕下。”

陈延年到苏联学习时，吃饭、穿衣、住房，皆为学校供给。虽然是黑面包，里面常有干草，菜也只是配给，不能吃饱，但陈对郑超麟说：“我一生未曾过这样好的生活……”

荣宗敬说：“上天不令中国人做第一等人。”陈光甫引申说：“上天简直不使我们做人。一般人生来都是穷苦，国内谋生艰难，生在山东的跑到东三省去做工，福建人向南洋各地去，广东人到欧美去求生活。”

武训对上义学的孩子们说：“你们念好了书，千万不要忘记穷人。”

1924 年，于右任诗：“风虎云龙亦偶然，欺人青史话连篇。中原代有英雄出，各苦生民数十年。”

20 世纪 20 年代，鲁迅在厦门平民学校成立会上说：“没有什么人有这样大的权力：能够教你们永远被奴役。没有什么命运会这样注定：要你们一辈子做穷人。你们自己不要小看自己……”

1926 年 8 月 6 日，林白水被押赴天桥刑场，以“通敌有证”的罪名枪决。被难时，他身穿夏布长衫，须发斑白。子弹从后脑入，左眼出，陈尸道旁，见者鼻酸。距邵飘萍在同一地点被杀不过百日，人称“萍水相逢百日间”。

冯友兰曾在《新事论》中说：我们常听见许多关于城里人与乡下人的笑话，照这些笑话所说，不但城里的人比乡下的人知识高、才能高、享受好，即城里的狗亦比乡下的狗知识高、才能高、享受好。这些虽是笑话，而却不见得不合事实。我们甚至可以说，不但城里的狗比乡下的知识高、才能高、享受好，而且城里的狗，在有些方面，比乡下人亦是知识高、才能高、享受好……在中国，一百个乡下人中，至少有九十个一生没有吃过如城里的富室狗所吃的饭食。

1933 年 2 月，颜惠庆、顾维钧、郭泰祺等人艰苦努力，使国际联盟以压倒多数通过了关于中日冲突的报告书，中国在外交上居有利地位。当是时，日军发动对热河的进攻，顾氏等人急盼中国军队奋力作战，可是中国军队一再溃退。日内瓦的外交官们，“看到中国军队这般软弱无能，与中国代表团在国联大会上辩说时所持的强硬态度适成强烈的对照”。中国代表立即转为尴尬的处境，顾说：“不论我们每次怎么说，宣称要坚决抵抗，但是到了第二天，传到日内瓦的消息总是又丧失一块土地。”在此情况下，颜、顾、郭联名致电政府辞职：“自报告书公布后，军事方面重要甚于外交。将来外交前途，多视军事为转移，惠等心余力拙……应请准于开去代表职务。”顾维钧晚年忆及此事，仍是“犹感难堪”。

胡适说，他“每读史至鸦片之役，英法之役之类，恒谓中国直也；至庚子之役，则吾终不谓拳匪直也”。

陈寅恪曾有送北京大学学生诗，说是：“群趋东邻受国史，神州士夫羞欲死。”又有诗说：“天赋迂儒自圣狂，读书不肯为人忙。平生所学宁堪赠，独此区区是秘方。”

鲁迅敏感，绝不妥协。在他去世前两三年，他跟朋友谈论最多的话题是“中国式的法西斯”，他跟人说：“我有生以来，从未见过近来这样的黑暗，网密犬多，奖励人们去当恶人，真是无法忍受，非反抗不可。”但他又悄声对朋友说：“遗憾的是，我已年过五十。”

瞿秋白绝命诗：“夕阳明灭乱山中，落叶寒泉听不穷。已忍伶俜十年事，心持半偈万缘空。”

1935年10月22日，戈公振去世。弥留之际，他说：“国势垂危至此，我是中国人，当然要回来参加抵抗侵略者的工作……”其死让邹韬奋等人悲痛至极，沈钧儒读了邹的悼念文章，抑制不住内心的激动，慨然命笔，赋诗四首，最后两首：“哀哉韬奋作，壮哉戈先生！死犹断续说，我是中国人！”“我是中国人！我是中国人！我是中国人！我是中国人！”他自述第四首先写一句，竟不能续，再写仍是这五个字，写完后，泪滴满纸。

1937年年初，于立忱回国后自缢身亡，绝命书曰：“如此国家，如此社会，如此自身，无能为力矣！”

“七七事变”之后，冯友兰、吴有训南下逃难。在河南郑州，冯邀吴去吃黄河鲤鱼，碰见了熊佛西，三人边吃边聊，几乎所有话题都扯到了国耻。熊喜欢养狗，说起了许多狗的故事。北京有许多人逃难，狗没法带，只好抛弃。那些狗，虽然被抛弃了，可是仍守在门口，不肯他去。冯友兰说：“这就是所谓丧家之狗，我们都是。”

抗战期间，上海一度成为“孤岛”，中国图书文献流失严重。郑振铎缩衣节食，千方百计筹款，抢救珍贵图书。他在《劫中得书记》中说：“余以一人之力欲挽狂澜，诚哉其为愚公移山之业也！杞人忧天，精卫填海，中夜彷徨，每不知涕之何从！”

1945年，中国抗战胜利，举国欢腾。在重庆，积压已久的民族感情和对日本军国主义的憎恶以热泪和喧天的锣鼓、爆竹声，狂欢地表达出来。当戴季陶的亲友纷纷祝贺时，戴一反常态地说："有什么值得祝贺的？哭还在后面，将有千百倍艰苦去忍受，必须提高警惕，何贺之有呢？"他早已认识了中共的燎原之势和国民党的金玉败絮本质。他后来绝望自杀，震惊朝野上下，也使蒋介石大为悲痛："故人零落，中夜唏嘘。"

1948年，储安平在《观察》停刊前说："政府虽然怕我们批评，而事实上，我们现在则连批评政府的兴趣也已没有了。"

蒋介石、蒋经国父子告别溪口。蒋经国追忆说，"极目四望，溪山无语"，当时"天气阴沉，益增伤痛。大好河山，几至无立锥之地！且溪口为祖宗庐墓所在，今日一旦抛别，其沉痛之心情，更非笔墨所能形容于万一"。

1952年，人民出版社开会"触动""帮助"刘仁静。刘不善言辞，一生气就更讲不出话来，群众则是振振有词，逼得他狼狈不堪。在寡不敌众的情势下，他站起身来，退出会场，全场为之哗然。最后，批判会升级为批斗会，群众义愤填膺，慷慨激昂，一定要他回答从事过什么样的"反革命"罪恶活动。刘仁静咬定自己只是写文章而已，没有任何反革命活动，这个中共一大的参与者说："我回答不了，我的脑筋就是这样顽固，你们枪毙我好了！"群众气愤至极，在一片声讨声中，刘头脑很乱，再也控制不住自己，使劲摔碎茶杯，躺倒在地大喊大叫，最后晕厥过去，会议就此中断。

1953 年，北京市开始酝酿拆除牌楼，时任北京市副市长的历史学家吴晗负责解释工作。有一次，郑振铎邀请文物界知名人士在欧美同学会聚餐。郑振铎感慨道，推土机一开动，我们祖宗留下来的文件遗物，就此寿终正寝了。林徽因则指着吴晗的鼻子，大声谴责。同济大学教授陈从周回忆道，虽然那时林徽因肺病已重，喉音失嗓，“然而在她的神情与气氛中，真是句句是深情”。

1957 年，“反右”运动如火如荼，北京城墙也被热火朝天地拆除着，到处是毁墙的炮声。有一天，梁思成进城去瞅了瞅，发现地安门已经没有了，广安门也消失了，听说正拆广渠门，急忙赶去，发现已经只剩下一个城台和一个门洞。毁城的大军正向北京最后的两个城门进军——崇文门和西直门——1957 年时最后两个有瓮城的城门。梁流泪了，他去找周恩来：“拆掉北京的一座城楼，就像割掉我的一块肉；扒掉北京的一段城墙，就像剥掉我的一层皮！”

殷海光穷困之际，向学生和老友求助，他在致许冠三的信中说：“我自己只有一个念头，五四以来，真正的自由知识分子已经凋零得差不多了，特别像我这样的人。难道这个时代让我活活挨饿？”

“文革”时，在天津查抄物资落实办公室工作的马敬云处理过不少名人的落实事务，其中一位是民国大总统徐世昌的六姨太。马说："这个老太太当时七十多岁了，却还惊人地美丽，高高的个头、挺挺的腰身、一对半大解放脚、朴素的衣着，掩盖不住那高雅的大家风范。我始终不明白，严酷的岁月，竟没有给她的脸上写下应有的年轮记忆。"六姨太家抄走的多是"四旧"的犯禁品，只能作价还钱，实物上交，玉器之外，徐世昌亲笔字画有十余幅，六姨太爹着胆子要求发还字画，说是要"留个念想"，人家当场拒绝了。

"文革"中，俞平伯想吃点儿嫩豌豆，又怕邻居发现。老两口想了个办法，晚上蒙着被单剥豌豆，夜里把豌豆壳用手搓成碎末儿，掺和在炉灰里，第二天倒了出去。结果，还是被检查垃圾的人发现，又挨了批斗，骂这个反动学术权威还继续过着资产阶级的生活。

"文革"期间，中国社科院文学研究所批斗"黑帮"，何其芳名列"黑"榜首，俞平伯居其次。每一次批斗大会之后，都要"游行示众"，在大院里转一圈。照例是何其芳走在最前头，手里拿一面锣，"当当"地敲，众人围观，孩子们投石块、吐口水。为了区分众多"黑帮"的不同身份，他们被要求每人用一块黑布写上白字，缝在衣服上，如"走资派何其芳""反动学术权威俞平伯"等。大家就公推俞平伯来写这些字："因为他的字最有功力。"

吴晗受难后，其弟吴春曦惨死，其女吴小彦自杀身亡。吴小彦曾说："如果有颗手榴弹，我就拿着它冲到姚文元家里炸死他。”

20世纪70年代，杨宪益从监狱释放出来，回到家中。他看见摆在桌子上的一盆仙人掌还是盎然挺立如旧。那是他此前拾到一个骷髅，在骷髅头上栽种的。当他用手触及这个四年没有近水的仙人掌时，“它立刻化为了灰烬……”

抗战胜利后，高文彬担任远东国际军事法庭翻译、中国检察官秘书，他从卷帙浩繁的资料中找出证据，将土肥原贤二、板垣征四郎这两名原可能逃脱罪责的战犯送上绞架。1952年，高文彬被打成“反革命”，在鄱阳湖修大堤，一修就是二十八年，每天挑土几十趟，累得连早晨上工的击锣声都听不见。20世纪80年代初，高文彬获得平反，有关方面要给他补偿损失，他说：“我人生中最好的时光，能用钱补回来吗？”

陈白尘曾说：“惜我未死，不及见写我之文也。”

孙荃对郁达夫始乱终弃的负情始恨终怜。她在富阳以八十一岁高龄去世前，很少离开郁家老屋，堂屋里始终挂着郁达夫的手书对联：“绝交流俗因耽懒，出卖文章为买书。”

聂绀弩受胡风事件牵连数十年，数十年间不断地怀念胡风，不停地写诗赠故人：“无端狂笑无端哭，三十万言三十年。”所有胡风分子无不憎嫌以出卖胡风为晋升之阶的人。聂绀弩为其开脱说：“媚骨生成岂我侪，与时无忤有何哉？错从耶弟方犹大，何不纣廷咒恶来？”

于右任在台湾思念大陆，写下《鸡鸣曲》《国殇》等大量诗词。《鸡鸣曲》云：“福州鸡鸣，基隆可听。伊人隔岸，如何不应？”《望雨》则谓：“独立精神未有伤，天风吹动太平洋。更来太武山头望，雨湿神州望故乡。”至于《国殇》则云：“葬我于高山之上兮，望我故乡。故乡不可见兮，永不能忘！葬我于高山之上兮，望我大陆。大陆不可见兮，只有痛哭！天苍苍，野茫茫，山之上，国有殇！”

胡绳晚年自述：“吾十有五有志于学，三十而立，四十而惑，惑而不解垂三十载。七十、八十稍知天命，二十一世纪略窥门庭，九十无望，呜呼哀哉，尚飨。”

高尔泰说：“也许崔健和他的摇滚乐是中国唯一可以启蒙的文化形式。”

在总结一生长寿之道时，施蛰存说：“我这一辈子就是旁观，只看不参加。所以总算没有死。”他主张知识分子只写“史记”记录历史，就很好了，不需要直接参与社会变革。

张远山曾有短暂的教书生涯。有一天上课时，他给学生提问说，请举出一次人生伤心的经历。半天无人应答，后来一个女生站起来，慢慢地说：“读中国近代史的时候。”

限定第二十五

林则徐认为英国的战斗力不高，英国人“腿足缠束紧密，屈伸皆所不便”。他还认为外国人必须有茶叶、大黄，只要禁止茶叶、大黄出口，就可以致外国人死命。

鸦片战争之后，东南沿海出洋谋生者渐多。1858年，在商订《中美天津条约》时，美国代表向直隶总督谭廷襄建议，“中国应派领事赴美，以便照料中国侨民”，被谭以中国“向不遣使国外”为由拒绝，美国代表进一步说明中国侨民人数“不下数十万”，且部分侨民“卒皆富有，似颇有保护价值”。谭说：“大皇帝抚有万民，区区浪民，漂流海外，何暇计及。”“大皇帝之富，不可数计，何暇与此类游民计及锱铢？”

“精通洋务”的李鸿章对曾国藩说：“中国但有开花大炮、轮船两样，西人即可敛手！”

1897年9月5日，上海出版的《游戏报》载有《观美国影戏记》，是一篇最早的中国人影评。影评说：“近有美国电光影戏，制同影灯而奇妙幻化皆出人意料之外者。昨夕雨后歇凉，偕友人往观奇焉。座客既集，停灯开演，旋见现一影，两西女作跳舞状，黄发蓬蓬，憨态可掬；又一影，两西人作角抵戏；又一影，为俄国两公主双双对舞，旁有一人奏乐应之；又一影，一女子在盆中洗浴……种种诡异，不可名状……人生真梦幻泡影耳。”

孙中山倡导革命时不为人知。在有革命倾向的知识分子中，最早注意孙的有章太炎。章开始时附和流行的看法，认为孙中山是个“不学无术的土匪”“江湖大盗”。后来章太炎又大胆地提出自己的见解，以为孙“精通洋务，尚知辨别种族”。

清末，立宪之议大开，各省纷纷选举议员以期行民主之制。张怀芝将军素以勇敢见称，当他听说一班文人瞎闹，要求清廷缩短预备立宪期时，带军队冲进议会。众议员正群情激奋，忽见如狼似虎的官兵，顿时哑言，张见此很是得意，登台发表即兴演讲：“诸君都是文化人，必然明白官为民之父母的古训，现在，我是官，诸君为民，也就是说，我相当于你们的父亲，你们就好比是我的儿子。父亲有令儿子必须遵守，不然则为不孝。先人是这样教导我们的，诸位不可能不知道吧！所以还请诸位好自为之。”

1913 年 5 月，袁世凯让梁士诒给国民党人传话说：“现在看透孙、黄除捣乱外无本领……彼等若敢另行组织政府，我即敢举兵征伐之……吾力未尝不能平之。”

黄侃反对胡适提倡白话文。有一次，他在讲课中赞美文言文的高明，举例说："如胡适的太太死了，他的家人电报必云：'你的太太死了！赶快回来啊！'长达十一字。而用文言则仅需'妻丧速归'四字即可，只电报费就可省三分之二。"

1928 年，南京国民政府全面实行"一党专政"。学界就政体形式问题进行了长时间的"讨论"，很多人证明在中国实行两党制或多党制是不合国情的。钱端升、陈之迈、吴景超，甚至丁文江等人都赞成"新式独裁"。周佛海说，国民党的独裁不是少数人或一阶级的独裁，而是代表各阶级的革命民众的独裁，它是代表社会全体利益的党。

1934 年 2 月，蒋介石在江西南昌发起"新生活运动"，倡导以礼、义、廉、耻的规律，贯注于食、衣、住、行日常生活之中，变化国民气质，使人人养成整齐、清洁、简单、朴素及实践力行的习性，以求适应现代社会的需要。当时人传说，山东省主席韩复榘讥笑这个运动时问："新生活运动提倡走路要靠右走，那今后左边谁去走呢？"

史量才办《申报》，居于舆论界重心，颇有号召能力。一次，他在南京受国民政府要人的盛宴招待。席间有故意宣传当道之威力者，谓有雄兵千万，足以安内攘外。史不以为然，故作嘲弄说："我只能在报言报，约略估计，有数千万读报者拥护。"合座为之默然。

张伯苓治校，虚心而立足传统，遇有问题就向教授请教，而其实用教育思想也暴露无遗。经济学家何廉博士出席教授会议，会中极力强调统计数字的功用，张问他：“你用这些数字干什么？你想发现什么？”何回答说：“我的统计研究可以帮助我们用科学方法复兴中国。”张说：“你的方法常使像我这样的人用显微镜找象。如果你要想知道我们能在中国做什么，我觉得所有的事我们都可以做，而无须去精研这些数字。例如：我们想从城里修一条公路到校区，难道也需要统计调查吗？”

人类学家李济一直想对全国人做头部测量，张伯苓觉得他的工作没有用处。有一次，张伯苓问李：“告诉我，人类学的好处是什么？”李济感到不快，断然回答：“人类学什么好处都没有。”

晏阳初的平民教育促进会活动多年，队伍庞大。有一次梁漱溟去做客，平教会开座谈会欢迎他，曹日昌带头向他提了许多问题，把座谈会开成了质询会。梁正襟危坐，一声不吭，直到问题提完了，才简单地回答一句：“这些问题，在我的《乡村建设理论》里都有答案。”座谈会就此结束。

抗日战争爆发后，苏联答应供应中国武器。中方派杨杰为团长，前往莫斯科商谈购买武器事宜。苏联人将杨安置在莫斯科郊外一俱乐部中，目的是对杨的任务尽量保密。杨杰自认他本人非但是个伟大战略家，也是个外交魔术师。一次，杨要蒋廷黻对路透社发表声明，谓苏军将在两周内对日开战。蒋说他不做这种毫无根据的声明，并且请教他：“如果发表这种声明，有什么好处？”杨认为蒋是十足笨蛋，无法了解他的谋略。他说：“一旦日本看到这种声明，他们就会先发制人，主动进攻苏联，日苏就真打起来了。”

1942年，延安批判王实味。艾青在大会上说：“王实味的文章充满着阴森气，当我读它的时候，就像是走进城隍庙一样。文章风格是卑下的。这样的‘人’实在够不上这个称号，更不应该称他为‘同志’！”丁玲说：“王实味的问题……已经不是一个思想上的问题，立场或态度的失当，而是一个动机的问题，是反党的思想和反党的行为，已经是政治问题。”

抗战期间，重庆电力非常缺乏，灯光昏暗，即使如此也是有限制的。在一次行政院会议上蒋廷黻提议采取日光节约时间，每年4月1日将钟拨快一小时。孔祥熙第一个表示反对，他说他从未听过这种办法，他不明白人如何可以任意将时间提前或错后，他说他同意提早办公时间，但不同意随便将钟拨快。徐堪极力支持孔的意见，谴责蒋干扰时间，破坏自然。后来，美国人提出了相同的建议，遂又被采纳了。

商震好夸耀，早年常说：“我妻（杨曾照）英文字笔记本有三尺多厚。”从开罗会议回国后，震常对人说：“我那本英文字典真够完善，在开罗时，王正廷想查生字都要找我。”言下极为得意。

郑天挺说，陈寅恪为教授之教授，其授课多有学者、教授听讲。陈寅恪讲元白诗，第一课是《长恨歌》，首先讲的是杨玉环是否以处女入宫，时有著名话剧导演贺孟斧客居成都，闻陈大名，想去听课，听说第一课讲处女问题，以为无聊，而罢听课之念，实不知陈以此带出唐朝婚礼制度，是极重要的事。

林语堂好刻薄，他曾说："不管怎样，无论怎样混法，能混过这上下五千年，总是了不起的，说明我们的生命力很顽强。"

1947 年夏，冯友兰到美国，听何炳棣说起，清华学生许亚芬在美国的硕士论文是《1927 年以前胡适对中国文化界的影响》，急不可待，口吃地以极纯、极浓的河南腔说："这……这……这个题目很……很……很好，因为过了 1927 年，他也就没……没……没的影响啦！"文人相轻，自古而然。相比之下，冯之讥胡要比胡之讥冯温和多了。

李宗仁当选副总统后，曾向蒋介石请示就职典礼时的服装问题。蒋回答应穿西装大礼服。李宗仁夤夜找上海有名的西服店赶制一套高冠硬领的燕尾服，孰知就职前夕，侍从室又传出蒋先生的手谕说穿空军常服，李只得照办。就职典礼开始，礼炮 21 响过后，赞礼官恭请正副总统就位时，李宗仁突然发现蒋介石并没穿军常服，而是长袍马褂，旁若无人地站在台上，李伫立其后，活像是蒋的侍从副官。蒋李关系自此更加恶化。

20 世纪 50 年代，蓝翎、李希凡合著文章批俞平伯之红学观点，经毛泽东过问，声名鹊起，多有单位请二人做"红楼梦研究”报告，有人记得的只是报告中时髦的语言。李希凡和蔼地提到周汝昌发表了“批俞”的文章，李说：“我们非常欢迎，”又补充一句，“我们自然更希望他再写一篇他对自己的看法。”蓝翎开讲则问：“传说蓝翎是李希凡的爱人，请大家看一看，像吗？”赢得一堂笑声，他却冷冷加问一句：“恐怕这也是一种资产阶级的思想吧？”

“反右”时，领导“反右”的人专门把唱老生的演员找来批判张伯驹。艺人虽不懂什么政治批判，却会挖苦和嘲讽，讲的话都很难听。如谭富英就面对面地对张伯驹说：“你算什么名票，唱戏的声音像蚊子叫的！”

戴乃迭“文革”中受冲击，被关三年。出狱后，并不见有丝毫牢骚，而字字诤诤几如“无产阶级革命派”，又毫无肃杀之气，一脉温情如水，有如英吉利诗人的勃朗宁，或简·奥斯汀。一天，她遇到黄宗江，问黄：“宗江，你吃过什么苦？”黄尚未及思索，她已意气风发地自问自答：“我吃的最大的苦也就是在重庆吃不上鸡蛋。”她一言以蔽之曰：“我们缺乏阶级仇恨。”

金庸有一年到台湾，跟李敖聊天，特别提到，儿子死后，他精研佛学，已是虔诚的佛教徒了。李敖说：“佛经里讲‘七法财’‘七圣财’‘七德财’，虽然有点儿出入，但大体上，无不以舍弃财产为要件。所谓‘舍离一切，而无染着’，所谓‘随求给施，无所吝惜’，你有这么多的财产在身边，你说你是虔诚佛教徒，你怎么解释你的财产呢？”金庸无以对答。李敖认为，金庸的信佛，是一种“选择法”，凡对他有利的他就信；对他不利的，他就佯装不见。李说这叫“金庸式伪善”。

季羡林晚年以中国话说出了中国文化将领先世界的理由，即“三十年河东，三十年河西”，21 世纪该是中国人的世纪。

虚荣第二十六

曾国藩晚年，英雄气短，声名虽盛，而成事已难。曾生平心病，一是剿捻无功，一是处理天津教案违心失当而丢了直隶总督，两件大事代之者均是李鸿章。天津教案善后，李继曾任直隶总督，新旧更替，曾国藩对李鸿章说："我遇困境，咸赖汝继，汝才胜我。我聊以自解者，汝究为我所荐也。"

洪秀全把人间妖行归咎于孔丘教人之书多错。连耶稣都被孔子教坏了，因为"天父上主皇上帝对耶稣说：这是孔丘留下来的书，就是你在凡间所读的书，这书全错了，连你读了，都被这样的书教坏了。"洪秀全还借上帝之口指责孔丘："尔（孔子）声名反大过于朕乎？""你为什么要教人这样糊涂了事，让凡人都不知道我，你要让你的名声比我还大吗？"

李鸿章做直隶总督，将其母接来天津同住，部属纷纷设宴迎请，以示巴结。坐八抬大轿时，李母总将其天生一双大脚伸出帘外，招摇过市，引路人驻足围观，成街议笑料。李鸿章面子难堪，苦求其母收敛。李母勃然大怒："汝父当年也不说这般话，没有这双大脚，谁供汝等读书做官？"说罢倒头便睡，绝食三天。李鸿章连跪三天赔罪，从此任凭其母随意。

慈禧曾说：“予最恨人言庚子事，予乃最聪明之人，尝闻人言英王维多利亚事，彼于世界关系，殆不及予之半……英为世界最强国，然亦非维多利亚一人之力。英多贤才。各事皆由巴力门（国会）议定，彼唯画诺而已。我国大事，皆予独裁，虽有军机大臣，亦唯赞襄于平时，皇帝更何知？庚子以前，予之名誉甚佳，海内晏然，不料有拳匪之乱，为梦想所不及。综稽生平，谬误即此一举。”

周善培说，任公常以不知一事为耻，因此，如胡适之流偶然有一篇研究一种极无价值的东西的文章，任公也要把这种不值研究的东西研究一番，有时还发表一篇文章来竞赛一下。周劝过他：“论你的年辈、你的资格，应当站在提倡和创造的地位，要人跟你跑才对，你却总是跟人跑。不自足是美德，但像这种求足的方式，天下学术无穷，你已年近六十，哪一天才能达到你足的愿望呢？”梁启超当时也一再点头，而始终控制不住一个“名”字，所以就造成一个无所不通的杂家。

民国元年（1912），章太炎在北京，好发议论，而且毫无顾忌地褒贬。常常被贬的一群人给他起了一个绰号，曰“章疯子”。其人既是疯子，议论当然是疯话，没有价值了，但每有言论，也仍在他们的报纸上发表，题目特别，“章疯子大发其疯”。有一回，太炎骂了他们所反对的人，第二天他们发表章的言论时，题目改作：“章疯子居然不疯”。

袁世凯次子袁克文对其父的帝制运动，颇不以为然，纵情诗酒，不闻世事，别人谈起帝制的事情来，他总是“掩耳疾行”。其兄克定仍不放心，常对其百般挑剔，克文感慨地念煮豆燃萁的诗句讽刺他，克定大怒，两人吵起来。克文说：“你要做曹丕，难道就不许我做曹植吗？”袁世凯得知后，大骂二人：“你们这两个畜生，怪不得外人骂我是篡位的曹操，你们两人也自比曹丕和曹植，这不是‘其父攘羊，其子证之’吗？有你这两个宝贝儿子这么一闹，我这个名正言顺的曹操，还用来分辩吗？”

1913 年 9 月，孙中山在东京筹组中华革命党，亲拟入党誓约。他严格规定，凡欲加入中华革命党者，皆须重写誓约，加按指模，以示坚决。黄兴劝孙，誓约上“服从孙中山先生再举革命”一词和盖指模一事极为不妥，“前者不够平等，后者迹近侮辱”。陈其美当面赞扬孙：“你是最伟大的人，由你统治中国是天经地义的事，无论在中国还是在日本，哪有你这样的人？”孙中山说：“陈其美是最了解我的人。”

孔祥熙和宋蔼龄见面很是投缘，一谈到钱都极为兴奋。他们在日本结婚时，一簇簇粉红的樱花盛开、雨后乍晴的阳光，让孔祥熙情不自禁地说：“这是大吉大利的兆头。”他们回到中国，到孔的山西老家去，一路上宋受尽路途不便之苦，见识过西洋、东洋文明的宋蔼龄在无铁路的情况下，只得坐轿子从榆次颠到太谷孔的家。但到了孔家，宋蔼龄大为惊奇，她说她终于见识了财富的模样：孔家的房屋像一座宫殿，坐落在豪华的庭院中间，家里雇用了五百个人。

曹锟当上了总统，却因内外交困不能施展其总统的威风。他对手下人大发牢骚：“你们一定要捧我上台，叫我来活受罪！”手下人都暗笑他是“自己拼着老命要来活受罪”。北洋派元老王士珍因此说：“如果要害人，最好是请他当总统。”

胡适写辜鸿铭的文章有误，辜要求胡适在报上正式道歉，否则向法院起诉。大半年后，胡适见到辜鸿铭，问他：“辜先生，你告我的状子进去了没有？”辜回答说：“胡先生，我向来看得起你的，可是你那段文章实在写得不好！”

田桂凤跟谭鑫培合演《宋江杀惜》，田自负演技高超，在扮阎婆惜表演前半段“坐楼”时，她极力卖弄，即兴编排，使扮演宋江的谭手忙脚乱，难以应付，非常狼狈。谭央求田说：“念咱们二十年交情，给我留点面子吧！”田说：“谁人不知我们两人的交情，还留什么面子？”谭只得任她摆布。戏演到“杀惜”了，谭振作精神，做出比平时多得多的身段，淋漓尽致地进行表演，就是不把阎婆惜杀死。扮演阎婆惜的田被晾在一旁，没有戏唱，十分难堪，想下台却又下不了台。她最后只好向谭求饶：“你早点把我杀了吧！”观众大笑。

1925年12月27日，张作霖以黄土铺地的仪式再度进入北京。像其他手中有点实力的军阀一样，他想以“临时总统”或“大元帅”的名义于元旦在北京主政，迫不及待地想尝一尝当“元首”的滋味。杨宇霆极力反对，劝他在军事上没有把握之前，不要过早行事，以免到处树敌。张作霖听从了劝导，但心有不甘，他说：

“我终究非干一次不可。”

1926年，陈德征继任上海《民国日报》的总编辑，随后又掌握了国民党上海市党部和文教机关的大权。红极一时，他便忘乎所以。一次，《民国日报》发起“民意测验”“选举”中国的伟人。揭晓时，第一名竟是他陈德征，第二名才是蒋介石。老蒋一怒之下将陈押至南京，关了几个月后，命令各机关，对陈“永世不得录用”。

刘峙早年有“福将”“常胜将军”之称。抗战初，他在华北丧师失地，不战而逃，被国人讥为“长跑将军”。他后来为自己解嘲：“保定战败后，由洛阳到宜昌，这一年多时间，我任人在蒋公面前摆布，备受欺凌，但总是以忍让为先。当初人们对我谈起东征西讨的战绩时，我便谢其雅意，说：你不看，窗外就是长江后浪推前浪，请你去问长江里的水，古往今来，有多少是是非非，如今又在哪里？我们都不过是中国历史中的一分一秒，又何必如此认真，自寻烦恼。”

张爱玲为出版小说《传奇》，到印刷所去校稿样。她那天穿得奇装异服，使整个印刷所的工人停了产。百分之百的回头率，让张爱玲深感满意，得意之中，对跟她聊天的女工说：“要想让人家在那么多人里只注意你一个，就得去找你祖母的衣服来穿。”那女工吓了一跳：“穿祖母的衣服，不是跟穿寿衣一样了吗？”张爱玲说：“那有什么关系，别致就行。”

陈公博曾在他的《回忆录》中说，当他劝汪精卫拖蒋一道投日时，汪夫人陈璧君曾对他斥责道：“难道汪主席当汉奸也只能做第二把手吗？”

梁漱溟在桂林偶遇陈树芬。时梁已五十岁，陈比梁小三岁，却一直未婚，梁爱上陈，成为抗战期间轰动广西的新闻。当时传梁漱溟正在留胡子，为了更显得像男子汉，以博得爱人的芳心，在婚礼上梁把胡子刮了，梁说：“一个老新郎在婚礼之前总是要刮刮胡子的。”梁的朋友们对梁再婚表示祝贺，说梁“为我们这些中年伙伴赢得了荣誉”。

吴昌硕在七十岁前，曾纳一妾，不到两年，其妾即跟别人跑了。吴念念不已，自己解嘲，笑着对人说：“吾情深，她一往。”

抗战期间，蒋介石深受美国人的压迫，一度“极为焦急”，曾问陈布雷：“美国是否有意迫本人下台？”他又愤然说：“我何爱乎四强？”

宋子文“思想、说话，和写字时都喜欢用英文而不喜欢用中文”。1945 年冬，宋出任行政院院长兼最高经济建设委员会主席，何廉将战后五年经济建设纲要送交宋，宋子文看到这份纲要时对何说：“但这是用中文写的。”他问何有没有英译本，何廉说没有，宋就要何廉为他译一份英文本。

1949 年 10 月 1 日，二十多岁的李慎之站在北京天安门的观礼台上，度过了极兴奋的七个小时，他平生第一次目睹了威武雄壮的阅兵式、五彩缤纷的礼花、热情欢呼的人群……一切都令他无比激动、无比感慨。“躬逢盛典，岂可无诗”，他竭力想把当时的感受用诗的语言表达出来，“但是，想来想去竟是‘万感填胸艰一字’，只能自己在脑子里不断重复‘今天的感情决不是用文字所能表达的’一句话”。李慎之无法用文字表达的感情竟被一个人表达出来了，这个人就是胡风。“开国盛典”之后一个多月，《人民日报》就连续几期以整版篇幅发表胡风的长诗:《时间开始了》。

蒋廷黻不是纯粹学者，故交李济问他：“廷黻，照你看是创造历史给你精神上的快乐多，还是写历史给你精神上的快乐多？”蒋没有正面作答，他以惯熟的外交辞令回答：“济之，现在到底是知道司马迁的人多，还是知道张骞的人多？”

1964 年 10 月 16 日，中国第一颗原子弹爆炸试验成功，举世瞩目。周恩来说：“没有这一声响，就不会有人理睬我们。”

王云五有“博士之父”之誉。台湾设置博士学位之议，即由他率先提出。他也是台湾最早的博士生导师之一，指导的博士生最多。在一次宴会上，王借醉意说：“人家说我没上过学堂、没读过书、没有学问。其实我的肚子里至少装了几十个洋博士和土博士。”

费孝通在回忆“文革”经历时说：“我们都是战斗剧中的演

员，都在扮演角色，有些人比其他人会演，但是都扮演角色。有时我也扮演批判别人的坏角色，谴责和写大字报反对别人！我们不得不演……我变成了旁观者，那是很有意思的，因为在观察别人的过程中，也有机会观察自己。我想，经过那些年我的确懂得做人应当超脱些，境界要高一些。”

王芸生晚年最大的一个遗憾就是，作为最有资格给张季鸾立传的人，他“多少次动念头，多少次又都放弃了”。因为他担心：“我自量没有这个文采，恰当地还一个张季鸾给世人。”

无情第二十七

甲午战争后，当时最有学问的大臣之一荣庆开始从明代抗倭的历史中寻找良策。但荣庆最想要的是“清闲”：“养气读书，藉藏愚拙，亦中心之至愿也。”他在阜成门外散步，“近临河甸，绿树葱茏，葭苇弥漫，令人动出世之想”。

光绪三十四年（1908）十月，慈禧病泻痢，数日不能起。有人在慈禧面前进谗说，皇帝知道太后病重，面有喜色，此时光绪被囚多时。慈禧听了大怒：“我不能先尔死！”后果然，光绪先于慈禧一日“龙驭上宾”。

南北议和期间，孙中山的民国政府已无意约束袁世凯，同盟会早已分崩离析，无法发挥作用，大多数人如黄兴等极力主张跟袁妥协，汪精卫则怀疑孙中山有名利思想，“当面斥孙公”，讽刺孙中山说：“你不赞成和议，难道是舍不得总统吗？”

民初，社会动荡不宁，共和难行。宋教仁死，有挽联说：前年杀吴禄贞，去年杀张振武，今年杀宋教仁；你说是应夔丞，他说是赵秉钧，我说是袁世凯。孙中山因此痛感军阀“南与北一丘之貉”。20世纪末，学者邓野总结说：“民国政治的基本特征在于，政治与武力高度统一，政党作为政治集团的同时，又是一个武装集团，武力是政治的出发点和最终依据。”这一点，“构成了民国政治的基本逻辑”，“企图剥夺武力的和谈，反过来，最终被武力剥夺”。

1914年年初，杀害宋教仁的应夔丞自上海越狱逃到北京，以功臣自命，要求袁世凯实践其“毁宋酬勋”的诺言。军政执法处郝占一奉袁密令，在京津铁路火车上将应杀死。这件事使赵秉钧感到兔死狐悲，他为应鸣不平，径自发电通缉杀应凶犯，并抱怨袁世凯说：“如此，以后谁肯为总统做事？”

1935年，国民党第五次全国代表大会，陈果夫兄弟的CC系控制了选举。结果陈立夫的选票比蒋介石还多四票，坐实了“蒋家天下陈家党”的说辞。陈立夫觉得不好意思，悄悄地从黑板上抹去了一个“正”字，因此在公布得票数时，陈比蒋少了一票。蒋介石知道了内情，惊怒之余深感二陈“功高震主”，遂决意将陈立夫扣留。陈立夫托人向蒋说好话。陈其美遗孀在蒋面前哭诉：“我儿死了，立夫就是我的儿子，他有多大胆子敢不听委员长的话！你难道忍心英士绝后吗？”

西安事变后，何应钦组织讨逆军，拟派飞机轰炸西安。在南京召集的黄埔系空军人员会议上，宋美龄哭求说：“不要听何应钦的命令。”何应钦说宋是“妇道人家，只知道救丈夫”，宋美龄回答说：“你这样做就辜负蒋先生了。”

盛世才多疑，他采用严密的特务网对其周围的人进行监视，以防被人暗杀。周东郊说：“盛世才对任何人都不信任，连自己的妹丈彭吉元、岳父邱宗浚、姻襟汪鸿藻都不放心，都有专门特务跟踪。”

1947 年，《改造日报》的记者陆立之前往东京，寻访到郭沫若的妻子安娜，看到面前一片惨景：室徒四壁，空无一物，全家仅靠一点山芋充饥。见中国的记者到来，安娜涕泪交流，哽咽难语，她只能断断续续地泣诉：“鼎堂他不应该是这样。自从他走掉之后，我们，我和孩子们都为他担惊受怕，他却音信全无，把这个家全忘了。如果说是战争阻隔，信息不通，这也是借口胡说，这里还是不断地有中国人的消息，我就读到过他回去后写的一篇文章叫作《在轰炸中来去》，说自己光荣地见到了蒋介石……”

“九一八”后，中国有了亡国的危险。在多事之秋，以生存为第一目标的阎锡山，周旋在日本、中共和国民政府三方之间。他说：“在三颗鸡蛋上跳舞，踩破哪一颗都不行。”不愿离开经营多年的山西，几乎成了他的原则。到 1949 年太原城破前，美国人陈纳德传话愿接阎锡山脱险，阎说：“不死太原，等于形骸，有何用处！”阎锡山最终丢弃了太原这一命根子，到中央政府任职，但如他说，“东山的土地爷到西山就不灵了”。

20 世纪 50 年代，陈立夫在台湾被投置闲散，不得已只好去美国谋生。他去向蒋介石和宋美龄辞行时，蒋夫人送了一本《圣经》给他，说：“你在大陆负了那么重的责任，现在一下子冷落下来，会很难适应。送你本《圣经》念念吧，也好在心灵上得些慰藉。”陈立夫不客气地指着墙上蒋介石的肖像说：“夫人，这活的上帝都不信任我，我还希望得到耶稣的信任吗？”

1956年，中国掀起了社会主义改造高潮，梨园行闻风而动。看到大大小小的商店、药铺、饭馆以及像样和不怎么像样的作坊，都挂上了“国营”或“公私合营”的牌匾，所有的店员、伙计、跑堂的都拿上了工资，成不了“角儿”的演职员眼馋了：“连资本家都穿上了干部服，怎么我们仍旧是艺人？”名角张君秋南下到武汉去演出，接待他的人问：“您的剧团是国营的吗？”能背大段唱词的张君秋，一时竟慌了，不知该怎样应答。还没“国营”的他，不能说“国营”；尚处“私营”的他，又羞于说“私营”。支吾一阵后，张君秋红着脸，含含糊糊地说：“我们是归公家领导的。”一回到北京，张君秋立即要求“国营”。

殷海光晚年，孤独绝望，但学生们爱戴他，老友们想宽解他。有一次，傅乐成委婉地对他说起两人当年在西南联大说过的“旋转乾坤”之类的豪语，殷海光半晌无语，最后闭目摇头说：“如今已是智竭力穷了。”

胡适在雷震案中的表现，虽然得到不少人的谅解，但带有中国人情味的自由主义者们，包括殷海光在内，并不因此放过胡适。他们不满胡适作为自由主义的带头人，在压力下退却，对雷案的态度与行动都不够明朗与坚定，对胡适不愿或不敢去探雷震之监，尤致不满。诗人周弃子的《忆雷儆寰》一诗，就是明忆雷震，暗讽胡适："无凭北海知刘备，不死书生惜褚渊。铜像当年姑漫语，铁窗今日是凋年。途穷未必官能弃，棋败何曾卒向前？我论时贤忘美刺，直将本事入诗篇。"

1968年12月10日，在监狱般的301医院病房内，田汉去世。一件大衣、一副眼镜和其他几件衣物摆在病房里，没有人来取，没有亲人和朋友来与他告别。当他离开人世之时，广播里正狂热地播放着他的歌，欢送狂热的青年学生们"上山下乡"："同学们！大家起来！担负起天下的兴亡！……我们今天是桃李芬芳，明天是社会的栋梁；我们今天是弦歌在一堂，明天要掀起民族自救的巨浪！巨浪，巨浪，不断地增长！同学们！同学们！快拿出力量，担负起天下的兴亡！"

在"五七干校"时，吴世昌、吴晓铃、钱锺书等大学者在一起劳动。有一次，为一件小事，吴世昌跟吴晓铃吵起来。吴晓铃有一个习惯，爱用手指点对方。吴世昌的文人气来了："你跟人说话这样，你以为你那手比梅兰芳还好吗？"吴晓铃气得说不出话来。钱锺书正躲在蚊帐里看书，听到二吴辩论，他在帐子里说话了："世昌，你说晓铃的手比梅兰芳的还好看，我看，你的嗓子比梅兰芳的还好听！"吴世昌的嗓子又尖又细，听钱锺书这么说，也气得说不出话来。

被郭沫若始乱终弃的日本妻子安娜在谈论自己时说："我这一辈子生活得像是一只野狗！"她拒绝一切跟郭沫若会面的机会。郭沫若临死前见到安娜最后一面时，留下的一句话是："都怨日本军国主义。”

施蛰存主编了 20 世纪 30 年代大型综合性文艺刊物《现代》，并使《现代》“成为中国现代作家的大集合”，为中国现代文学的发展做出重大贡献。但文坛对施蛰存误会很深，他跟鲁迅的论战，使得鲁迅给了他一个“洋场恶少”的名字。因为这个名字，施蛰存后半生吃尽了苦头，并从文坛上销声匿迹。施蛰存自嘲说：“十年一觉文坛梦，赢得洋场恶少名。”

改革开放后，财富在给中国的富豪们带来了享乐和权力的同时，也让他们的生活变得“紧张阴暗”。北京中关村的一位商人感叹说，他现在对比尔·盖茨花不完的钱已不怎么动心，令他真正羡慕的是：“人家作为世界上最有钱的人还生活得那么阳光。”

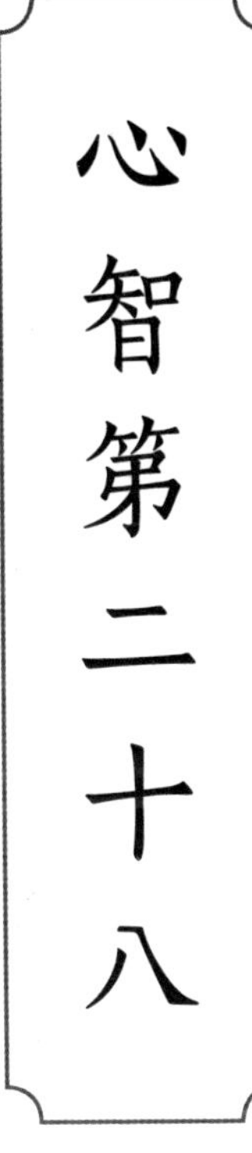

心智第二十八

太平天国后期，李秀成向洪秀全报告国事的困难，说曾国藩的军队已经逼近，洪回答说："朕奉上帝圣旨，天兄耶稣圣旨，下凡作天下万国独一真主，何惧之有？不用尔奏，政事不用尔理，欲出外出，欲在京住，由于尔。朕铁桶江山，你不扶，有人扶，尔说无兵，朕之天兵，多过于水，何惧曾妖乎？"此后南京被围，城中绝粮，洪秀全令百姓饮露充饥，说露是天食。

请客送礼是晚清官场通例，或称"陋规"，曾国藩也曾为此辩护，以为要顺利推行政务，就不得不如此。李莼客也因此抱怨张之洞送他的"礼"太轻，以至于在他有名的日记里写道："午后至陶然亭，张之洞来，我避之。"

慈禧发动戊戌政变，囚禁光绪皇帝，遭到了包括日本在内的全体西方列强的反对，心里一直愤愤不平，想把光绪彻底废掉。徐桐、崇绮、启秀三人想借机"邀宠于太后"，并自比伊尹、周公，拟好的废帝诏书为荣禄烧毁，荣进宫哭陈慈禧说："各国都认为皇上是明主，非臣口辩所能解释。"再三恳请太后不要贸然行事。

张之洞长子落水殒命，张为此痛悼万分，至于时时涕泣。梁鼎芬写信劝他说："忧能伤人，况涕泣乎？"为了替张之洞解忧，梁请康有为等人到总督衙门来陪张之洞谈学说禅，"粲花妙论，人人解颐""西宾相对，可以释忧"。

1905年，同盟会成立后，许多留学生踊跃入盟。谷思慎担任山西分会负责人，阎锡山是同盟会争取的对象。阎入盟前曾问谷："你是官宦子弟，何患得不到一官半职，为什么要参加同盟会，另谋出路呢？"谷思慎回答说："我不是为个人谋出路，而是为中华民族谋出路。"

章太炎在上海时，常与孙中山、廖仲恺、苏曼殊等人来往，以在孙家时为多。章能独自雇人力车往孙家，而不记自住里弄地名，故由孙家回来时，必由人陪送。有一次，孙中山派人陪送太炎回家，出了孙家，门口仅有一辆人力车，章坐到车上即令拉车人快跑，陪送者等到另一辆车时，章已不知去向。章之拉车工人在半路上问往哪里，章说："家里。"又问你家在哪里，章说在马路上弄堂里，弄口有一家烟纸店的弄堂。因此他坐在车里一直在马路上转圈子。

蒋光赤常为自己的作品得不到理解发牢骚，他说："外国作家常得女读者来信赞赏，但中国女读者从不晓得写信给作家。"

1926年，陈伯达跟郁达夫有过交往。他曾陪郁达夫上街，发现郁花钱很大方，大概郁那时挣的稿费已很多。陈伯达问："你花钱这么随便，可在你的书里，你是很贫寒的，怎么能这样呢？”郁达夫说：“我在书里写的只是小说家言。”

大革命后，于右任是主张“汪蒋合作”最有力的一个人，故很得蒋介石的重用，当时的国民党中央党部简直是于右任当家。但很快胡汉民就把于赶下台了。于常住上海，不时还去南京。左右劝说：“人家既是不要你，你就不去好了。”于答：“我有我的办法。”左右说：“你有什么办法？就是到头来叹一口气说，又被蒋介石卖了一回。”

胡汉民被蒋介石软禁七个半月之后，终获自由，而遗恨不尽，对蒋绝不原谅。他对吴鼎昌说：“我在南京给他当了几年家，想不到他翻脸不认人，最后要出这样的流氓手段！”

林森去世后，风传吴稚晖将出任国民政府主席，吴对人说：“不可以，不可以，千千万万个不可以。我有一个怪癖，每天要到野外旷地上去拉屎，你们想，那成什么体统，岂有一国元首，会像我那样的？”蒋介石跟他商议说：“林主席逝世后，国民政府主席不能久缺，是否请吴老先生出任？”吴连忙说：“我这个人的个性，不宜当政府主席！”“为何不适合？”“我这个人最抑制不住自己的性情，当了国民政府主席，就要经常接见外国的外交使节。我看到有些亚非国家的公使、大使，穿着他们本国的服装，像演戏一样，会禁不住笑出来的，那样不免有失国体。所以这差使最好让更适宜的人去当。”

金岳霖会忘记自己的姓名。有一次他打电话给陶孟和，陶的服务员问“您哪儿”。金忘了，答不出来，说不管它，请陶先生说话就行了。可是服务员说不行。金请求两三次，还是不行，只好求教于王喜——他的人力车夫，王说：“我不知道。”金说：“你有没有听见人说过？”王喜说：“只听见人家叫金博士。”一个“金”字提醒了金。

鲁迅去世的电报到达八道湾后，周作人找宋紫佩同往西三条，通知“鲁迅的母亲”。老太太悲痛至极，只能说：“老二，以后我全要靠你了。”周作人说：“我苦哉，我苦哉……”老太太很不满意儿子的不能任事，她后来对俞藻说：“老二实在不会说话，在这种场合，他应该说，大哥不幸去世，今后家里一切事，理应由我承担，请母亲放心。这样说既安慰了我，又表明了他的责任。”老太太说：“难道他说苦哉苦哉，就能摆脱他养活我的责任吗？”

1937 年秋，日寇逼近太原，阎锡山率部退到临汾。有一天决死十总队的队长武玉山跑过来报告工作，说他在部队中建立起军队不许扰害老百姓、军官不许打骂士兵等新办法。在一旁的董天知（共产党员）插话说：“好，这是八路军的办法。”阎锡山听了说：“什么八路军的，一切办法都是造化的，谁用就是谁的。”

在延安，张惊秋担任了一个小组长的职务，终日忙忙碌碌，笑逐颜开。有一次，王实味一本正经地对张惊秋说：“张惊秋，我看见你，就想起鲁迅说的笑嘻嘻的脸。”张非常气愤，又觉得王的挖苦莫名其妙，他后来写了一首诗《笑》贴在自己的炕头：“我从只能哭的地方来，现在要放声笑了！这笑声有人不喜欢，明天我还是要笑，笑得更好。”

高长虹很重视培养文学人才。他曾发现了曾克，除写文章褒奖外，还要去看看曾克。当时曾在私立重庆复旦中学教书，他去了，把一张字条交给校工，在门口等，曾克来到校门口，大声喊：“哪位是高老师？”他不答应，却拿出一张报纸交给曾克，正是刊登他写曾克文章的报纸，报头上写着几个醒目的字：“我约你谈一谈，如允，就出去走走。”

潘梓年善忘。一次在重庆的某签名场合上，他恍惚起来了，记不得自己的名字了。旁边的人说他姓潘。可是，他还是想不起来，并且问：“阿里个潘呀？”

抗战期间，朱家骅等人决定向蒋介石献九鼎。铭文由刘起釪起草，顾颉刚定稿：“于维总裁，允文允武，亲仁善邻，罔或予侮。我士我工，载欣载舞，献兹九鼎，宝于万古。”蒋介石知道后，大骂朱家骅：“这是无耻！”“太糊涂，是侮辱我！”“这种做法，不仅给我侮辱，也给党侮辱，怎样对得起总理在天之灵？”

殷汝耕在1935年成立冀东政府，抗战胜利后被捕。在狱中，他终日念佛，了无嗔意，被判处枪毙时，还从容得很。检察官问他有没有遗言要留，他说：“我很奇怪，当初不是要我组织冀东政府的？为什么今天要枪毙我？”

1946年，政协会议召开前夕，蒋介石对章伯钧、罗隆基放话说：“除了国防部部长、外交部部长，要当什么部长都行！”章伯钧说：“就是给我干国防部部长、外交部部长，我也不干！”罗隆基则说：“我要当就要当外交部部长，我能讲一口呱呱叫的英语，保证能当一个呱呱叫的外交部部长！”

张爱玲说：“活在中国就有这样可爱：脏与乱与忧伤之中，到处会发现珍贵的东西。”

1949年以后，吴宓在西南师院任教，是二级教授，月薪272.5元，在校内可谓“高薪阶层”。有一位女教师编织了一双毛线袜子，送给吴宓，吴给了那位女教师100元钱。有人对吴宓说：“一双袜子值多少钱？你给得太多了。”吴宓答道：“多乎哉？不多也。我是把袜子的成本费、劳务费，还有无价的感情都算在里面的，我给她的不算多。”又一次，中文系一位教师向吴宓借了5元钱，说明一周内归还。一周过去了，却没有来还。吴宓找上门去，向他讨还了欠款。那位教师很不高兴，逢人就说：“吴宓是个小气鬼，借他5元钱还好意思上门来讨。”吴宓向人解释说：“我不是为了5元钱，我是在帮助他提高道德修养。”

殷海光临死前，徐复观去看望他，他对徐承认自己以前的某些说法不对。他对徐复观这样说：“相识二十多年来，先生常为海光提到时厌恶的人物之一，但亦为海光心灵深处所激赏的人物之一。”徐复观则以为，二十年来，在文化思想上他所遇到的最大麻烦，多半与殷海光有关。得到殷海光死讯时，徐曾绕室彷徨地自言自语：“今后的生活更寂寞了，再没有一个可以谈天的人了。”被他的太太听到，立刻责备说：“你怎能说这种话！你说这种话，对得起其他的朋友吗？”

周一良著《毕竟是书生》，或有论者以为周无反省之心，或有弟子朋辈以为周自责太过，承担了不必承担也无法承担的内疚。据说，周是有勇气、良心的，他坦然将某位老先生匿名寄来的字条“无耻之尤”压在玻璃板下。钱文忠以为，“毕竟是书生”不是胆怯的求恕之词，其中包含着一股极难领略的傲然之气。对晚辈，周一良只在认为孺子可教时，才会在字幅上钤上“毕竟是书生”之印，否则只盖白文名章。

蒋介石死后，钱穆自称“内心震悼，不知所措。日常阅览写作，无可持续，唯坐电视机前，看各方吊祭情况，稍遣哀思”。

孔令晟曾任蒋介石晚年的侍卫长，他回忆说，蒋介石对是否让蒋经国承袭重任，心中曾有长期的冲突，并曾认为这样做，将“无法对历史作交代”。

叶秀山读书成痴。1976 年，他住干面胡同大院平房，很小的房间，他的书桌就在窗下。有一天，他的邻居在窗下批评他说：“你现在还坐得下来读书？”他问出了什么事。原来由周恩来总理逝世引起的事态越来越大了，大家都到天安门去凭吊、致哀。

于是叶接受批评，找了个时间也上天安门去了，只见人山人海，庄严肃穆，凝重气氛，向所未有，张望之间，遇到几位同事，以目示意心照不宣。叶说他因此体会到走出书斋之重要。

改革开放之初，聂华苓、安格尔夫妇到中国来，访问了一批老作家。安格尔在会见时问：“你们中国的作品里，怎么没有写性呢？性是生活中很重要的事呀。”一位年长的作家答道：“我们中国人对此不感兴趣！”安格尔不甘心，又问：“你们中国有好多小孩子，这是怎么一回事？”

周扬晚年多次忏悔。关于20世纪30年代为抗日文学的口号跟鲁迅争论一事，他曾承认自己有宗派主义，并说：“我们那时还是二十多岁的年轻人，不懂。”“有些党的文艺工作者并没有从思想上认识到鲁迅的伟大，尽管承认他是领袖，但是并不认识他。”

韩石山曾经评点史铁生的名作——《我的遥远的清平湾》。史因为下乡致残，韩说，不管史的这篇小说如何，仅是那抒情的题名就让人不敢恭维，那哪里是写受难之地，分明是远方姥姥的家嘛。

曹禺说：“明白了，人也残废了，大好的光阴也浪费了，使人明白是很难很难的！明白了，你却残废了，这是悲剧，很不是滋味的悲剧。我们付出的代价太大了。”“人老了，丑，没有一点儿可爱的表演，上帝把你的丑脸都画好，让你知道自己该死了，该走了。”

王小波在国学热中说，古宅闹鬼，老树成精，一门学问最后可能变成一种妖怪。就说国学吧，有人说它无所不包，到今天还能拯救世界，虽然我很乐意相信，但还是将信将疑。

廉耻第二十九

穆彰阿恭维曹振镛："老师德高望重，京师谁人不知？声名如师者，怕空前绝后矣！学生正欲求教为官之道。"曹大笑："告诉你也无妨，此亦无他，唯多磕头，少说话而已。"

池州秀才杨长年为了进谒两江总督曾国藩，撰《不动心说》呈上说："今置我于粉白绿黛之侧，问：'动心乎？'曰：'不动！'今置我于红蓝顶戴之傍，问：'动心乎？'曰：'不动！'"曾的幕僚李鸿裔在文后写道："白粉绿黛侧，红蓝顶戴傍。万般都不动，只要见中堂。"曾国藩批李而见杨，如此马屁，曾甘之如饴。

李鸿章、程学启攻占苏州，采用了骗降后杀降的手段，其欺瞒和屠杀之举，使英国人戈登"深感耻辱和极度伤心"，发誓要消灭李、程。后来李鸿章对他进行安抚，他仍然持保留意见，拒绝接收朝廷赏给他的一万两银子，他在朝廷的褒奖令背面写了一段话："由于攻占苏州后所发生的情况，我不能接受任何标志皇帝陛下赏识的东西。"

丁日昌做江苏巡抚时，曾认真查禁“淫书”，他开出了一长串书目，从《肉蒲团》《灯草和尚》《浓情快史》《绣榻野史》《五更尼姑》，到“三言”“二拍”，以及《西厢记》《水浒传》《红楼梦》。他认为《红楼梦》写尽痴男怨女之情，字面上又决不露一个“淫”字，而令人心往神驰，这就是所谓“大盗不持干戈”。苏南战争结束后，刘铭传带亲信将领游览无锡的惠山，当时因躲避战争，山上出家当尼姑的特别多，刘因此饱览秀色。丁日昌知道后，一本正经地劝他：“省三，你现在已经贵为提督了，还这么不检点，难道不怕世人耻笑吗？”刘铭传反唇相讥：“丁雨生，你什么时候变得这么正经了？想当年你刚到我们军营的时候，到处收罗西洋春宫画册，送给我部下的将校，让大家帮你说好话，保你往上爬，你现在倒忘了。”

梁鼎芬、于式枚、文廷式三人相貌性格各不相同，体形却差不多，所以衣服冠履可以换着穿，亲密无间，当时的士子十分妒忌，认为他们是同性恋。据说，梁、于都有“暗疾”，即“大阉”，不能接近女色，只有文廷式正常。梁、于成家后，都把夫人寄居在文廷式家里，并且对外声称“礼教非为吾辈设也”。梁尤绝，在一次和朋友饮酒时，居然吟出“有子万事足，无妻一身轻”的句子。

慈禧忙做六十大寿时，翁同龢等大臣上奏要求，能不能寿诞从简，节约宫中开支补充前线的军费。慈禧说：“谁要是令我一时不快乐，我就要他一生都不快乐。”

清末，庆王奕劻大权在握，而对时局无动于衷。他本是臭名自甘的贪官，无能无志辅佐清廷，清政府覆亡后他仍忙于搂钱。死后家人为其请谥于逊清小朝廷，宣统说：“是丧吾国者，何谥为？”悻悻不已地给他赐谥了一个“密”字。

陈家鼐好吹牛，在日本时，其老乡们成立组织冷落了他，他就跑到陈其美处，声言湖南的党人都听他的话，他可以统统喊来参加中华革命党。陈其美信以为实，又误以为他是国会议员陈家鼎，故请孙中山委他为湘支部分长。他得到委状之后，便当街拉人，在路上见着同乡人便一把拉住要他入党，并向人说：“中山已委我做湖南革命党人的领袖，不信请看委状。”说着就把委状捧出来，湘人皆嗤之以鼻。

袁世凯称帝未揭幕之时，朱启钤、梁士诒等人为之积极筹备，其子袁克定为幕后主持，每天改造《顺天时报》一份进呈袁世凯，亦系克定主谋。“臣记者”薛大可（薛在每日出版之《亚细亚报》中，自称臣记者），更无日不趋奉于袁克定身边。

1915年8月，杨度、孙毓筠、刘师培、严复、李燮和、胡瑛等组成“筹安会”，鼓吹复辟帝制。袁世凯说过自己“深愿竭其能力发扬共和之精神，涤荡专制之瑕秽，永不使帝制再现于中国”，就问计于徐世昌和梁士诒等人。徐世昌说：“我们可以召开国民会议，由国民代表决定国体，选举皇帝，这样别人就没话可说了。”梁士诒反对说：“召开国民会议需要许多手续和很长的时间，这太慢了。我看，我们可以搞全国请愿联合会，逼参政会开会。”于是，总统府前便出现一队又一队的请愿“群众”，其中一支是北京八大胡同的妓女们。

赵秉钧内阁被人称为“国民党内阁”，这个临时现凑的正常内阁，人多非笑之，以为此非政党内阁，乃系内阁政党。内阁组成不久，赵就变了腔调，有人问他加入政党的事时，他说：“我本不晓得什么叫政党，不过有许多人劝我进党，统一党也送什么党证来，共和党也送什么党证来，同盟会也送得来，我也有拆开看看的，也有搁开不理的，我何曾晓得什么党来？”有人说亲眼见过他送到统一党和同盟会的党证。他则摇着头说：“此恐怕不是我写的吧！”

1913 年 3 月以后，盛宣怀当上了汉冶萍公司的董事长和轮船招商局的副董事长。在“二次革命”期间，他污蔑说“革命流毒忽又剧作”，一再要求袁世凯迅速派兵镇压。他操纵轮船招商局，一面竭力抵制、破坏革命军对该局所属船只的调用，一面积极地为袁世凯军队运兵运械。盛称袁世凯：“实超轶乎汉高、宋祖而上之，方之华盛顿、拿破仑亦有过无不及。”

民初，云南唐继尧与顾品珍争雄。顾品珍一度占上风，唐多次电催赵世铭第五旅反攻。赵世铭回电说：“世铭一生部下，两次师生，虽肝脑涂地，都不足以报知遇之恩。无如风雨连绵，道路泥泞，寸步维艰，奈何。”赵曾歌颂唐继尧说：“唐会泽之心思，岳鄂王之心思也；唐会泽之事业，岳鄂王之事业也。”

陈延年被杨虎手下的特务抓捕后，真实身份没有暴露。他托汪孟邹设法营救。汪找胡适，胡适说：“独秀之子，我一定营救他，你回上海等消息。”胡请蒋介石的大红人吴稚晖出面说情，如此陈延年将不至于有生命危险。吴当着胡适的面大叫：“好了！好了！老陈没有用了，小陈可怕，太可怕，胜过其父十倍。捉到小陈，天下从此可以太平了。”陈延年因此被刽子手乱刀砍死。汪孟邹得此噩耗，如五雷轰顶，痛心疾首。此后只要一提起陈延年遇害一事，他都追悔莫及，拍着大腿说：“说不得，说不得！”

1928年，张静江任浙江主席后，住湖滨“来音小筑”。一天张和他的姻亲周觉言语冲突，相互拍案大骂：“大家都是阊门（苏州）街上嫖客出身，彼此彼此，不要神气活现。你有什么本领，还不是亮见亮！”

《塘沽协定》后，黄郛以华北政务委员会的名义在怀仁堂设宴招待各方头面人物。席间黄郛得意之余，大谈起秦桧，黄说：“人们都说秦桧不好，其实如果没有秦桧的议和，南宋就不一定还有一百六十年的天下。”

陶希圣为人阴沉，善于察言观色。人们将其归入无行文人之列，说他“见汪主和，见冯言战，见蒋委员长和战皆好。遇国骂共，遇共骂国，遇法西斯国共都骂”。

1932年年初，黄埔军校第六期的学生杨周熙（时在军政部办的交通研究所当队长）写了一本《三民主义之法西斯化》，送给蒋介石。蒋交康泽审查，并考核作者。康泽把杨找来，问他为什么要写这样一本书。杨直截了当地说："我听说现在有一个运动，是搞法西斯，所以我就赶快写这本书出来；不然，就会落伍啦！"康泽向蒋介石呈复，说杨投机。蒋把书名中的"法西斯化"改为"复兴运动"，内容照旧。

1932年夏，刘湘在渝召集二十一军戍区教育会议，由刘主持，致辞大要为："我统一四海后，先要发展土产，如荣昌烧酒房的泥金茶壶、隆昌的白猪儿；须不依靠科学亦能致富，闭关亦能自守。"何鲁时为重庆大学理学院院长，起立发言说："国家富强必须依靠科学。如不依靠科学，请问督办今天为何要穿西装呢？"刘登时面红耳赤，随即退席。

汪精卫投靠日本后，召集各方势力会谈，以期尽快建立政权。日本授意王克敏和梁鸿志二人，借扩大华北特殊职权问题而故意延宕汪伪政权的建成，故此王克敏每在涉及国旗、汪党流入华北、在华北建立政治分会和陇海路的管辖权等问题时，都与汪精卫争得面红耳赤。他还讥讽汪说："你应当向我请教。跟日本人处事，应虚与委蛇。日本人难缠，你同他条件谈得再好，他到一定时期，也能翻脸不认账。"王又同周佛海私下说："我们六十多岁的人，做汉奸没几年就死了，汪何必把一些青年人拖下水呢！"

成舍我在重庆办《世界日报》，对社内一切措施，实行高度的压迫和剥削。以艰苦抗战做口实对职工采取低薪制，任意增加工作时间，严定处罚办法，甚至规定职工伙食只许吃糙米，做菜不放油。职工因工作劳累、营养不好，迭次要求改善伙食，成始终不许。1945 年 4 月 12 日美国总统罗斯福去世，消息在当日中午传到重庆。报社职工正在吃午饭，成舍我到食堂宣布这个消息说："你们看，罗斯福是金元王国的总统，营养应当是很好的，可是他也死了，可见营养的关系不大。"

1941 年年初，皖南事变爆发后，中统特务头子徐恩曾利用与邹韬奋在南洋公学同窗多年的关系设宴相请，软硬兼施逼他参加国民党，以洗刷其"通共"嫌疑。邹韬奋马上质问："以你的职业，看我究竟是不是共产党？"徐恩曾回答说，已经监视你几年，未发现是共产党的证据，不过在当今，"不参加国民党就会是共产党"。邹韬奋气愤之余只说了一句话："我就是这样，看你怎么办！"

盛世才反苏、反共后，诬人通共，十分起劲。他曾亲审丁慰慈，查问拿了多少卢布。丁不胜拷打，向盛世才说："你说拿多少就拿多少，我承认就是。"可是盛世才一定要人自诬。丁只好从拿五万说起，盛嫌少，毒打之下，卢布数由五万升到十万、二十万、三十万，还是遭受刑罚。丁索性自诬拿了一百万，结果盛世才又嫌多。于是丁又从九十万、八十万、七十万、六十万一路往下降。直到被毒打得体无完肤时，丁说出五十万，盛世才认为与"腹案"相合，含笑叫停。盛世才的结论是："丁慰慈！你早说实话，不就少吃那么多的苦头了吗？"

1949年后，沈剑知借谢稚柳大力进了博物馆做干部。到“三反五反”，谢稚柳犯了错误，成了“十大老虎”之一，竟致五花大绑，绑上高台。在对谢宣判缓刑三年时，沈前据第二排座，频频起立拍手大呼以耻之。谢稚柳谈及此人时，总是大骂不已。

柏杨被国民党逮捕，调查局的官员刘展华对他软硬兼施，刘说：“你只要坦白，自由就立刻可求。像你这样的匪谍，永不会了解我们三民主义信徒的高贵情操……”柏杨不愿屈服，刘展华就猛抽柏杨双颊，据柏杨说：“拳头像暴雨般猛击我的脸部和前胸，我挣扎着，但他的皮鞋连着踢中我暴露出的小腹……”

依附第三十

戊戌变法前，梁启超过武昌投谒。张之洞命开中门及暖阁迎接，而且问巡捕官："可鸣炮否？"巡捕以恐骇听闻回答，张才作罢。朝廷定制，钦差及敌体官往见督抚者，才能鸣炮开中门相迎。梁启超当时只是一举人耳，何以有是礼节？皆因其时已有康、梁柄国的消息，张之洞特预为媚之耳。

左宗棠奉命去镇压新疆叛乱时，恰好哥老会头目（人称大龙头）犯法逃到汉口。左正准备从汉口开往西安，忽见队伍自动集中，排成十几里的长队，说是去欢迎大龙头，非常诧异。不久接两江总督文书，谓有巨匪自汉口逃往西安，着地查办。左摸不到要领，无计可施时，幕僚说："军中士兵上至将官都是哥老会中人，所谓'匪首'就是他们的大头目。"并建议："大帅最好加入哥老会，做大龙头。不然，我们无法到新疆。"左听后便去开山，做起大龙头来，收留会党，这才平安到新疆。新疆因此有哥老会。

康有为在京师创立强学会，朝士集者百数十人。又赴上海设分会，请张之洞列名，张发电报说："群才荟集，不烦我，请除名，捐费必寄。"乃助会款五百两，拨公款一千两。

袁世凯说过：“共和为最良好政体，治平之极轨，本大总统受国民付托之重，就职宣誓，永不使帝制再见中国，皇天后土，实闻此言。”

辛亥革命后，作为革命对象的皖抚朱家宝（他镇压了熊成基起义），不但没有被动“一根头发”，反而摇身一变，坐上了皖省首任都督的宝座。孤云（韩衍）说这些人是：“清廷而在，则摇尾为奴；虏社既颠，则涂面革命。”

民国初，“交通系”实力强大。袁世凯曾向梁士诒说：“财政窘迫如此，交通部总要帮忙才好。”梁回答说：“只需大总统吩咐，吩咐多少，就是多少！”袁称：“每月需有四五十万才好。”梁立即爽快答应：“就是五十万可也。”

章太炎看到孙中山在广州护法的事“难就”，就想应云南督军唐继尧之招西行。孙派人劝说：“今人心不固，君旧同志也，不当先去以失人望。”章回答说：“此如弈棋，内困则求外解。孙公在广东，局道相逼，未有两眼，仆去为作眼耳。嫌人失望，以总代表任仆可也。”

北京大学开教授会时，会场较乱，各人纷纷发言。蔡元培也站起来预备说话，辜鸿铭一眼看见首先大声说道：“现在请大家听校长的吩咐！”周作人说，这就是辜的语气，他的精神也充分地表现在里边。五四运动时，教授们在一起应付事件，其中就是挽留蔡元培，大家都说了好多话，对挽留没有异议。辜鸿铭却说出他自己的特别理由：“校长是我们学校的皇帝，所以非得挽留不可。”

民初，冯玉祥驱逐溥仪小朝廷，遗老旧臣们多方求援。载涛之子溥佳对罗振玉等人的表现印象深刻，罗矢口不谈什么借助外力（暗地里与日本人联系），两度去天津向段祺瑞求援。每次由津来京时，总说是没回家就来到北府，向溥仪和王公们报告他在津与段会见的经过。当时溥仪以及王公们对他那种不顾年迈、不辞辛苦的精神一致表示赞许，他“慷慨激昂”地说：“君辱臣死，我只有鞠躬尽瘁而已。”大家因此把罗看成一个“忠贞可嘉”的人物。

张宗昌有急智。当年张宗昌在张作霖手下混事的时候，张作霖委托洋学堂出身的郭松龄整肃军队，郭早就想拿张宗昌开刀，一次视察张宗昌的部队，两下一碰，话说岔了，郭张口便骂，操娘声不绝于口。谁知张宗昌接口道：“你操俺娘，你就是俺爹了！”随即给郭松龄跪了下来，害得比张宗昌年轻的郭松龄红了脸，整肃也就不了了之了。

溥杰十几岁时，很想买一个照相机，就问服侍他的太监需用多少钱。太监现出了鄙夷的神情对他说：“您是一位当爷的，打听这个干什么？您若是都知道了，奴才们还怎能托福？！”溥杰听了不但深觉失言，而且是失了“当爷”的体统。

谭延闿在国民党内以处事圆滑、八面玲珑著称，人们称其为

“药中甘草”和“伴食宰相”。宋子文等不同意蒋介石追求其妹宋美龄，谭受托劝他说：“儿女婚事当不应多管，何况长妹，徒伤感，且落口实。”宋子文只好归顺蒋介石。

1928年，胡汉民从欧洲回国，提出“成立五院实行法治”的主张，以便再度与蒋介石合作。当时曾有人力劝胡不要再去南京供蒋利用，胡回答说：“自古武人只能马上得天下，没有文人就不能马下治天下。汉高祖还要有个叔孙通帮他定朝仪。现在只要做到不打仗，就可以用法治的力量来约束住枪杆子。我即使不去南京，也自会有人去受他利用。”

邓文仪是一个“拥蒋狂”和“反共狂”，狂到几乎难以令人理解。他的口头禅是：“需要即是真理！行动即是理论！”他做蒋介石的侍从秘书，蒋喜怒无常，他毫无怨色，还对人说：“谁能离得开自己的领袖呢？在他身边是在他身边，不在他身边也还是在他身边，这便是所谓精忠的那个‘精’字。”

鲁迅曾说：正义都在他们那一边，他们的正义和我们有什么相干？而这么说说，也会有人怒目而视，因为群众是他们的，同志也是他们的，我又有什么们？好，就说是和我不相干吧，于是我成了个人主义者。

1942年系《南京条约》一百周年，蒋廷黻的演讲以中英文在重庆发表，立法院院长孙科在国民党中央会议中引用了蒋的讲词，并且表示同意蒋的看法。一个与孙科不和的人攻击蒋是英帝国主义者的辩护人。该案竟至呈蒋介石核夺，蒋介石认为，学者的演讲和写作应该自由，党方不必过问蒋廷黻的文章。

戴季陶终生与蒋介石关系密切。清末时他名为戴天仇（与满洲不共戴天之意），后来改名良弼。跟陈果夫、蒋介石在上海开交易所时，一心发财，想做陶朱公，又改名季陶。后来说中山先生是继承周公文武孔子的圣人，他自己以贤人自居，故又名传贤。在他的书房里，挂着观世音像、中山先生像和他母亲的像。1949年年初，他从南京逃到广州，同于右任同住招待所，于责备他，蒋介石的许多罪恶，他应负责任，因他同蒋是密友，可以无话不说，他对蒋不但不加规劝，反而助纣为虐，使蒋叛党祸国之罪更大。戴因国民党政府大势已去，就在2月11日吃安眠药而死。

王芸生以《大公报》闻达社会，1949年后，他仍难以放下架子。有一次，在各报负责人的会议上，谈起一件小事，时为华东新闻出版局副局长的张春桥夸夸其谈一通，说得完全不对，王芸生漫不经心地打断他的话："唉！不是那么回事。"同时，习惯性地用手往上轻轻一挥，谁知张春桥勃然变色，冷嘲热讽说："我是打仗进上海的，原是土包子，不像王先生那样和大人物往来，见过大世面。说错了，请你王先生指教。"此语一出，举座无言。

张群在日本时，有人曾问他："岳公，你追随蒋先生最久，和他关系也最密切。大陆失陷，你是否也要负一部分责任？负没有及时进言的责任？"张群坦率地说："我只是个厨子，主人喜欢什么菜，我做什么菜。”

20 世纪 50 年代，为使北京多保留一些有价值的牌坊、琉璃宫门等古建筑，在扩大的国务院办公会议上，梁思成与自称“改革派”的吴晗争得面红耳赤。有一次，吴晗站起来说：“您是老保守，将来北京城到处建起高楼大厦，您这些牌坊、宫门在高楼包围下岂不都成了鸡笼、鸟舍，有什么文物鉴赏价值可言！”梁思成当场痛哭失声。

1957 年 6 月 16 日，翦伯赞在《文汇报》著文，分析右派分子的言论，重点是罗隆基、章伯钧、章乃器、储安平的言论，并进行了“合理”推断，认为他们的言论好像是“集体创作”。此推断引起反响，据称“开拓了人们的视野”。

“反右”期间，一直被视为罗隆基亲信的民盟中央常委潘大逵，在检讨中揭发说：“罗隆基有一个‘无形的’的小组织或者小宗派，大约有十个人，其中有张东荪、刘王立明、周鲸文、曾昭抡、潘光旦、吴景超、叶笃义、费孝通、范朴斋和张志和等。”他揭发，罗还对他说过：“资产阶级民主虽然有缺点，但是也还有它的优点，无产阶级专政固然也有优点，但总觉得缺乏一点儿什么东西。”潘大逵说：“罗隆基有当领袖的野心。”

1958 年年底，康生给人写信，要求他们批判马寅初时，要学习毛主席的六评白皮书，特别是《唯心历史观的破产》一文，要像批判帝国主义分子艾奇逊那样来批判马寅初：“马寅初曾经说过，有人说他是马尔萨斯主义者，但他不能同意，他说马尔萨斯是马家，马克思也是马家，而他是马克思的马家。”康生在一次批判会上说：“马寅初的《新人口论》，到底是姓马克思的马，还是马尔萨斯的马？我看这个问题，现在该澄清的时候了，我认为马寅初的《新人口论》，毫无疑问是属于马尔萨斯的马家。”

1959年，在第二十五届世界乒乓球锦标赛中，年仅二十一岁的共青团员容国团震动了世界乒乓球坛，他连续击败了多名世界好手，夺得了男子单打的世界冠军，从而打破了日本连续五届（1953年日本没有参加）占据该项目冠军的优势。据说，“中国选手的这一辉煌胜利，连西方通讯社也不得不发出惊呼”。容国团更是兴奋地对记者说：“我之所以在这次比赛中能够取得胜利，根本原因是党对我的培养、教育和祖国人民对我的鼓舞。”他表示：“要防止骄傲自满，继续努力锻炼，虚心学习，和同志们一道为祖国争取更多的荣誉。”

沈昌焕深得宋美龄信任，时人戏称沈为宋英文秘书。当沈昌焕的朋友祝贺他就任“总统府”秘书长时，沈的直言可掬：“我主要是在这里接电话的。”闻者莞尔。沈接电话颇得宋美龄“欢心”：你说上海话，我答上海话；你英文，我亦英文。应对自如。

韦君宜晚年有《思痛录》行世。黄秋耘回忆说，韦君宜有一次问他：“秋耘，苏联那么多作家中你喜欢哪一个呀？”黄回答：“我喜欢安东诺夫。”黄觉得安东诺夫的作品比较有抒情味，其作品《雨》写得很美，但韦君宜说：“你这样的艺术欣赏不好，你应该喜欢波列伏依。”

1992年6月，吴祖光到医院去探望曹禺，两位老友坐在一起，手拉着手谈心，曹禺忽然满面愁容地说起一生写作上的失落，吴祖光脱口说：“你太听话了！”曹禺说：“你说得太对了！你说到我心里去了！我总是听领导的，领导一说什么，我马上去干，有的时候还得揣摩领导的意图……可是，写作怎么能总听领导的？”

隔膜第三十一

郭嵩焘是近代中国第一个派驻国外的公使，在当时前所未闻。人们难以接受，朝野上下，一时议论纷纷。郭的故乡湖南，风气更为闭塞，大名士王闿运编了一副对联讽刺他："出乎其类，拔乎其萃，不容于尧舜之世；未能事人，焉能事鬼，何必去父母之邦。"在长沙准备乡试的考生，不仅烧毁了郭修复的玉泉山林寺，还扬言要捣毁他的住宅，开除他的湖南省籍。老友刘坤一也质问他："何以面目归湖南？更何以对天下后世？"当时只有李鸿章理解他，称赞他："七万里之行，似尚慷慨。"

李鸿章每次和洋人谈判，总是先摆出一副盛气凌人的样子，以求从气势上先压倒对方。他把这种方法叫作"打痞子腔"，曾经向曾国藩汇报"打痞子腔"的心得，曾颇不以为然，训诫他说，和列强打交道，还是要贯彻"诚信外交"的原则，"诚能动物，洋人亦同此情"。

清朝末年，维新派与保守派较量频繁，当朝大学士倭仁反对招考学习天文、算学的人员，其理由是：凡学问都以中国为最好，根本用不着向外国去学习。他以病伤为借口，坚辞派他担任的总理各国事务衙门的职务。另一位大臣徐桐也对西学极为仇视，他住在东交民巷，府宅与使馆相邻，作一副对联说他“与鬼为邻，望洋兴叹”。

徐桐保守顽固，对一切洋玩意儿，一概深恶痛绝。有一次看到他的儿子，已经做到刑部侍郎的徐承煜叼着雪茄烟从他面前走过，立刻勃然大怒，训斥道：“我还活着，你都这样；我死了以后，一定禀明阎罗王，让你胡服骑射作鬼奴。”并罚儿子跪在太阳底下暴晒。徐氏父子死于“八国联军”攻占北京之时，当时徐家共有18位妇女自杀殉难。

戊戌政变之初，张元济赴贤良寺谒见李鸿章，劝说“中堂一身系天下之重，如能剀切敷陈，或有转移之望”。李叹气说：“小孩子懂得什么！”张元济被慈禧革职，永不叙用。两年后，八国联军入京，李鸿章由两广总督调任直隶总督兼北洋大臣，慈禧想用他来与洋人议和，李经沪北上，张元济求见李，劝他不必再为清廷效力，李斥之曰：“你们小孩子懂什么！”

光绪末年，梁启超、麦孟华，奉康有为为教主，在上海宣传《公羊》义法，说是：“不出十年，必有符命！”章太炎嗤之以鼻：“康有为什么东西！配做少正卯、吕惠卿吗！狂言呓语，不过李卓吾那一类货色！”

伦敦事件后，康有为认为，把自己的名字与孙中山联系在一起，是一件极冒险的事。他的弟子麦孟华还据此事件把孙斥为

“盗匪、会党分子，使中国丢尽了脸的人”。

早在1895年，孙中山和康有为就联络过。那时孙中山正在准备广州起义，他派陈少白到上海去找康有为。陈少白正好和康有为住在了一个客栈，仅仅一房之隔，于是孙中山的特使和康有为有过一次“颇欢”的谈话，谈的全是如何推翻帝国政府之事。但到政变失败，康梁出逃，孙中山有意与康有为合成一股力量时，康有为的回答让孙中山吃惊不小：“今上圣明，必有复辟之一日，余受恩深重，无论如何不能忘记，唯有鞠躬尽瘁，力谋起兵勤王，脱其禁锢瀛台之厄，其他非余所知。”

清末动乱之际，师生异道。梁启超流质多变，与乃师康有为，尤其后期，无论学术，或政治，屡有南北。康极不满意梁启超对其不恭，曾问周善培：“为什么你对你的老师赵熙（尧生）那样尊重恭敬，任公对我如此坏？”

1911年，辛亥革命爆发。清廷被迫起用袁世凯，下罪己诏，开党禁，解散皇族内阁，任“袁总理”，荣庆充任顾问大臣。此时袁世凯司马昭之心，路人皆知，荣庆却赞他：“忠义之气犹见眉宇。”

袁世凯把孙中山请到北京，给以总统般隆重礼仪相待。一个多月里，谈话十余次。孙每次讲话，袁总是随声附和，谦恭异常。孙说要实行“耕者有其田”，他亦不假思索，连声赞同，以至孙起了疑心，问梁士诒，梁回答说：“先生为南方人，总统为北方人，南方多大地主，北方为中小地主，因此先生主张耕者有其田，总统并不觉得有何不可。”孙听后恍然，打消对袁的疑虑，对袁说：“十年之内，大总统非公莫属。”“希望您当十年总统，十年之内我筑成铁路二十五万里，您练精兵五百万。”

宋教仁临终前致电袁世凯，对其寄予殷切的期望。章士钊说宋是“至死不悟”，他对袁世凯所代表的中国根深蒂固的专制力量实在是认识不足。在上海时，陈其美要他提防暗杀，他还狂笑说：“只有革命党人会暗杀人，哪里还怕他们来暗杀我们呢？”

辜鸿铭在北京大学教授会议上说：“如今没有皇帝，伦理学这门功课可以不讲了。”人们以为他复古倒退，是守旧人物。张勋复辟的时候，辜在外交方面很卖力，梁敦彦保荐他做外部侍郎，张勋说：“辜鸿铭太新了，不能做侍郎。”

邢宝斋为段祺瑞家仆，对段的发迹不以为然，常在外人面前提起，他当年在段父军中当管带，段也随在身边。当时段祺瑞一天到晚鼻涕邋遢的，挺不起眼。邢宝斋实在看不上他，就说：“你这叫什么少爷呀！一点儿也不爱干净。”可段总不改，邢气极了，就说：“你这个鸟样！”邢总说这些事，有人听得不耐烦了，便说：“你不是看不上他吗？他如今惊天动地，而你如今还得上街买笤帚。”这句话把邢宝斋堵得没话说，只好结结巴巴：“咱也不知道他有这一天呀！早知如此，也对他好点儿呀！”

范旭东兴办实业，抵制外货，即便在经济十分困难的时候，对于工人的福利设施仍很重视，例如，办了食堂、医院、小学、宿舍、补习学校等。有一次黎元洪总统到其工厂参观，称赞他们的工人福利办得好："工人吃的馒头，面很白，同我吃的一样。"

胡适跟陈独秀关系非常，或畅谈，或争论。有一次争论得厉害，陈独秀问："适之，你连帝国主义都不承认吗？"适之兄生气了："仲甫，哪有帝国主义！哪有帝国主义！"拿起司的克（手杖），在地板上连连敲了几下，就走了。而他对陈独秀是佩服的，他说自己"一方面不能有独秀那样狠干，一方面又没有漱溟那样蛮干，所以我是很惭愧的"，他崇敬二人的精神，相形之下他自己显得软弱多了。

1918年冬，李大钊在北京大学建立"马克思主义研究小组"，第一次集会是在沙滩红楼北京大学图书馆主任办公室举行的。成舍我散会后跑到第一宿舍（沙滩北京大学东斋）把帽子一扔，对几个熟人说："中国的布尔什维克今天开成立会了。这个主义是'你的是我的，我的还是我的'的主义，我可不赞成。"此后他就没有去参加过。

司法总长罗文干"金法郎"一案导致王宠惠内阁出现危机。在这个"好人内阁"辞职前夕，几位重要的阁员自王宠惠以下，如教育总长汤尔和、外交总长顾维钧、内政总长孙丹林、交通总长高恩洪等人，齐集在顾维钧家中，商议应付罗文干被捕事件，其中以汤尔和的态度最激烈，主张全体辞职援助罗氏。王、顾比较温和，因汤为医学博士，王对汤说："你是医生，你只知道救人，我是政治家，我的目的是救国！”书生论政，一时传为笑谈。

胡适好谈政治。他曾站在军阀一边厚诬国民党，国民党对他不满，而军阀和北洋政府也对他不感兴趣，吴佩孚的军师白坚武警告他说：“我以私人朋友的资格，盼望你今后言论要审慎些、要提高些。”汤尔和在北洋政府里任教育部部长，对他说：“我劝你不要谈政治了吧。从前我读了你们的时评，也未尝不觉得有点儿道理。及至我到了政府里面去看看，原来全不是那么一回事！你们说的话几乎没有一句搔着痒处的。你们说是一个世界，我们走的又另是一个世界。所以我劝你还是不谈政治了吧。”

留学法国里昂大学，学成归国的哲学博士张竞生，于1920年2月上书陈炯明，提倡计划生育。他在倡议中说：“一国的强盛，不在人口繁多，而在于人人都是有人的资格。”他强调节育，节育的目的在于优种，此时陈炯明有儿女十余人，接到此书后，认为是讽刺自己，斥为谬论，并对身边的人说：“此公大概有神经病吧！”

蒋光赤的革命小说出版，革命者中几乎没有人看。大家对蒋和他的文字，对一般新文学，都怀有很深的成见。陈独秀翻一翻《少年飘泊者》，说道：“虽是热天，我的毛管也要竖起的。”

鲁迅曾有“救救孩子”的说法。20世纪20年代，高长虹跟鲁迅闹翻，因鲁迅在四十五岁时说自己老了，高认为这是“精神的堕落”。高长虹借鲁迅的话问：“不再吃人的老人或者还有？

救救老人！！！”

大革命失败后，陈独秀埋首于文字学，而站在党内斗争圈外。这种态度使其敌人说他为了骄傲，轻视他们，不屑于与他们斗争。彭述之说他保持“东方人的政治道德”，不合于近代斗争之用。

陈济棠跟胡适说：“读经是我主张的，祀孔是我主张的，拜关岳也是我主张的。我有我的理由。”他认为生产建设可以要科学，但做人必须有本，这个本必须到本国古文化里去寻求。胡适说，生产要用科学知识，做人也要用科学知识。陈说：“你们都是忘本！难道我们五千年的老祖宗都不知道做人吗？”

1931 年 9 月，东北民众抗日救国会成立，决定组织赴京请愿团。到南京后，与天津学生请愿团一起到中央军校见蒋介石，高崇民慷慨陈词请蒋率兵北上，收复东北失地。他说：“东北人民对促成统一、保卫国土所做的努力，对得起中央，而中央在敌寇入侵以来，不发一兵，不做明确抗日表示，一味依赖国联，使敌寇得寸进尺，侵略无止境，中央何以对得起东北人民？”蒋面红耳赤，老羞成怒：“东北失掉，东北人来请愿还可以，天津并未丢失，天津学生来请什么愿？”

郁达夫带王映霞到新加坡生活，王很是不安，因与王喜欢交游性格颇有抵触。郁达夫对她说：“这里是一个新的所在，你没有什么人认识，我要和你在这里终老。”王让他给她找工作，郁达夫就说："你既觉得太闲空，不会去找些白米来数数？"

1932 年，潘兰珍与陈独秀吵架回家，她与陈已生活了两年多，并不知道自己的丈夫就是陈独秀，平时只管叫他"李老头"。她年仅二十四岁，比陈独秀的大儿子小十岁。陈独秀被捕，成为社会上的重大新闻，她与娘家人也整日谈论不休。她甚至说："陈独秀太自傲了，这回免不了杀头！"潘兰珍的父亲从街上买回一张报纸打开一看："陈独秀已押到南京受审。"下面是陈独秀的照片。潘兰珍见到照片，一下子惊呆了："原来陈独秀就是我老公！"

陈独秀在狱中，监狱方面不允许其保外就医，而且不准亲属探监，不准通信，不准读书看报。陈绝食斗争，才渐渐放松一些，他抗议："你们执行恶法，我拼老命也要反抗。"典狱长说："恶法胜于无法。"陈独秀说："恶法就要打倒。"典狱长说："我无权打倒它。"

1933 年，章太炎的高足吴承仕办《文史》杂志，又研究唯物辩证法，引起一些老教授的嘲弄，包括他的同门钱玄同。钱写三字联"普罗学、唯物观"给吴承仕，吴不明其意。钱说加上你的《文史》，不就是"普罗文学，唯物史观"吗？长着肥硕大头的钱玄同曾说："头可断，辩证法不可开课！"鲁迅说："何妨赌肥头，抵当辩证法。"

蒋廷黻问公认的汉代史权威杨树达先生："杨教授，你能给学生和我正确扼要地讲一讲汉代四百年间都发生过什么事，汉代重要的政治、社会和经济变化如何吗？”名闻天下的杨先生面有难色，表示自己从未想过这些问题，书中没有讨论过。

1943 年 11 月，宪政协进会成立。宪政运动成为上流社会中的清议，如王世杰所期望的，“给此种人以发言机会，无形中亦可减少社会怨气”。高论盈庭，而对现实问题毫无干预能力。黄炎培说：“如一群饥民，不思眼前如何得食，而争研究明午之菜肴如何方为精美。”

臧克家在余心清家遇到一个老人，肥胖的身子要把藤椅冲破。余介绍说：“这是李烈钧先生。”臧对这个民国元老、赫赫有名的将帅说：“久仰了。”余为老人介绍说：“这是新诗人臧克家先生。”李双眼紧闭乱点头：“唔，唔，大狗叫，小狗跳跳。”臧克家很生气李烈钧这么引用他的诗句，他后来对余心清说：“对不懂新诗的人，千万不要再做介绍了。”

抗战时期，重庆歌乐山保育院分成两派，一派是拥护宋美龄的正统派，一派是改革派。在一次欢迎宋美龄的会上，出现了两条不同的标语：一条是“蒋夫人——我们伟大的妈妈”；一条是“蒋夫人——我们要饭吃”。

1945 年，晏阳初在一次与蒋介石的会面中说：“我们人民遭受了二十一年的内战，他们流尽了鲜血。现在该是为农村的大众干一些事情的时候了。”蒋介石说：“你是个学者，我是个战士。”

晏阳初说："委员长，如果您只看到军队的力量，而看不到人民的力量，那么你会失去中国。"

20世纪50年代，常书鸿在敦煌千佛洞为年轻画家们讲解他的心得，绘画是要通过人在环境中的戏剧性、历史性的一刹那，从而表现出人的活动过程的全部。只有宗教壁画属于这样的一种范畴，它们之所以能感染人，是因为它们合乎绘画的原则。常还认为，绘画的最终极目标应是历史大画，如中国隋唐以前的许多画家所画。一个年轻的女画家私下严肃地教育他："您说的一切都很深刻，应该以历史为绘画的主要题材，可是，您是怎么理解历史的呢？您是怎样理解人类社会的发展史的呢？绘画应该表现什么样的历史呢？是改朝换代，一个剥削阶级代替另一个剥削阶级的历史？难道可以为剥削者、为压迫的人歌功颂德吗？"

吴国桢曾试图在台湾推动民主制度，有一次他与蒋介石单独会谈。当时，蒋待他相当亲密，谈话之间突然问他："你同经国合作得好吗？"吴回答说："我们相处得不错，如果让我提一个建议的话，先生，我不会让经国当特务头头，因为不管他是否做了好事，人们只会怕他，而不会爱他、尊敬他。如果能让他负责某种人民福利组织，那么我可以保证，大家都会同他充分合作。"这时，蒋介石却走到壁炉边，揉着头说："今天我很忙，以后再谈吧。"

汪曾祺说他的老师沈从文的小说有重造民族品德的意思，但多年来不被理解。沈从文如此说："我的作品能够在市场上流行，实际上近于买椟还珠。你们能欣赏我故事的清新，照例那作品背后蕴藏的热情却忽略了；你们能欣赏我文字的朴实，照例那作品背后隐伏的悲痛也忽略了。”

韩羽的漫画，在笔法上，状如童画。张中行曾对韩羽说：“人家都说你的画像小学生画的。”韩羽回答说：“你也让他画一张来看看。”

王小波谈到中国知识分子的榜样时，说他想起了陈寅恪、冯友兰这样的教授。对陈教授，他想到其穷毕生精力，考据了一篇很不重要的话本《再生缘》。王小波说，想到这件事，他并不感到有多振奋，只是有点儿伤感。

钱锺书、吴组缃是同窗学友。在一次同学会上，两位八旬的老人拥抱在一起，吴说：“你的著作里什么都有，就是没有自己。”事后钱寄了一套《管锥编》给吴：“我的书，你都没有读懂！”

荒诞第三十二

康有为颇自负，他说："古今大文章只有二十余篇，以李斯《谏逐客书》为第一，贾谊《过秦论》第二，其次则司马相如、刘向、刘歆、谷永、扬雄、匡衡诸家敦厚典雅，皆含经义。"他给弟子讲文往往离题万里，如讲韩文公《马说》："吾读《马说》则生无限感慨。昔戊戌变法，劝德宗辟新疆全省为牧马场，养马八百万匹，为扩充骑兵之用。日本岛国不足虑。若驰驱欧亚，称霸天下，舍骑兵莫属。蒙古入欧，全凭马力。余愿辅德宗为成吉思汗也。"一直到下课，文公的《马说》一字未谈。

曾有人问章太炎："先生的学问是经学第一，还是史学第一？"他朗笑三声，答道："实不相瞒，我是医学第一。"

李瀚章曾以知县身份晋见湖广总督裕泰，裕泰坐在台上接见。行礼后，李坐在裕泰旁的椅子上，裕泰呵斥再三，李才起立。事后，裕泰对其他官员说："你们看见李瀚章了吗？此人架子大，日后名位一定不亚于我。"李果然做到总督，外号"李大架子"。

郭嵩焘曾在日记里记述夫妻失和的原因。他曾经向冯桂芬提过娶妻的条件："不求美，然不可有破相；不求才，然不可有劣性。"可是当新妇过门后，他立即发现，此妇"多言狂躁，终日叫呶，有类疯癫，貌更凶戾，眉目皆竖"。一连几顿吵闹过后，不由得使郭嵩焘大喊倒霉，埋怨说："冯景老（冯桂芬号景亭）误我。"

1897 年 4 月，熊希龄与蒋德钧一道，专程赶往湖北，面见张之洞，请准湖南省内河通航。蒋申述来意后，张谈湖南情况特殊，不得援苏、浙、赣行轮之例，要慎重行事，从长计议，宜缓不宜速。熊希龄忍不住反问："湖南人不能办轮船的特殊性在哪里？眼看外国商轮可直抵湖南内河，而不准本国人置轮开航，怎样向国人解释这种慎重？"张之洞答不出话，勃然变色，即端茶送客，由于激动，茶碗盖失手落地，打得粉碎，失了官场礼仪，气焰才有收敛。

清末大臣刚毅极受重用。他不学无术，推荐人才时竟说和黄天霸的水平相当。错别字脱口而出，民不聊生念成"耶"生，把禹称作王，皋陶的"陶"读本字。当时流行七律一首，讽刺其低能："帝降为王虞舜惊，皋陶掩耳怕闻名。荐贤曾举黄天霸，远佞思除翁叔平。一字谁能争瘦死，万民可惜不耶生。功名鼎盛黄巾起，师弟师兄保大清。"

张继是同盟会员中的一个好打手，在日本保皇党开会时，常由张一马当先，跳上台去把保皇党说话的人拉下台来。国民党老人说，张继本是一"草包"，可是他用了手段，去对孙中山说：

袁世凯早晚必叛民国；如果他做了国会议长，就有资格容易见到袁，必要时可以对袁下手，自己不惜性命，为国除害。孙中山见其志可嘉，乃叫党人投张继的票，做了参议院议长。

1913 年 10 月 6 日清晨，国会两院的议员们刚坐下，就发现国会外面来了黑压压的一大群人，把国会大楼围得水泄不通，号称“公民团”，公民们的要求是：如果今天之内议会不将国民期望的总统选出来，就别打算离开国会半步。在“公民团”的包围中，议员们开始投票，第一轮，袁世凯没有达到法定的四分之三多数，第二轮还是如此，不得已要投第三轮。此时，天色已晚，议员们一天滴水未进，渴饿难挨，最后撑不住了，总算把袁世凯选成了总统。当他们被放出来的时候，已经是晚上十点了。

王湘绮的夫人去世后，王想把女佣周妈正位中宫，但两个儿子不答应。好在当时周妈名气很大，王到东到西，一定要带上她；有人请客，也要连带请上周妈。王到北京，坐着马车拜客，也有周妈陪同，周的名片上写着：“王氏侍佣周妈”。

清末民初，吴虞以“打倒孔家店”口号名动一时，其本人专制作风之烈亦可一叹。吴在日本时，写回四川的家信，从吃饭、用钱，到读书，都有一套规矩。他根据某人每日自用半斤肉、家人除牙祭外不吃肉为例，从日本对家中吃肉分配法做了遥控。吴虞规定说：“今我既不在家，则香祖（吴妻）日用半斤，余人或牙祭日与肉稍丰，平时则诸人每日共肉四两足矣，不能过此数也。”又加注说，“若半斤肉已足，则四两肉之钱可以归入牙祭内，而牙祭可节省也。”

民国时期，政客徐光弼与魏斯炅是莫逆之交，前者将赛金花介绍给后者，魏倒也凑趣，说“甘蔗老头甜，越老越新鲜”。他与赛金花十分投缘，此事就成了妙局，有好友劝魏，好端端的别做“剩王八”，魏自我解嘲道：“剩下的都属于我，有何不可？！”

民国初，民国政府与逊位大清帝国之间往来较多，遗老们常因此侮辱攀附新贵者。孙宝琦曾为大清山东巡抚，摇身变为民国政府里的国务员，贵为外交总长。一次，孙与赵秉钧等国务员到大清小朝廷来致祭，孤臣孽子梁鼎芬一眼发现了老朋友，他直奔这位穿大礼服只鞠躬的国务员面前，指着鼻子问：“你是谁？你是哪国人？”孙给老友问怔了，梁提高嗓门：“你忘了你是孙诒经的儿子！你做过大清的官，你今天穿着这身衣服，行这样的礼来见先帝先后，你有廉耻吗？你是一个什么东西！”“问得好，你是个什么东西？！”劳乃宣跟了过来，他们俩一唱一帮，引过来一大群人，把这三人围在中心。孙面无人色，低下头连忙说：“不错，不错，我不是东西！我不是东西！”

民国期间，曹锟唆使张绍曾以内阁全体辞职、军人索薪等手段驱逐黎元洪。黎逃往天津，将总统大印秘藏，由他亲自提名任命的直隶省长王承斌率军警上火车索要总统印信。黎问：“我不把印信交出来。你敢把我怎么样？”王答：“既是如此，就委屈总统在车上仔细想想。”

顾维钧第二次婚姻在1919年告一段落，很快，顾在伦敦的社交场合结识了“糖王”黄仲涵的爱女黄蕙兰。据说顾找过一个有名的星卜家，出了一个金镑的酬劳，为他占卦这门亲事。卦占结果，佳偶天成，大吉大利，顾意始决。二人在伦敦结婚，时人称“一镑缘”。

曹锟想当总统。手下分设几个联络处，明码标价收买选票，凡是前来开会的每人500大洋，开会并同意投曹锟票的每人5000大洋，所付支票，上面加盖经办人的名章，银行见章付款。曹家付出了500多张支票，届时得了480票，超过总票数的四分之三，得以当选。此事在当时并没引起大的波动，真正不满的是西方媒体，他们称中国国会为“猪仔国会”，议员是“猪仔议员”。

章太炎生平清高孤傲，对黄侃却颇多嘉许，他劝黄侃著书。黄却谓需待五十岁后再从事纸笔。1935年，黄侃五十岁生日，章太炎亲赠他一副对联云：“韦编三绝今知命，黄绢初成好著书。”对联内无意中藏了“绝命书”三字，黄侃愕然。当年10月8日，黄侃因饮酒过量，吐血而死。章太炎因联句竟成谶语，悔痛不已。

阎锡山曾被袁世凯召见三次，有人问他袁是什么样子，阎说：“我……我没有看见，我只看见他的靴子。”表现得极其懦弱驯服，连袁世凯都被感动了，于是他这个辛亥革命的都督，居然被留了下来。

陈家鼐兄弟都爱吹牛皮、出风头，他们头上都长着癞子，尤以家鼐的为最，一些人都叫他陈癞子。1912 年他毛遂自荐，冒充上海某报的驻汉通讯员。他第一次给报社写专电说："陈家鼐某日抵汉，与黄克强同车出游，沿途观者数万人。"报社的编辑照原文把它披露在报上，只在括弧中加一注："看你的癞子。"阅者大笑。

黎段交恶，黎大感耻辱，曾说："昔受项城屈辱，今又见侮于段。总统是婆婆，不是小媳妇。婆婆可少管事，但不耐媳妇命令一切。"而段祺瑞、徐树铮等毫不把黎放在眼里，韩玉辰为政学系干事，此时兼任黎府秘书，常与黎左右争论府院关系，孙武、哈汉章拍案骂段徐，韩说："曹操不是骂得死的。"

民初，北京大学人才济济，名教授有"二马三沈"之号，马裕藻及弟马衡为二马，三沈指吴兴沈氏三兄弟士远、尹默、兼士。沈士远在北京大学预科讲授"中国国学概况"，其第一篇是《庄子·天下篇》，因兼总务科长，经常请假，一年未能讲完这一篇，年年如此，故学生戏称为"沈天下"。

民国初，陈介石老先生在北京大学讲中国哲学，每周九小时，讲了一学期，才到周公，学生问何时可以讲完，他说："说完就完，说不完就不完。"

马叙伦请愿被打伤，送到医院诊治，政府派了一位曾任省长的要员前往慰问并致歉意。坐在病榻旁的马母说："这孩子是我的独子，政府几乎要了他的命，请问这是什么道理？"要员回答说："老伯母请放心，小侄略知相法，我看这位老弟的相貌，红光焕发，前途必有一步大运。老伯母福寿无疆，只管放心就是。至于这些无知士兵无法无天，政府至感抱歉。老伯母，小侄向您道歉。"

孙中山与陈炯明交恶后，汪精卫、邹鲁请托吴稚晖向孙进言，宽恕陈炯明的罪过，允许他带兵打仗，立功自新。孙中山愤怒地说："陈炯明谋叛，要杀我；什么人都可宽恕，独有陈炯明不恕。"吴稚晖就跪下去求情："先生不答应，我就不起来。"孙中山只好说："快些起来，我为你恕了他，但是要他写一张悔过书，则百事可了。"

1923年，北京大学教授谭红丧妻两月后即与其妻妹陈淑君联姻，与陈有口头婚约的沈某在报上痛斥二人。张竞生发表文章为谭陈辩护，并提出爱情四项原则："爱情是有条件的；爱情是可比较的；爱情是可变迁的。夫妻有如朋友，离散在所难免。"张竞生的高论遭到非议。人们认为爱情至高无上，爱情不容比较，爱情应具有永续性，夫妻不是朋友之一种。也有人主张终止这场讨论，因为"中国没有讨论的资格"。

黄侃有名士怪癖。他住在朋友的屋子里，住得不舒服的时候，想搬家了，就在糊着墙纸的白壁上挥笔写道："此屋有鬼不可住。"

"狗肉将军"张宗昌有三不知：不知钱有多少、兵有多少、老婆有多少。他在山东时，适逢天旱，百姓吁请求雨。张宗昌不得不去他不相信的龙王庙，他去后既不拈香，亦不祷告，直奔龙王庙前，手批神像之颊，厉声骂道："……你不下雨，害得山东老百姓好苦呀！"骂完就走，但一天过去，仍没有下雨，张就命炮兵团在济南千佛山列过山炮十九尊，实弹向天空轰击，结果倾盆大雨，骤然而降。

叶德辉性情古怪，他藏书甚富，不轻易示人，在书橱上贴有"老婆不借书不借"的字条。但他对性问题有想法，校刻了不少有关性问题的旧书，像《素女经》《交欢大乐赋》《杂事秘辛》等都翻印过。潘光旦评说，叶翻印的书还有"几分科学的价值"。

吴佩孚失势后，曾到甘肃一带活动，当地人多有捧场者，是以吴等受尽优待。当其过天水时，受到马廷贤的欢迎。在天水期间，马的部下、各县士绅以及地方人士等往谒甚众。吴对来宾只谈论诗文和四书五经，不谈政治。有人问他："听说蒋委员长要请大帅到南京去，大帅去吗？"吴只回答说："鸟兽不可与同群。"

1929年夏，山东曲阜孔氏族人控告山东二师，二师当时演出《子见南子》话剧，孔氏族人以为二师校长宋还吾违反行政院通过的"尊孔"案侮辱了孔子，要求严办。在其背后大力支持的是孔祥熙，他对人说："侮辱我们的祖宗，是可忍，孰不可忍！"教育部派员去调查时，一县府职员问："宋校长会不会被杀头？"

成舍我办报对记者管理很严，他每天亲自比较报纸版面的优劣，树立几个“假想敌”。如以北京《晨报》和天津《大公报》为目标，摘记自己有什么特点，人家有什么占先，凡认为落后于人的，属于外地的即用函电责询驻外记者。1947年某日，南京特派记者所发专电报道某地发现大乌龟的一条新闻，即据以刊布，次日另外几家报纸所报道的不是乌龟而是玳瑁。成当时很恼火，立即发致南京一电，内有“人皆玳瑁，我独乌龟”之语，员工见此电稿者莫不失笑。

开明书店常受“图书杂志审查委员会”的刁难，宋云彬回忆，有两件事开明应付得相当好。一是沈端先即夏衍译的高尔基的《母亲》被禁售，他们把译者改为“沈瑞先”，《母亲》改为《母》，仍然继续印行。一是郭沫若的《离骚今译》，里面有“党人之偷乐”一句，审查官认为是暗骂国民党，不给通过。章锡琛就质问他们：“是不是战国时代已经有了国民党？”问得他们哑口无言，只好通过。

高长虹到延安后不久，周扬请其到“鲁艺”做报告，各系学生一听高长虹的大名，莫不踊跃前来。在周扬做了开场白后，高长虹看了看“周围的如花笑容，满天星星一般的眼睛”，大声说道：“艺术就是暴动！艺术就是起义！”他说完看看周围，又看了看大家，不言语了。周扬笑了笑，请高再多讲讲，高长虹把原话重复了一遍，又戛然而止。一位诗人因此将高长虹称为“高起义”。

·

抗战结束，国民政府将对汉奸进行审判清算。褚民谊上书蒋介石，说他愿意献出珍藏多年的宝物，要求赎罪。蒋要军统办理，经毛人凤指派叶翔之和沈醉到褚的一个亲戚家中去取宝物。沈醉问究竟是何宝物，褚民谊极神秘地说，这是国家不可或缺的宝物。沈醉等人取出一看，原来是孙中山的一副肝脏。因孙患肝癌逝世后，医生把他的肝脏切开后用玻璃片密封起来，这件东西不知如何落到褚民谊手中。国民党许多元老对他盗窃孙先生肝脏据为已有，还想以此赎身，极为愤慨，最后仍决定把褚枪决。

王世杰英语极不流利，但他非常喜欢表达。一到说不出来时，总是把两手交叉起来使劲地转动。在《中美商约》签订时，对手是美国驻华大使司徒雷登。签约前，双方照例有几句“今天天气”一类的寒暄客气话，可是王世杰的客气话就是始终不说出来，只见他两手交叉着，像车轮一样地转来转去。一个记者悄悄地说：“王部长原来在练太极拳。”惹得在场观礼的人都忍不住笑了起来。

·

抗战胜利后，梁鸿志被关押在楚园，大家都认为他必死无疑。同牢的孙曜东更认为梁已死到临头，因为有人告诉他：“你看梁鸿志，长着一对‘猪眼’，这种人相书上说过，头要‘过铁’。”即是要被杀头。孙深信不疑，而不知“猪眼”何谓。十年后，他受潘汉年、杨帆冤案牵连，再次入狱，进而到安徽的茅岭农场发配养猪，方才明白“猪眼”是怎么回事，原来猪眼看人是用眼角从下往上“斜挑”着看，与梁鸿志看人神似。

1950年12月，傅斯年在“省参议会”上回答“参议员”郭国基就台大招生尺度放宽等事项提出的问题，回答完毕后，刚走下发言台，只说了一句：“不好。”然后就倒地昏迷了，脑溢血，一昏不醒。“参议会副议长”李万居对外宣布：“傅先生弃世了。”李的中文不太好，被一些记者听成了“气死”。消息传开，说傅校长是被郭国基“气死”的。郭国基以盛气凌人著称，傅斯年也以“大炮”之名行世，台大学生们深信此说不谬，于是打着“痛失良师”的旗帜，围攻“李万居省参议会”，要收拾郭国基。

1953年，胡风举家北迁，在景山公园与什刹海之间的一所幽静小院里安家落户。他在院子的四角种上了四棵树：一棵梨树、一棵桃树、一棵白杏，还有一棵是紫丁香。因此他把自己的书房命名为“四树斋”，有人提醒他：这不是“四面树敌吗”？胡风只好放弃斋名，但在劫难逃，一年后即被捕入狱。

张贤亮被打成右派后下放农场劳动，有一天收工回来，看见一个乡下人蹲在号子门口呼天喊地地哭。原来他们县要押送二十个右派来劳改农场，押送的人已经派好了，他却想趁此机会到外面逛逛，非要争取这趟差事不可。苦苦请求，领导才同意他跟另一个干部一起押送右派。走到半路时，一个右派逃跑了。两人向县里打长途电话请示办法，县领导说：二十个，跑了一个，不够上级规定的指标了，就让他顶那个空缺吧。

“文革”期间，河南西部山区一所公社中学有一位女学生，英语考试不会答题，便在考卷上写了一首打油诗：“我是中国人，何必学外文，不会 ABC，一样为人民。”女学生受到学校领导批评，自杀身亡。江青知道此事后，认为是教师推行“修正主义教育路线”，号召打垮“师道尊严”，反对“智育第一”。该中学校长和有关老师被捕判刑。

“文革”中，工宣队进驻北京大学，很多教授被隔离审查，俗称“蹲牛棚”。教授们一切听指挥，早请示、晚汇报都得排队，排队时必要报数，同时要自报自己的政治帽子，冯友兰个头较高，曾被叫排头一个，并叫他说：“报数！我叫冯友兰！是……是反动学术权威。”红卫兵说：“不行！重报！你这是避重就轻！你是反动学阀！”冯便改口：“我，我是反动学阀。”洪谦先生由于害怕，怕也说他避重就轻，就说：“我叫洪谦，反动学阀！”红卫兵说：“不对，你还不够格，你是反动学术权威！”洪吓得连忙改口。冯定自报“反动学术权威”时，红卫兵说：“你不就是写过一本《平凡的真理》吗？你还想往反动学术权威里钻！你是反革命修正主义分子！”

聂绀弩对古典名著有极深的造诣，黄苗子为其书房题斋额：“三红金水之斋”。意思是：“三国红楼金瓶水浒之斋”。“文革”开始，这斋额首先受到冲击。一天，几个戴着红袖章的造反派来到聂府，指着那斋额问什么意思。毫无准备的聂绀弩急中生智，回答说：“思想红、路线红、生活红，谓之三红；‘金’是红宝书上面的烫金字；‘水’是旗手江青姓的偏旁，因为尊敬，所以不敢直接写出来。”

1983年，孙大雨与陈巨来相逢于朋友婚宴。孙个子高大，不言不语，陈巨来个子矮小，且极瘦，以尖而细的声音跟人频频交谈。他一见孙大雨就说："大雨兄，长久勿见了，你好哦？你吃了这么多苦头，怎么身体还是这么好？我是吃勿消，批斗的时候被他们打呀，我现在只有七十几斤了。"孙只是默默颔首。陈巨来又问："我们上次是在哪里碰头的？"孙说不清楚，陈突然大叫："我想起来了，是徐志摩请客吃饭。"满座为之愕然，盖因徐死于1931年，距今五十二年，早已隔世。

20世纪90年代的一个春节，项南、何载等中国扶贫基金会的几位老会长来到对革命有贡献的河北阜平。他们深入最偏僻穷困的山村走访农户，将从自己家里带来的衣物、棉被和钱送到农民手中，有的老农激动地高呼："毛主席万岁！"有的还流泪对他们嘱咐道："你们回北京城告诉毛主席，说我们的生活很好，谢谢他老人家！"项南、何载等人一时语塞，不知该说些什么。